JN199691

鋼構造許容応力度設計規準

2019　制　　定

AIJ Standard for Allowable Stress Design of Steel Structures

日本建築学会

序

　日本建築学会では，鋼構造に関する規準を 1941 年に『鉄骨構造計算規準 (案)』として発表以来，『各種構造計算規準』(1947 年)，『鋼構造計算規準・同解説』(1950 年)，『鋼構造設計規準』(1970 年)を経た後に，2005 年に 35 年ぶりに改定し『鋼構造設計規準—許容応力度設計法—』を刊行した．本規準は，2005 年に刊行した『鋼構造設計規準—許容応力度設計法—』を改定したものである．本規準では書名を『鋼構造許容応力度設計規準』と変更しているが，内容は『鋼構造設計規準—許容応力度設計法—』を踏襲して改定している．

　1970 年に『鋼構造設計規準』を刊行した当時から建築物の設計に関する状況は変化している．大きな変化として，1981 年の新耐震設計法といわれる建築基準法・施行令における耐震設計関連の改正がある．この設計法では大地震に対する検証で保有水平耐力の検討が導入され，塑性解析を基本とする終局耐力設計が必要になった．それまでの弾性解析を基本とする許容応力度による検証とは異なる側面も要求されることになった．本会は，『鋼構造塑性設計指針』，『鋼構造限界状態設計指針・同解説』などを取りまとめ，『鋼構造設計規準』を補足する形で，設計要件の発展に対応してきている．こうした設計法の多様化の中，本規準の位置付けを明示するため，2005年の改定の際には『鋼構造設計規準—許容応力度設計法—』と副題を付与した．さらに，今回の改定では許容応力度設計法による設計規準であることをより明快にするため『鋼構造許容応力度設計規準』とした．この書名変更により本規準と同等に主要な『鋼構造塑性設計指針』，『鋼構造限界状態設計指針・同解説』が並立で，それぞれの設計法による規準や指針を設けていることが書名からもわかるようにした．

　今回の改定は，鋼構造関連規準・指針類英文化小委員会の活動で，規準・指針類の英訳を行なっていることが契機のひとつになった．『鋼構造設計規準—許容応力度設計法—』の我が国での位置付けが鋼構造関連規準・指針類の構成や枠組みの中で明確になっていないと，英訳して国際社会に提示する意義が半減するとの指摘があった．規準の位置付け以外にも，時代に合わなくなった内容や表現に関する指摘が多くなされた．これらについては，国内外の規準との比較などをしたいくつかの提言をもとに検討を行なった上で改定がなされた．また，本会のデジタルアーカイブスの充実により過去に刊行された規準・指針の内容を容易に検索できる環境になっている．したがって，今日までに至る経緯を必ずしも本規準で提示する必然性はなくなった．特に過去においては汎用されていたが，今はほとんど用いられない稀有な構造形式，例えばリベットによる接合やプレートとアングルによる組立て部材などについては，記述を必要最小限に留めた．一方，近年よく用いられる構造形式が前面に出るように各章内や節内の構成順と図を見直して，実用的に頻度や重要度の高いものを優先してより具体的に記述するようにした．材料に関しては，JIS 規格材のみに限らず，広く用いられている国土交通大臣認定品についても，本規準が適用できることを記述した．

　本文・解説の構成では，8 章から 10 章の順番を入れ替え，章の構成を部材に関するものがまとまるように変更した．また，4 章 「材料」では，本規準に対応する材料の範囲を広げたため，解説を

設けた．また，3章，7章，10章に関しては．より適切な章題に変更した．付録の構成では，付5「アンカーボルトの軸径・断面積」を新たに加え，旧付5「底板中立軸位置の計算図表」は17章 「柱脚」の解説に移した．

　各章の主な改定概要を，次に列記する．

1章　許容応力度設計の定義を明記した．

2章　文章表現を見直した．

3章　荷重は，本会『建築物荷重指針・同解説』，建築基準法施行令および関連告示を合わせた利用を想定していることを示した．また，一部「応力」を「荷重」に変更して文章を見直した．

4章　国土交通大臣認定品を加えた．新たに解説を起こし，JIS規格材のほかに，十分な量の統計データが得られている国土交通大臣認定品は本規準を適用できることを明記した．

5章　本規準でのF値の設定方法を本文で記述した．国土交通大臣認定品の対応については解説で具体的に記述した．アンカーボルトの取扱いを明記した．前面隅肉溶接継目，部分溶込み溶接について参考文献を引用して説明を追記した．

6章　本章の規定はアンカーボルトにも適用することを明記し，せん断力を同時に受ける場合の許容引張応力度の式を変更した．

7章　裏当て金の有無についての違いを明確にした．

8章　解説内容を補うための参考文献を追加した．

9章　古い内容は削除し，記述順を一般的なものが優先するように見直した．板幅の取り方については，溶接組立H形断面を追記した．

10章　記述内容が現状にそぐわない文章を削除した．

11章　帯板の曲げ変形を考慮した式を追記した．最新の構造形式の図に変更し，「格子形式」と「ラチス形式」を定義した．

12章　建築用ターンバックルの規格改定に伴う解説内容の変更を行った．

13章　部分溶込み溶接の有効長さの記載を追記した．部分溶込み溶接の有効のど厚が溶接方法により異なる理由を解説で追記した．接合要素の交角が60°以上120°以下の隅肉溶接における有効のど厚に関する図と文章を解説で追記した．

14章　古い内容は削除し，フィラーに関する記述を見直した上で，解説において許容せん断応力度の低減率の式に変更した．梁端接合部に関する注意喚起やノンダイアフラム形式について追記した．

15章　用語を統一し，「締付け長さの長いボルト」の解説を新たに記述した．

16章　隅肉溶接の交角の限度の変更理由を記述した．理解を助けるための図を新たに追加した．

17章　底板中立軸位置について図を旧版の付録から解説に移した．アンカーボルトセットがJIS規格となったことよる解説を追記した．

付　　スチフナの断面二次モーメント算定位置の図を新たに追加した．

　建築基準法に基づき鋼構造建築物の設計を行う際には，それぞれの設計法に応じて，本規準であ

る『鋼構造許容応力度設計規準』ならびに『鋼構造塑性設計指針』,『鋼構造限界状態設計指針・同解説』を使い分けて有効な活用を期待するものである.

2019 年 10 月

日本建築学会

本書作成関係委員 (2019 年 10 月)

―五十音順・敬称略―

構造委員会

委 員 長	塩 原　　等		
幹　　事	五十田　博	久 田 嘉 章	山 田　　哲
委　　員	(省略)		

鋼構造運営委員会

主　　査	井戸田 秀 樹			
幹　　事	五十嵐 規矩夫	兼 光 知 巳	田 中　　剛	
委　　員	石 田 交 広	石 原　　直	宇佐美　　徹	岡 崎 太一郎
	尾 崎 文 宣	越 智 健 之	笠 井 和 彦	木 村 祥 裕
	窪 田　　伸	向 野 聡 彦	聲 高 裕 治	澤 本 佳 和
	下 川 弘 海	田 川 泰 久	竹 内　　徹	多 田 元 英
	津 田 恵 吾	中 込 忠 男	成 原 弘 之	西 山　　功
	原 田 幸 博	見 波　　進	山 田　　哲	

鋼構造設計規準改定小委員会

主　　査	田 川 泰 久			
幹　　事	五十嵐 規矩夫	岡 崎 太一郎		
委　　員	伊 藤 浩 資	井戸田 秀 樹	小 野 潤一郎	竹 内　　徹
	多 田 元 英	中 込 忠 男	中 野 達 也	増 田 浩 志
	見 波　　進	山 田 丈 富		

本文・解説改定担当

1章	井戸田　秀樹	岡　崎　太一郎	
2章, 3章	岡　崎　太一郎	竹　内　　徹	
4章	伊　藤　浩　資	岡　崎　太一郎	見　波　　進
5章, 6章	岡　崎　太一郎	増　田　浩　志	山　田　丈　富
7章	中　込　忠　男	見　波　　進	
8章	井戸田　秀樹	小　野　潤一郎	中　野　達　也
9章	五十嵐　規矩夫	小　野　潤一郎	
10章	井戸田　秀樹	中　野　達　也	
11章	小　野　潤一郎	竹　内　　徹	多　田　元　英
12章, 13章	田　川　泰　久	中　野　達　也	
14章, 15章	小　野　潤一郎	山　田　丈　富	
16章	中　込　忠　男	山　田　丈　富	
17章	田　川　泰　久	増　田　浩　志	
付	五十嵐　規矩夫	小　野　潤一郎	
付録	五十嵐　規矩夫	伊　藤　浩　資	岡　崎　太一郎　　田　川　泰　久
	中　野　達　也	増　田　浩　志	

鋼構造許容応力度設計規準

目　　　次

鋼構造許容応力度設計規準

鋼構造許容応力度設計規準

1章　総　　　則

1.1　適 用 範 囲

　この規準は，鋼構造建築物の許容応力度設計に適用する．ただし，特別の調査研究に基づいて設計される場合には，この規準を適用しなくてもよい．

1.2　許容応力度設計

　3章に規定する荷重あるいは荷重の組合せによって構造各部に生じる応力度 σ が，対応する許容応力度 f を超えないように，部材および断面寸法を決定する．すなわち，この規準が定める設計条件は，下式で表現される．

$$\sigma \leqq f \tag{1.1}$$

1.3　試験等による安全性の確認

　この規準の規定のみで設計することができない接合部や構造の細部については，試験その他の適切な方法によりその安全性を確かめなければならない．

1.4　断面の割増し

　構造物各部の断面は，構造設計上の精度，施工の誤差，さび，腐食，すりへりなどを考えて，必要に応じこれを割増しする．

1.5　記　　　号

　　A：全断面積．高力ボルトの軸断面積．組立柱を構成する弦材の断面積の和

　　A_d：ラチス材の断面積．ただし，複ラチスの場合は両ラチス材断面積の和

　　A_f：片側フランジの断面積

　　A_N：有効断面積

　　A_p：接触部断面積

　　A_s：水平スチフナおよび縦スチフナの断面積

　　A_w：ウェブプレートの断面積

　　a：ボルト孔の等価欠損断面積．中間スチフナの間隔

　　a_0：ボルト孔の正味欠損断面積

　　b：1縁支持，他縁自由の板の幅．支承部の幅．ボルトや高力ボルトの孔の間隔

　　C：許容曲げ応力度の補正係数

　　C_R：基準疲労強さの補正係数

　　D：鋼管の公称外径．主管の外径．累積損傷度

　　d：2縁支持の板の幅．ウェブプレートの幅．支管の外径．ピンの直径

　　d_1：水平または縦スチフナにより分割されたウェブプレートの最小幅

　　d_a：鉄筋の直径

$_rd$：根巻き鉄筋コンクリートにおける圧縮縁から引張側主筋群図心までの距離

E：ヤング係数

e：部材を構成する要素の図心間距離

F：許容応力度を決定する場合の基準値

f_b：許容曲げ応力度

f_{b1}：ベアリングプレートなど面外に曲げを受ける板の許容曲げ応力度

f_{b2}：曲げを受けるピンの許容曲げ応力度

f_c：許容圧縮応力度

f_c'：圧延形鋼，溶接 H 形断面のウェブフィレット先端部における局所圧縮に対する許容圧縮応力度

f_l：ボルト継手板の許容支圧応力度

f_{p1}：ピンおよび荷重点スチフナの接触部，仕上面一般に対する許容支圧応力度

f_{p2}：すべり支承またはローラー支承部の許容支圧応力度

f_s：許容せん断応力度

f_{s0}：高力ボルトの許容せん断応力度

f_{st}：引張力を同時に受ける高力ボルトの許容せん断応力度

f_t：許容引張応力度

f_{t0}：ボルトの許容引張応力度

f_{ts}：せん断力を同時に受けるボルトの許容引張応力度

G：せん断弾性係数

g：ボルトや高力ボルトの孔列の間隔（ゲージ）

h：梁のせい

h_w：ウェブせい

I：中立軸についての全断面の断面二次モーメント

I_0：中間スチフナの断面二次モーメント

I_L：水平スチフナおよび縦スチフナの断面二次モーメント

I_Y：弱軸まわりの断面二次モーメント

I_c：弦材の断面二次モーメント

I_s：圧縮フランジの補剛スチフナとして必要な断面二次モーメント

I_t：帯材の断面二次モーメント

I_w：曲げねじり定数

i：座屈軸についての断面二次半径．ウェブプレートの水平スチフナおよび縦スチフナの断面二次半径

i_1：組立圧縮材の素材の最小断面二次半径

J：サンブナンのねじり定数

L：鋼管分岐継手の継目の有効長さ

${}_rl$：ベースプレート下面から根巻き鉄筋コンクリートの最上部帯筋までの距離

l：材長．荷重分布長さ

l_b：圧縮フランジの支点間距離

l_d：ラチス材の長さ

l_1：格子形式の組立圧縮材の区間長さ

l_2：ラチス材の長さの材軸方向の成分

l_k：圧縮材の座屈長さ

M：曲げモーメント

M_1：横座屈補剛区間の両端に作用する強軸まわりの曲げモーメントのうち大きいほうの曲げモーメントの値

M_2：横座屈補剛区間の両端に作用する強軸まわりの曲げモーメントのうち小さいほうの曲げモーメントの値

M_e：弾性横座屈モーメント

M_y：降伏モーメント（$M_y = F \cdot Z$）

m：組立圧縮材の弦材または弦材群の数

N：圧縮力．すべての応力範囲の繰返し数（$N = \sum_{i=1}^{k} n_i$）

N_1：材の両端に作用する圧縮力のうち大きいほうの圧縮力の値

N_2：材の両端に作用する圧縮力のうち小さいほうの圧縮力の値

N_i：応力範囲を k グループに分けた i 番目の応力範囲 $\varDelta\sigma_i$ あるいは $\varDelta\tau_i$ の破断繰返し回数

n：組立圧縮材のつづり材の構面の数．水平スチフナおよび縦スチフナの本数

n_i：応力範囲を k グループに分けた i 番目の応力範囲 $\varDelta\sigma_i$ あるいは $\varDelta\tau_i$ による繰返し回数

P：集中荷重または反力．支圧応力度を算定する場合の圧縮力．カバープレートの応力

Q：せん断力

R：応力比 $\sigma_{\min}/\sigma_{\max}$ または $\tau_{\min}/\tau_{\max}$

r：支承部の曲率半径

S：断面一次モーメント

T：引張力

T_0：高力ボルトの設計ボルト張力

t：板の厚さ．管の厚さ．ウェブプレートの厚さ．ピンの板部の厚さ

t_0：フランジ外縁からウェブフィレット先端までの距離

Z：断面係数

Z_c：圧縮側断面係数

Z_t：引張側断面係数

α：圧縮応力度分布係数

$\varDelta\sigma_a$：垂直応力範囲の許容疲労強さ

$\varDelta\sigma_{CL}$：一定振幅垂直応力範囲の打切り限界

$\Delta\sigma_{ei}$：応力範囲を k グループに分けた i 番目の垂直応力範囲

$\Delta\sigma_{F}$：垂直応力範囲の基準疲労強さ

$\Delta\sigma_{VL}$：変動振幅垂直応力範囲の打切り限界

$\Delta\tau_{a}$：せん断応力範囲の許容疲労強さ

$\Delta\tau_{CL}$：一定振幅せん断応力範囲の打切り限界

$\Delta\tau_{ei}$：応力範囲を k グループに分けた i 番目のせん断応力範囲

$\Delta\tau_{F}$：せん断応力範囲の基準疲労強さ

$\Delta\tau_{VL}$：変動振幅せん断応力範囲の打切り限界

θ：主管と支管の交角

Λ：限界細長比

λ：圧縮材の細長比 （$\lambda = l_k/i$）

λ_1：組立圧縮材の形式に依存する細長比の補正係数

λ_b：M_y に対する曲げ材の基準化細長比 （$\lambda_b = \sqrt{M_y/M_e}$）

λ_y：組立圧縮材の弦材が一体として挙動すると見なしたときの細長比

λ_{ye}：組立圧縮材の有効細長比

$_e\lambda_b$：弾性限界細長比

$_p\lambda_b$：塑性限界細長比

ν：圧縮材・曲げ材における安全率

σ：ウェブプレートの最大圧縮応力度．梁の存在曲げ応力度

σ_0：許容圧縮板座屈応力度

$_c\sigma_b$：圧縮側曲げ応力度 （$_c\sigma_b = M/Z_c$）

$_t\sigma_b$：引張側曲げ応力度 （$_t\sigma_b = M/Z_t$）

σ_c：平均圧縮応力度 （$\sigma_c = N/A$）

σ_{max}：最大垂直応力度

σ_{min}：最小垂直応力度

σ_p：支圧応力度

σ_t：平均引張応力度 （$\sigma_t = T/A_N$）．ボルトに加わる外力に対応する引張応力度

$\sigma_x,\ \sigma_y$：互いに直交する垂直応力度

τ：せん断応力度．ウェブプレートの平均せん断応力度

τ_0：許容せん断板座屈応力度

τ_{max}：最大せん断応力度

τ_{min}：最小せん断応力度

τ_{xy}：$\sigma_x,\ \sigma_y$ の作用する面内のせん断応力度

2 章　製　　図

2.1　表示通則

　図面の表示方法は，JIS Z 8310（製図総則），JIS A 0150（建築製図通則），JIS Z 8201（数学記号）ならびに JIS Z 3021（溶接記号）による．

2.2　表示事項

（1）　図面に，寸法，断面形状，各部材の相対位置など，構造躯体の基本情報を完全に示す．床面，柱心，部材の分岐位置を寸法とともに明示する．これら諸事項を誤解なく伝達するのに十分な縮尺で描かなければならない．

（2）　使用鋼材の種別を明示する．

（3）　ボルトまたは高力ボルトが使用される場合には，その品質の区別を明示する．

（4）　トラス・梁にむくりを設ける場合には，むくりの指示をする．

（5）　必要に応じて削り仕上げの程度を指示する．

3 章　荷　　重

3.1　荷重一般

　構造計算に採用する荷重は，本会『建築物荷重指針・同解説』，または建築基準法施行令および建設省告示，国土交通省告示に定めるところによる．

3.2　衝撃力

　衝撃効果をもつ積載荷重を支持する構造部分にあっては，その効果を評価して荷重の割増しを行わなければならない．ただし，実測によらない場合には次の各項に従って荷重の割増しを行ってよい．

（1）　エレベーターを支持する構造部

　　　エレベーターの重量の 100 ％

（2）　天井クレーンを支持する構造部

　　　地上で操作する軽作業用クレーン　　　　　　　　車輪荷重の 10 ％

　　　ワイヤーロープで巻上げを行う一般作業用クレーン　　車輪荷重の 20 ％

　　　吊り具がトロリーに剛に固定されているクレーン　　車輪荷重の 30 ％

（3）　モーターによって動く機械を支持する構造部　　機械重量の 20 ％以上

（4）　ピストン駆動の機械を支持する構造部　　機械重量の 50 ％以上

（5）　床またはバルコニーなどを吊る吊り材　　積載荷重の 30 ％

3.3　天井クレーン走路に作用する水平力

（1）　走行方向の制動力

　　制動を受ける各車輪荷重の15％が，走行レール上端に作用するものとする．

（2）　走行方向に直角に作用する水平力

　　クレーン車輪荷重の10％の水平力が，クレーン両側受梁に同時に，走行方向に対して直角に作用するものとする．ただし，走行ホイストならびに吊り荷は，最も不利な状態にあるものとする．

（3）　地　震　力

　　クレーンに加わる地震力は，走行レール上端に作用するものとする．ただし，クレーンの重量としては，特別の場合を除き，吊り荷の重量を無視することができる．ここで，特別な場合とは吊り具がトロリーに剛に固定されているクレーンの場合を指す．

3.4　繰返し応力

　同一断面内において，応力の大きさが頻繁に変化する場合には，繰返し応力による疲労の影響を考慮して，7章に従って設計しなければならない．

3.5　温度変化による応力

　温度変化によって特に大きい応力を受ける構造物は，その影響を考慮する．

3.6　荷重の組合せ

　構造物各部は，通常の場合，表3.1の荷重の組合せに対して設計し，（1）から（3）の細則に従う．

表3.1　荷重の組合せ

荷重の組合せ		一般の場合	多雪区域の場合
長期	常時	$G+Q$	$G+Q+S$
短期	積雪時	$G+Q+S$	$G+Q+S$
	暴風時	$G+Q+W$	$G+Q+W$
			$G+Q+S+W$
	地震時	$G+Q+E$	$G+Q+S+E$

　［備考］　G：本会『建築物荷重指針・同解説』に従った許容応力度設計用の固定荷重
　　　　　　Q：本会『建築物荷重指針・同解説』に従った許容応力度設計用の積載荷重
　　　　　　S：本会『建築物荷重指針・同解説』に従った許容応力度設計用の積雪荷重
　　　　　　W：本会『建築物荷重指針・同解説』に従った許容応力度設計用の風荷重
　　　　　　E：本会『建築物荷重指針・同解説』に従った許容応力度設計用の地震荷重

（1）　クレーンを支持する構造部分においては，クレーンによる荷重を積載荷重に含める．

（2）　2台以上のクレーンを支持する構造部分においては，実状を考慮し，実際作業上起こりうる組合せのうちで最も不利な場合をクレーンによる荷重とする．

（3）　柱継手・柱脚においては，暴風時・地震時の荷重の組合せに，積載荷重を無視した場合も考慮する．

4 章　材　　　料

4.1　材　　　質

構造材料の材質は，原則として，それぞれ表4.1に示す規格に定めたものによる．

表4.1　構造材料の材質規格

番　　号	名　　　　　　称
JIS G 3136	建築構造用圧延鋼材 　SN400A，SN400B，SN400C，SN490B，SN490C， 　SN400B-FR，SN400C-FR，SN490B-FR，SN490C-FR
JIS G 3101	一般構造用圧延鋼材 　SS400，SS490，SS540
JIS G 3106	溶接構造用圧延鋼材 　SM400A，SM400B，SM400C，SM490A，SM490B，SM490C， 　SM490YA，SM490YB，SM520B，SM520C
JIS G 3114	溶接構造用耐候性熱間圧延鋼材 　SMA400AW，SMA400AP，SMA400BW，SMA400BP，SMA400CW，SMA400CP， 　SMA490AW，SMA490AP，SMA490BW，SMA490BP，SMA490CW，SMA490CP
JIS G 3475	建築構造用炭素鋼鋼管 　STKN400W，STKN400B，STKN490B，STKN400W-FR，STKN400B-FR， 　STKN490B-FR
JIS G 3444	一般構造用炭素鋼鋼管 　STK400，STK490
JIS G 3466	一般構造用角形鋼管 　STKR400，STKR490
JIS G 3138	建築構造用圧延棒鋼 　SNR400A，SNR400B，SNR490B
JIS G 3350	一般構造用軽量形鋼 　SSC400
JIS G 3353	一般構造用溶接軽量 H 形鋼 　SWH400
JIS B 1186	摩擦接合用高力六角ボルト・六角ナット・平座金のセット
JIS B 1178	基礎ボルト
JIS B 1220	構造用両ねじアンカーボルトセット
JIS Z 3211	軟鋼，高張力鋼及び低温用鋼用被覆アーク溶接棒
JIS Z 3312	軟鋼，高張力鋼及び低温用鋼用のマグ溶接及びミグ溶接ソリッドワイヤ
JIS Z 3313	軟鋼，高張力鋼及び低温用鋼用アーク溶接フラックス入りワイヤ
JIS Z 3351	炭素鋼及び低合金鋼用サブマージアーク溶接ソリッドワイヤ
JIS Z 3352	サブマージアーク溶接及びエレクトロスラグ溶接用フラックス
JIS Z 3183	炭素鋼及び低合金鋼用サブマージアーク溶着金属の品質区分
JIS Z 3353	軟鋼及び高張力鋼用のエレクトロスラグ溶接ワイヤ及びフラックス
JIS G 5101	炭素鋼鋳鋼品 　SC480

JIS G 5102	溶接構造用鋳鋼品
	SCW410，SCW480
JIS G 5201	溶接構造用遠心力鋳鋼管
	SCW410-CF，SCW480-CF，SCW490-CF
JIS G 3201	炭素鋼鍛鋼品
	SF490 A
国土交通大臣 認定品	建築構造用 TMCP 鋼材
	TMCP325B，TMCP325C，TMCP355B，TMCP355C
	建築構造用冷間ロール成形角形鋼管
	BCR295，BCR295-FR
	建築構造用冷間プレス成形角形鋼管
	BCP235，BCP235-FR，BCP325，BCP325-FR
	建築構造用高性能 590 N/mm²鋼材（SA440）
	SA440B，SA440C

4.2 形状および寸法

構造材料の形状および寸法は，原則として，それぞれ表 4.2 に示す規格に定めたものによる．

表 4.2 構造材料の形状・寸法規格

番　　　号	名　　　　　　　称
JIS G 3192	熱間圧延形鋼の形状，寸法，質量及びその許容差
JIS G 3193	熱間圧延鋼板及び鋼帯の形状，寸法，質量及びその許容差
JIS G 3194	熱間圧延平鋼の形状，寸法，質量及びその許容差
JIS G 3191	熱間圧延棒鋼及びバーインコイルの形状，寸法，質量及びその許容差
JIS G 3475	建築構造用炭素鋼鋼管
JIS G 3444	一般構造用炭素鋼鋼管
JIS G 3466	一般構造用角形鋼管
JIS G 3350	一般構造用軽量形鋼
JIS G 3353	一般構造用溶接軽量 H 形鋼
JIS B 1186	摩擦接合用高力六角ボルト・六角ナット・平座金のセット
JIS B 1178	基礎ボルト
JIS B 1180	六角ボルト
JIS B 1181	六角ナット
JIS B 1256	平座金
JIS B 1214	熱間成形リベット
JIS E 1101	普通レール及び分岐器類用特殊レール
JIS E 1103	軽レール
JIS A 5540	建築用ターンバックル
国土交通大臣 認定品	構造用トルシア形高力ボルト・六角ナット・平座金のセット 溶融亜鉛めっき高力ボルトのセット

4.3 定　　　数

構造材料の定数は，通常の場合，表 4.3 による．

表 4.3　構造材料の定数

材　　料	ヤング係数 （N/mm²）	せん断弾性係数 （N/mm²）	ポアソン比	線膨張係数 （1/℃）
鋼・鋳鋼・鍛鋼	205 000	79 000	0.3	0.000012

5 章　許容応力度

5.1　構造用鋼材

構造用鋼材の長期荷重に対する許容応力度は，表 5.1 の F 値に基づいて定める．F 値は，降伏応力度の下限値と引張強さの 70 ％のうち小さいほうの値としている．

表 5.1　F 値（N/mm²）

構造種別	建築構造用		一般構造用			溶接構造用		
	SN400 SNR400 STKN400	SN490 SNR490 STKN490	SS400 STK400 STKR400 SSC400 SWH400	SS490	SS540	SM400 SMA400	SM490 SM490Y SMA490 STKR490 STK490	SM520
厚さ 40 mm 以下	235	325	235	275	375	235	325	355
厚さ 40 mm を超え 100 mm 以下	215	295	215	255	—	215	295	335
								厚さ 75 mm を超えるものは 325

［注］　建築構造用 TMCP 鋼材，建築構造用冷間ロール成形角形鋼管 BCR，建築構造用冷間プレス成形角形鋼管 BCP，建築構造用高性能 590 N/mm² 鋼材（SA440）等の国土交通大臣認定品に本規準を用いる場合には F 値の設定方法に十分配慮する必要がある．

（1）　許容引張応力度

13.1 節の規定による有効断面積について

$$f_t = \frac{F}{1.5} \tag{5.1}$$

記号

f_t：許容引張応力度

（2）　許容せん断応力度

$$f_s = \frac{F}{1.5\sqrt{3}} \tag{5.2}$$

記号

f_s：許容せん断応力度

（3） 許容圧縮応力度

　a） 全断面積について

　　$\lambda \leqq \Lambda$ のとき

$$f_c = \frac{\left\{1 - 0.4\left(\dfrac{\lambda}{\Lambda}\right)^2\right\}}{\nu} F \tag{5.3}$$

　　$\lambda > \Lambda$ のとき

$$f_c = \frac{0.277 F}{\left(\dfrac{\lambda}{\Lambda}\right)^2} \tag{5.4}$$

$$\Lambda = \sqrt{\frac{\pi^2 E}{0.6 F}} \tag{5.5}$$

　　記号

　　　f_c：許容圧縮応力度

　　　λ：圧縮材の細長比．11.1 節参照

　　　E：ヤング係数

　　　ν：安全率 $\left(\nu = \dfrac{3}{2} + \dfrac{2}{3}\left(\dfrac{\lambda}{\Lambda}\right)^2\right)$

　　　Λ：限界細長比

　b） 材軸と直交する方向に局所圧縮を受ける圧延形鋼，溶接 H 形断面のウェブフィレット先端部の許容圧縮応力度は，a）の規定にかかわらず，（5.6）式の値とする．

$$f_c' = \frac{F}{1.3} \tag{5.6}$$

　　記号

　　　f_c'：局所圧縮に対する許容圧縮応力度

（4） 許容曲げ応力度

　a） 強軸まわりに曲げを受ける材（矩形中空断面を除く）の圧縮側許容曲げ応力度は，（5.7）～（5.9）式による．

　　$\lambda_b \leqq {}_p\lambda_b$ のとき

$$f_b = \frac{F}{\nu} \tag{5.7}$$

　　${}_p\lambda_b < \lambda_b \leqq {}_e\lambda_b$ のとき

$$f_b = \frac{\left\{1 - 0.4\,\dfrac{\lambda_b - {}_p\lambda_b}{{}_e\lambda_b - {}_p\lambda_b}\right\} F}{\nu} \tag{5.8}$$

　　${}_e\lambda_b < \lambda_b$ のとき

$$f_b = \frac{1}{\lambda_b{}^2} \cdot \frac{F}{2.17} \tag{5.9}$$

ここに

$$\lambda_b = \sqrt{\frac{M_y}{M_e}} \tag{5.10}$$

$$M_e = C\sqrt{\frac{\pi^4 E I_Y \cdot E I_w}{l_b{}^4} + \frac{\pi^2 E I_Y \cdot G J}{l_b{}^2}} \tag{5.11}$$

$$_e\lambda_b = \frac{1}{\sqrt{0.6}} \tag{5.12}$$

ⅰ）補剛区間内で曲げモーメントが単調に変化する場合

$$_p\lambda_b = 0.6 + 0.3\left(\frac{M_2}{M_1}\right) \tag{5.13}$$

$$C = 1.75 + 1.05\left(\frac{M_2}{M_1}\right) + 0.3\left(\frac{M_2}{M_1}\right)^2 \leqq 2.3 \tag{5.14}$$

ⅱ）補剛区間内で曲げモーメントが最大となる場合

$$_p\lambda_b = 0.3 \tag{5.15}$$

$$C = 1.0 \tag{5.16}$$

記号

f_b：許容曲げ応力度

λ_b：M_y に対する曲げ材の基準化細長比

l_b：圧縮フランジの支点間距離

ν：安全率 $\left(\nu = \frac{3}{2} + \frac{2}{3}\left(\frac{\lambda_b}{_e\lambda_b}\right)^2\right)$

$_e\lambda_b$：弾性限界細長比

$_p\lambda_b$：塑性限界細長比

M_e：弾性横座屈モーメント

M_y：降伏モーメント $(M_y = F \cdot Z)$

Z：断面係数

C：弾性横座屈モーメントの補正係数

I_Y：弱軸まわりの断面二次モーメント

I_w：曲げねじり定数

G：せん断弾性係数

J：サンブナンのねじり定数

M_1, M_2：それぞれ座屈補剛区間の両端に作用する大きいほう，小さいほうの，強軸まわりの曲げモーメント．M_2/M_1 は複曲率の場合は正，単曲率の場合は負となる．

ｂ）円形鋼管，矩形中空断面材および荷重面内に対称軸を有し，弱軸まわりに曲げを受ける材

ならびに面内に曲げを受けるガセットプレートの圧縮および引張側許容曲げ応力度は f_t とする.

c）ベアリングプレートなど面外に曲げを受ける板の許容曲げ応力度は，(5.17)式の値とする.

$$f_{b1} = \frac{F}{1.3} \tag{5.17}$$

記号

f_{b1}：許容曲げ応力度

d）曲げを受けるピンの許容曲げ応力度は，(5.18) 式の値とする.

$$f_{b2} = \frac{F}{1.1} \tag{5.18}$$

記号

f_{b2}：許容曲げ応力度

（5）許容支圧応力度

a）ピンおよび荷重点スチフナの接触部，その他仕上面一般に対する許容支圧応力度は，(5.19) 式による.

$$f_{p1} = \frac{F}{1.1} \tag{5.19}$$

ただし，F は接触する材の材質が異なるときは，小さいほうの値をとり，支圧応力度 σ_p は (5.20) 式によって算定する.

$$\sigma_p = \frac{P}{A_p} \tag{5.20}$$

記号

f_{p1}：許容支圧応力度

P：圧縮力

A_p：一般に接触部の断面積．ただし，ピン接合にあっては $A_p = t \cdot d$

t：ピンの板部の厚さ，d：ピンの直径

σ_p：支圧応力度

b）すべり支承またはローラー支承部の許容支圧応力度は，(5.21) 式による.

$$f_{p2} = 1.9F \tag{5.21}$$

ただし，F は接触する材の材質が異なるときには，小さいほうの値をとり，支圧応力度 σ_p は (5.22) 式によって算定する.

$$\sigma_p = 0.42 \sqrt{\frac{PE}{br}} \tag{5.22}$$

記号

f_{p2}：許容支圧応力度

P：圧縮力

E：ヤング係数

b：支承部の幅

r：支承部の曲率半径

σ_p：支圧応力度

5.2　ボルト，高力ボルトおよびアンカーボルト

（1）　ボルト，高力ボルトおよびアンカーボルトの長期荷重に対する許容引張応力度および許容せん断応力度は表 5.2 による．高力ボルトの場合，許容力は軸断面について算出する．ボルトおよびアンカーボルトの場合，許容力はねじ部有効断面について算出する．その他の強度のボルトやその他のアンカーボルトについては，F に表 5.1 に示されている該当する鋼材の F 値を用いる．高力ボルトの設計ボルト張力は表 5.3 の値とする．

表 5.2　ボルト，高力ボルトおよびアンカーボルトの許容応力度（N/mm²）

材料			引張り	せん断
ボルト	強度区分	4.6 4.8	160	$\dfrac{160}{\sqrt{3}}$
		5.6 5.8	200	$\dfrac{200}{\sqrt{3}}$
		6.8	280	$\dfrac{280}{\sqrt{3}}$
	その他の強度ボルト		$\dfrac{F}{1.5}$	$\dfrac{F}{1.5\sqrt{3}}$
高力ボルト	F8T		250	120
	F10T		310	150
アンカーボルト	ABR400 ABM400	SNR400B	$\dfrac{235}{1.5}$ 軸径 40 mm を超える ものは 215/1.5	$\dfrac{235}{1.5\sqrt{3}}$ 軸径 40 mm を超える ものは 215/(1.5√3)
	ABR490 ABM490	SNR490B	$\dfrac{325}{1.5}$ 軸径 40 mm を超える ものは 295/1.5	$\dfrac{325}{1.5\sqrt{3}}$ 軸径 40 mm を超える ものは 295/(1.5√3)
	その他のアンカーボルト		$\dfrac{F}{1.5}$	$\dfrac{F}{1.5\sqrt{3}}$

表 5.3　高力ボルトの設計ボルト張力（kN）

高力ボルトの種類　　呼び	M12	M16	M20	M22	M24	M27	M30
F8T	45.8	85.2	133	165	192	250	305
F10T	56.9	106	165	205	238	310	379

（2）　ボルト継手の板の許容支圧応力度は，ボルトの軸径に板厚を乗じた投影面積について（5.23）式の値とする．ただし，皿ボルトの場合は，板厚として板内に沈んだ皿深さの 1 / 2 を減じた値を用いる．なお，高力ボルト摩擦接合の場合は，許容支圧応力度による検討は不要である．

$$f_t = 1.25F \qquad (5.23)$$

　　　記号

　　　　f_t：許容支圧応力度

5.3　溶　　　接

　アーク溶接継目ののど断面の長期荷重に対する許容応力度は，各鋼種に適合する溶接材料を使用し，十分な管理が行われる場合，下記の値をとることができる．ただし，SS490, SS540 の溶接継目は応力を負担することはできない．

（1）　隅肉溶接・プラグ溶接・スロット溶接・フレア溶接および鋼管分岐継手の溶接継目の許容応力度は，接合される母材の許容せん断応力度とする．

（2）　完全溶込み溶接および部分溶込み溶接の許容応力度は，接合される母材の許容応力度とする．

（3）　異種鋼材を溶接する場合には，接合される母材の許容応力度のうち，小さいほうの値をとる．

5.4　鋳鋼および鍛鋼

　表 4.1 に示されている鋳鋼および鍛鋼の許容応力度は，それぞれ相当する圧延鋼材の許容応力度を用いることができる．

5.5　組合せ応力度が生じる部分の許容応力度

　垂直応力度 σ_x, σ_y とせん断応力度 τ_{xy} が生じる部分の応力度は，（5.24）式を満足しなければならない．

$$f_t{}^2 \geqq \sigma_x{}^2 + \sigma_y{}^2 - \sigma_x\sigma_y + 3\tau_{xy}{}^2 \qquad (5.24)$$

　　　記号

　　　　σ_x, σ_y：互いに直交する垂直応力度

　　　　　τ_{xy}：σ_x, σ_y の作用する面内のせん断応力度

5.6　短期荷重に対する許容応力度

　3 章に規定する荷重の組合せのうち，短期荷重に対する各部の算定に際しては，本章に示した許容応力度を 50 ％増しとする．

6 章　組合せ応力

6.1　圧縮力と曲げモーメント

　圧縮力と曲げモーメントを受ける部材の断面は，(6.1) 式，(6.2) 式を満足するように定める．ただし，σ_c，$_c\sigma_b$，$_t\sigma_b$ の値は絶対値をとる．

$$\frac{\sigma_c}{f_c} + \frac{_c\sigma_b}{f_b} \leq 1 \tag{6.1}$$

　かつ，

$$\frac{_t\sigma_b - \sigma_c}{f_t} \leq 1 \tag{6.2}$$

　　　記号

　　　　f_c：5.1(3)に規定する許容圧縮応力度で，該当するものをとる

　　　　f_b：5.1(4)に規定する許容曲げ応力度で，該当するものをとる

　　　　f_t：5.1(1)に規定する許容引張応力度

　　　　σ_c：平均圧縮応力度（$\sigma_c = N/A$）

　　　　$_c\sigma_b$：圧縮側曲げ応力度（$_c\sigma_b = M/Z_c$）

　　　　$_t\sigma_b$：引張側曲げ応力度（$_t\sigma_b = M/Z_t$）

　　　　N：圧縮力

　　　　M：曲げモーメント

　　　　A：全断面積

　　　　Z_c：圧縮側断面係数

　　　　Z_t：引張側断面係数

6.2　引張力と曲げモーメント

　引張力と曲げモーメントを受ける部材の断面は，(6.3) 式，(6.4) 式を満足するように定める．ただし，σ_t，$_c\sigma_b$，$_t\sigma_b$ の値は絶対値をとる．記号は 6.1 節参照．

$$\frac{\sigma_t + {_t\sigma_b}}{f_t} \leq 1 \tag{6.3}$$

　かつ，

$$\frac{_c\sigma_b - \sigma_t}{f_b} \leq 1 \tag{6.4}$$

　　　記号

　　　　σ_t：平均引張応力度（$\sigma_t = T/A_N$）

　　　　T：引張力

　　　　A_N：13.1 節の規定による有効断面積

6.3 せん断力と引張力

（1） せん断力を同時に受けるボルトおよびアンカーボルトの引張応力度は，(6.5)式の f_{ts} 以下でなければならない．

$$f_{ts}=\sqrt{f_{t0}{}^2-3\tau^2} \tag{6.5}$$

記号

f_{ts}：せん断力を同時に受けるボルトおよびアンカーボルトの許容引張応力度

f_{t0}：5.2(1)に規定するボルトおよびアンカーボルトの許容引張応力度

τ：ボルトおよびアンカーボルトに作用するせん断応力度で，5.2(1)に示す許容せん断応力度を超えることはできない

（2） 引張力を同時に受ける高力ボルトのせん断応力度は，(6.6)式の f_{st} 以下でなければならない．

$$f_{st}=f_{s0}\left(1-\frac{\sigma_t\cdot A}{T_0}\right) \tag{6.6}$$

記号

f_{st}：引張力を同時に受ける高力ボルトの許容せん断応力度

f_{s0}：5.2(1)に規定する高力ボルトの許容せん断応力度

σ_t：ボルトに加わる外力による見かけの引張応力度で，5.2(1)に示す高力ボルトの許容引張応力度を超えることはできない．

T_0：設計ボルト張力

A：高力ボルトの軸断面積

7章 疲 労

7.1 適 用 範 囲

本章の適用は下記による．

（1） 建築構造物の通常の部材および接合部は，疲労の検討を必要としない．

クレーンの走行梁，機械または設備を支持する部材など繰返し応力を受ける部材および接合部ならびにそれに隣接する部材は，疲労の検討を行う．

（2） 1×10^4 回を超える繰返し応力を受ける部材および接合部に対して疲労の検討を行う．ただし，腐食環境下または150℃ を超える高温状態の場合は適用外とする．

（3） 本章の適用を受ける鋼材は，4章で定めた鋼材とする．

（4） 応力振幅の上限値および下限値の絶対値が，使用鋼材および使用接合材に応じて規定された許容応力度を超える場合，すなわち垂直応力度ならば F 値を，せん断応力度ならば $F/\sqrt{3}$ を超える場合は，適用外とする．

7.2　許容疲労強さ

　許容疲労強さは，荷重の繰返し数に応じて応力範囲で示す．ただし，7.3節で示す応力範囲の打切り限界以下では，疲労を考慮する必要はない．

（1）　垂直応力範囲の繰返しの場合

$$\Delta\sigma_a = \frac{126}{\sqrt[3]{N}}\Delta\sigma_F \tag{7.1}$$

　　　記号

　　　　　N：総繰返し数

　　　　　$\Delta\sigma_a$：垂直応力範囲の許容疲労強さ

　　　　　$\Delta\sigma_F$：7.3節で示す垂直応力範囲の基準疲労強さ

（2）　せん断応力範囲の繰返しの場合

$$\Delta\tau_a = \frac{18}{\sqrt[5]{N}}\Delta\tau_F \tag{7.2}$$

　　　記号

　　　　　$\Delta\tau_a$：せん断応力範囲の許容疲労強さ

　　　　　$\Delta\tau_F$：7.3節で示すせん断応力範囲の基準疲労強さ

7.3　基準疲労強さ

　基準疲労強さは，繰返し数が 2×10^6 回に達すると疲労破壊する応力範囲とする．基準疲労強さは表7.1，表7.2に示す値としてよい．また，基準疲労強さに対する応力範囲の打切り限界は表7.1，表7.2に示す値としてよい．

表7.1　継手などの形式と基準疲労強さ（垂直応力範囲）

基準疲労強さ $\Delta\sigma_F$ （N/mm²）	継　手　な　ど　の　形　式	応力範囲の打切り限界（N/mm²）	
		一定振幅 $\Delta\sigma_{CL}$	変動振幅 $\Delta\sigma_{VL}$
160	圧延材，引抜き材	160	74
140	自動ガス切断，または，機械切断された母材	135	62
	高力ボルト摩擦接合部		
125	応力方向と平行な方向の完全溶込み溶接継手（裏当て金なし）	115	53
	自動熱切断された母材		
100	応力方向と垂直な方向の完全溶込み溶接継手（裏当て金なし）	84	39
	応力方向と平行な方向の継目なし連続自動隅肉溶接継手		
	手動熱切断された母材		
	高力ボルト引張接合部（引張成分）		

表 7.1 （つづき）

80	応力方向と平行な方向の完全溶込み溶接継手（裏当て金あり）	62	29
	梁のウェブあるいはフランジに隅肉溶接された補剛材		
	スタッド溶接された母材		
	面外ガセットを隅肉溶接した継手		
	板厚および板幅の変化部を有する応力方向に垂直な完全溶込み溶接継手（裏当て金の有無に関わらず）		
65	応力方向と垂直な方向の完全溶込み溶接継手（裏当て金あり）	46	21
	車輪直下のフランジとウェブの完全溶込み溶接継手（裏当て金なし）		
50	スカラップを有する溶接継手	32	15
	カバープレートを有する隅肉溶接継手		
45	割込み板を介した形鋼の隅肉溶接継手（両面）	28	13
40	割込み板を介した角形鋼管の隅肉溶接継手（片面）	24	11
	面内ガセットを完全溶込み溶接した継手（裏当て金の有無に関わらず）		
	重ね継手		

表 7.2　継手などの形式と基準疲労強さ（せん断応力範囲）

基準疲労強さ $\Delta\tau_F$ (N/mm²)	継 手 な ど の 形 式	応力範囲の打切り限界（N/mm²）	
		一定振幅 $\Delta\tau_{CL}$	変動振幅 $\Delta\tau_{VL}$
100	母材，完全溶込み溶接継手（裏当て金の有無に関わらず）	86	54
80	隅肉溶接継手，部分溶込み突合せ溶接継手	66	42

7.4　平均応力の影響

　平均応力が圧縮領域にある場合には，(7.3)式に示す補正係数 C_R を基準疲労強さに乗じて，補正してもよい．ただし，最大応力度および最小応力度とも圧縮領域にある場合は $C_R=1.3$ とする．なお，応力の符号は引張りを正，圧縮を負とする．

$$C_R = \frac{1.3(1-R)}{1.6-R} \qquad ただし，\ -\infty \leqq R \leqq -1 \tag{7.3}$$

　　　記号

　　　　R：応力比 $\sigma_{\min}/\sigma_{\max}$ または $\tau_{\min}/\tau_{\max}$

$\sigma_{\min}$：最小垂直応力度

$\sigma_{\max}$：最大垂直応力度

$\tau_{\min}$：最小せん断応力度

$\tau_{\max}$：最大せん断応力度

7.5 疲 労 設 計

（1） 一定応力振幅を受ける場合

部材および接合部に生じる応力範囲は，（7.4）式，（7.5）式を満足しなければならない．

ここで，$\varDelta\sigma_a$，$\varDelta\tau_a$ は（7.1）式，（7.2）式による許容疲労強さである．

$$\sigma_{\max}-\sigma_{\min}<\varDelta\sigma_a \tag{7.4}$$

$$\tau_{\max}-\tau_{\min}<\varDelta\tau_a \tag{7.5}$$

（2） 変動応力振幅を受ける場合

変動応力振幅の場合は以下のa），b）の二つの方法のいずれかで検討する．

a） 累積損傷度を用いた疲労の検討

累積損傷度は，（7.6）式で定義される．

$$D=\sum_{i=1}^{k}\left(\frac{n_i}{N_i}\right) \tag{7.6}$$

記号

D：累積損傷度

n_i：応力範囲を k グループに分けた i 番目の応力範囲の繰返し回数

N_i：応力範囲を k グループに分けた i 番目の応力範囲 $\varDelta\sigma_i$ あるいは $\varDelta\tau_i$ による破断

繰返し回数

これより，（7.7）式が成り立つことを確認する．

$$D<1 \tag{7.7}$$

b） 等価応力範囲を用いた疲労の検討

繰返し荷重によって構造要素に生じる応力範囲が一定でない場合には，その応力範囲をいくつかの k のグループに分け，等価な一定応力範囲 $\varDelta\sigma_e$，$\varDelta\tau_e$ に換算する．

垂直応力範囲の繰返しの場合　　$\varDelta\sigma_e=\left\{\sum_{i=1}^{k}\frac{n_i}{N}(\varDelta\sigma_{ei})^3\right\}^{\frac{1}{3}}$ （7.8）

せん断応力範囲の繰返しの場合　　$\varDelta\tau_e=\left\{\sum_{i=1}^{k}\frac{n_i}{N}(\varDelta\tau_{ei})^5\right\}^{\frac{1}{5}}$ （7.9）

記号

$\varDelta\sigma_{ei}$：応力範囲を k グループに分けた i 番目の垂直応力範囲

$\varDelta\tau_{ei}$：応力範囲を k グループに分けた i 番目のせん断応力範囲

N：総繰返し数（$N=\sum_{i=1}^{k}n_i$）

これより，（7.10）式，（7.11）式が成り立つことを確認する．

$$\varDelta\sigma_e<\varDelta\sigma_a \tag{7.10}$$

$$\varDelta \tau_e < \varDelta \tau_a \tag{7.11}$$

（3）　垂直応力範囲とせん断応力範囲の組合せ

同一部材の同一か所に，垂直応力とせん断応力が同時に作用する場合は，最大主応力範囲に対して垂直応力範囲の許容疲労強さで設計を行う．

7.6　ボ ル ト

繰返し応力を受ける場合は，ボルトは使用しない．

8章　変　　　形

8.1　梁材のたわみ

（1）　梁　　　材

a）長期に作用する荷重に対する梁材のたわみは，通常の場合はスパンの 1/300 以下，片持梁では 1/250 以下とする．ただし，母屋・胴縁などについては，その仕上げ材に支障を与えない範囲でこの限界を超えることができる．

b）積載荷重の動的効果に対する梁材のたわみ振動に関しては，居住性や精密機器の操作性，生産性などに支障がないことを確認しなければならない．

（2）　クレーン走行梁

クレーン走行梁のたわみの制限値は，手動クレーンなどではスパンの 1/500，その他の電動クレーンにあっては実状により 1/800〜1/1 200 とする．

8.2　骨組の層間変形

骨組は，設計上想定される水平荷重に対して適切な層間変形となるよう水平剛性を考慮し，居住性も考慮しなければならない．

9章　　板要素の幅厚比

9.1　平板要素の幅厚比

骨組を構成する部材で，圧縮力または曲げによって面内圧縮力を生じる平板要素の幅厚比は，（1）または（2）の規定によれば，局部座屈の影響を考慮しなくてもよい．

（1）　1 縁支持，他縁自由の板突出部分

a）柱および圧縮材の突出フランジ，梁の圧縮フランジ，梁の圧縮部分から突出している板および山形鋼，T 形断面の脚および 10.5 節に規定するスチフナ

$$\frac{b}{t} \leqq 0.53 \sqrt{\frac{E}{F}} \tag{9.1}$$

記号

b：板要素の幅で，H 形鋼および T 形鋼のフランジでは，公称全幅の 1／2 とする．山形鋼の脚，溝形鋼・Z 形鋼・T 形鋼の脚および冷間成形軽量形鋼ではその公称寸法をとる．組立材にあっては自由縁から最も近いボルト，高力ボルトまたは溶接列までの距離をとる．

t：板要素の厚さで，板厚が直線的に変化している場合は，その平均値をとってよい．

b）単一山形鋼，はさみ板を有する複山形鋼

$$\frac{b}{t} \leqq 0.44 \sqrt{\frac{E}{F}} \tag{9.2}$$

（2）　2 縁支持の板

a）柱および圧縮材のウェブプレート，矩形の中空断面のフランジプレート，カバープレートおよび補剛縁つきの圧縮フランジ

$$\frac{d}{t} \leqq 1.6 \sqrt{\frac{E}{F}} \tag{9.3}$$

補剛縁つきの圧縮フランジの場合，補剛スチフナ自身の重心軸まわりの断面二次モーメント I_s は，（9.4）式による．

$$I_s \geqq 1.9 t^4 \sqrt{\left(\frac{d}{t}\right)^2 - \frac{0.136 E}{F}} \quad かつ \quad 9.2 t^4 以上 \tag{9.4}$$

記号

d：2 縁で支持される板要素の幅で，圧延形鋼にあってはウェブフィレット先端間の距離，冷間成形軽量形鋼および角形鋼管にあっては平板部分の長さ，溶接組立 H 形断面および溶接組立箱形断面にあっては内法寸法をとる．組立材にあっては最も近いボルト，高力ボルトまたは溶接線間距離をとる．

t：板要素の厚さ

b）梁のウェブプレート

$$\frac{d}{t} \leqq 2.4 \sqrt{\frac{E}{F}} \tag{9.5}$$

（3）　板要素の幅厚比が，上記(1)，(2)の規定値を超える場合には，局部座屈の影響を考慮しなければならない．この場合，規定値を超える部分を無効とみなして存在応力度を求めた上で検定を行うことができる．

（4）　上記(2)の規定値を超えるウェブプレートはスチフナで補強し，「付．ウェブプレートの座屈検定とスチフナの設計」により設計することができる．

9.2　円形鋼管の径厚比

円形鋼管の外径と管厚の比は，（9.6）式による．

$$\frac{D}{t} \leqq 0.114 \frac{E}{F} \tag{9.6}$$

記号

D：円形鋼管の公称外径

t：管厚

10章　梁　　材

10.1　充腹形の梁

（1）　梁の断面係数は，断面の引張側のボルトまたは高力ボルト孔を控除した断面について算出する．なお，引張側の孔とともに圧縮側の孔も控除した断面係数を用いてもよい．

（2）　曲げ応力度の検定には5.1（4）a），b）の許容曲げ応力度を用いる．

（3）　板要素の幅厚比は，9章の規定による．

10.2　組　立　梁

（1）　組立梁の断面係数は，10.1（1）に準じて算定する．

（2）　圧縮を受ける弦材，ウェブ材の座屈長さは11.4節に準じ，5.1（3）a）に規定する許容圧縮応力度によって検定する．

（3）　圧縮を受ける弦材，ウェブ材は，11.6節に準じ設計する．

（4）　板要素の幅厚比は，9章の規定による．

10.3　フ ラ ン ジ

（1）　溶接組立梁のフランジは，なるべく1枚の板で構成する．

（2）　溶接によってカバープレートを接合する場合は，カバープレート幅の1/2以上の余長をカバープレートの材軸方向に設けなければならない．また，ボルトまたは高力ボルトによって部分的にカバープレートを接合する場合には，カバープレートが負担すべき応力に十分耐えるような接合を余長部に施さなければならない．

10.4　フランジとウェブまたはフランジを構成する材相互の接合

（1）　フランジとウェブまたはフランジを構成する材相互の接合部は，互いの間に作用する応力を十分伝達できるよう設計する．

（2）　フランジとウェブの接合部はフランジに直接加わる力を同時に伝えなければならない．ただし，この力がウェブに直接伝わるような手段が講じられたときは，この限りではない．

10.5　集中荷重を受ける部分

（1）　形鋼梁または溶接プレートガーダーに集中荷重が作用する場合，ウェブフィレット先端に作用する局部圧縮応力度を（10.1）式，（10.2）式によって検定する．

梁材の中間荷重に対して

$$\frac{P}{t(l+2t_0)} \leqq f_c \tag{10.1}$$

梁材の端部の支点反力に対して

$$\frac{P}{t(l+t_0)} \leq f'_c \tag{10.2}$$

記号

f'_c：5.1（3）b）に規定する許容圧縮応力度

P：集中荷重または反力

t：ウェブプレートの厚さ

t_0：フランジ外縁からウェブフィレット先端までの距離

l：荷重分布長さ．ただし，支点反力に対しては t_0 以下であってはならない．クレーン車輪荷重の場合は，レール上端面において 50 mm とする．

（2）　集中荷重の作用点で前項の規定を満足しないときは，スチフナを設ける．この場合，この部分をスチフナとその近傍のウェブプレートの有効幅によって構成される圧縮材とみなし，5.1（3）a）の許容応力度を用いて算定する．ウェブプレートの有効幅は，梁の中間スチフナではスチフナの両側にウェブプレートの厚さの 15 倍以下，端部スチフナでは片側に 15 倍以下とし，また座屈長さは，梁せいの 0.7 倍とする．なお，スチフナはウェブプレートの両側に接合し，集中荷重を受ける側のフランジに密着させる．

10.6　梁材の横座屈補剛

（1）　梁材の圧縮側フランジに設ける横座屈補剛材は，材に元たわみがある場合においてもその耐力が確保されるように，補剛材に十分な耐力と剛性を与えなければならない．

（2）　精算によらない場合は，梁断面に生じている圧縮応力の合力の 2 ％の集中力が横座屈補剛材に加わるものとして計算する．梁材の元たわみが大きい場合や，横座屈補剛材の剛性が小さい場合には，上記の集中力を増大させるほか，梁の許容曲げ応力度を評価するときに補剛間隔を大きめに見積るなどの対策を講じる．

10.7　ウェブに開口を有する梁材

　ウェブに部分的な開口を有する充腹形の梁材では，開口による耐力と剛性の低下をその補強効果も含めて適切に評価して設計しなければならない．

11章　圧縮材ならびに柱材

11.1　単一圧縮材の細長比

　単一圧縮材の細長比は，（11.1）式によって算定する．

$$\lambda = \frac{l_k}{i} \tag{11.1}$$

記号

l_k：座屈長さ

i：座屈軸についての断面二次半径

11.2 圧縮材の最大細長比

圧縮材の細長比は，250以下とする．ただし，柱材では200以下とする．

11.3 単純な支持条件を持つ材の座屈長さ

材の座屈長さ l_k は，材端の支持条件によって表11.1を標準とする．ただし，拘束が不十分な場合は，その値を合理的な値まで増大させる．

表 11.1 座 屈 長 さ l_k

移動に対する条件	拘 束			自 由	
回転に対する条件	両端自由	両端拘束	1端自由 他端拘束	両端拘束	1端自由 他端拘束
l_k	l	$0.5l$	$0.7l$	l	$2l$

[注] l：材長

11.4 トラスの圧縮部材の座屈長さ

トラスの圧縮部材の座屈長さは，精算によらないときは次によって定めてよい．

（1） トラスの弦材

構面内座屈に対しては，節点間距離をもって座屈長さとし，構面外座屈に対しては横方向に補剛された支点間距離をもってその座屈長さとする．

（2） トラスのウェブ材

構面内座屈に対しては，節点間距離をもって座屈長さとする．ただし，材端支持状態が特に剛である場合には，両端接合高力ボルト群または溶接部の図心間距離をもって座屈長さとする．

構面外座屈に対しては，節点間距離をもって座屈長さとする．

トラスのウェブ材が単一山形鋼からなり，その一方の脚が弦材またはガセットプレートに接合される場合，節点間距離を座屈長さとする．この場合，最小断面二次半径を用いて細長比を算出し，中心圧縮材として算定してよい．ただし，軽微な組立材において，1本の高力ボルトでウェブ材を接合する場合は，材の許容応力度を $1/2$ に低減する．

（3） 材の両半分が異なった大きさの圧縮力を受ける場合

材の両端が横移動をしないように支持され，材の両半分が異なった大きさの圧縮力を受けるときは，大きいほうの圧縮力を基準として （11.2） 式の座屈長さを用いる．

$$l_k = l\left(0.75 + 0.25\frac{N_2}{N_1}\right)$$
$$\text{かつ}$$
$$l_k \geq 0.5l \tag{11.2}$$

記号

l：材長

N_1：大きいほうの圧縮力の大きさ

N_2：小さいほうの圧縮力の大きさ

一方が引張力である場合には，N_2 を引張力の大きさとし負とする．

（4）　トラスのウェブ材が中央で他の材と交差する場合

トラスのウェブ材が中央で他の材と交差する場合の構面外の座屈長さは，交差する材の軸力，両部材の交点における連続性などを考慮して定める．

11.5　ラーメンの柱材の座屈長さ

（1）　横移動が拘束されているラーメンの柱材

ラーメンが筋かい付き骨組，耐震壁など水平移動に対して剛な骨組に剛な床組をもって連結されたときは，節点が水平に移動しないものと見なして，その座屈長さを算定することができる．精算を行わない場合は，座屈長さを節点間距離に等しくとることができる．

（2）　横移動が拘束されていないラーメンの柱材

前項に適合しないラーメンの柱材の座屈長さは，解析によって定める．ただし，節点間距離以下とすることはできない．

11.6　組立圧縮材

（1）　組立圧縮材の細長比

a）組立圧縮材の充腹軸についての細長比の算定は，単一材の規定による．

b）組立圧縮材の充腹でない軸についての座屈に対しては，11.1 節の細長比を割増しして算定する．（3）の構造細則に従う場合，有効細長比 λ_{ye} は，（11.3）式の略算によることができる．

$$\lambda_{ye}=\sqrt{\lambda_y{}^2+\frac{m}{2}\lambda_1{}^2} \tag{11.3}$$

ただし，$\lambda_1\leqq20$ のときは

$$\lambda_{ye}=\lambda_y \tag{11.4}$$

と見なすことができる．

記号

λ_1：組立圧縮材の形式に依存する細長比の補正係数

λ_y：弦材が一体として挙動すると見なしたときの細長比

λ_{ye}：有効細長比

m：つづり材（帯材・はさみ板）によって組み立てられる弦材または弦材群の数

λ_1 は組立圧縮材の形式により以下の式によって求める．

ⅰ）格子形式（帯材形式・はさみ板形式）の組立圧縮材

$$\lambda_1=\frac{l_1}{i_1} \tag{11.5}$$

ただし，つづり材（帯材）の曲げ変形が無視できない場合には，（11.6）式によりその効果を考慮する．

$$\lambda_1{}^2 = \left(\frac{l_1{}^2}{24EI_c} + \frac{l_1 \cdot e}{12EI_t}\right)\pi^2 EA \tag{11.6}$$

記号

l_1：区間長

i_1：弦材の最小断面二次半径

e：弦材の間隔

I_c：弦材の断面二次モーメント

I_t：帯材の断面二次モーメント

ii）ラチス形式の組立圧縮材

$$\lambda_1 = \pi \sqrt{\frac{A}{nA_d} \cdot \frac{l_d{}^3}{l_2 \cdot e^2}} \tag{11.7}$$

記号

l_2：斜材の長さの材軸方向の成分

l_d：斜材の長さ

e：弦材の図心軸の間の距離

A：圧縮材を構成する弦材断面積の和

A_d：斜材の断面積，ただし，複ラチスの場合は両斜材断面積の和

n：つづり材（斜材）の構面の数

（2）　組立圧縮材の座屈に伴うせん断力

　　　　組立圧縮材の各部分は，設計用圧縮力の 2 ％のせん断力が作用するものと見なして設計する．圧縮力のほかにせん断力を受ける組立圧縮材では，上記のせん断力を加算して設計する．

（3）　組立圧縮材の構造細則

　　a）圧縮材を組み立てる高力ボルトあるいは断続溶接のピッチは，接続される個材中の最薄材厚の $0.73\sqrt{E/F}$ 倍以下，かつ 300 mm 以下とする．ただし，高力ボルトが千鳥接合されるときは，各ゲージラインの上のピッチは上記の値の 1.5 倍以下とする．

　　b）つづり材（帯材・はさみ板）または斜材で分けられた区間数は 3 以上とし，各区間長はなるべく均等になるようにする．

　　c）格子形式では，弦材の細長比が 50 以下になるように区間長をとる．＋形断面では，はさみ板は交互に直角に配置する．ラチス形式では，弦材の細長比が組立材の両主軸に関する細長比のうち大きいほうの値以下になるように区間長をとる．

　　d）斜材の細長比は，160 以下とする．

　　e）弦材間の距離の大きい組立圧縮材の材端部は十分剛なガセットプレートまたは帯材に 3 本以上の高力ボルト，またはこれと同等以上の溶接によって取り付ける．この部分における高力ボルトのピッチは径の 4 倍以下，溶接の場合は連続溶接とする．

11.7　変断面圧縮材

　　断面の変化する圧縮材に対しては，これと同一の弾性座屈荷重をもつ一定断面の圧縮材に換算し

て算定することができる.

11.8 圧縮材の支点の補剛

（1） 連続圧縮材の中間支点は，材に元たわみがある場合においてもその耐力が確保されるように，補剛骨組に十分な耐力ならびに剛性を与えなければならない.

（2） 精算によらない場合は，圧縮力の2％以上の集中横力が補剛骨組に加わるものとして計算する．圧縮材の元たわみが大きい場合や，補剛骨組の剛性が小さい場合には，上記の集中横力を増大させるほか，圧縮材の座屈長さを割増しする.

11.9 充腹形の柱

（1） 柱材の断面係数は，10.1(1)に準じて算定する.

（2） 柱材のフランジの構成については10.3節，フランジとウェブまたはフランジを構成する材相互の接合については10.4節に準じて設計する.

（3） 形鋼柱および鋼板による溶接組立板柱の集中荷重を受ける部分については，10.5節に準じて設計する.

（4） 軸方向力と曲げモーメントとを同時に受ける柱材の断面は，6.1, 6.2節に従って算定する.

（5） 柱材の板要素の幅厚比については，9章の規定による.

11.10 組 立 柱

（1） 柱材の断面係数は，10.1(1)に準じて算定する.

（2） 柱材のフランジの構成については10.3節，フランジとウェブまたはフランジを構成する材相互の接合については10.4節に準じて設計する.

（3） 軸方向力と曲げモーメントとを同時に受ける柱材の断面は，6.1, 6.2節に従って算定する.

（4） 圧縮力を受ける柱材および弦材ならびにウェブ材の充腹でない軸については11.6(1)，(2)によって有効細長比ならびにせん断力を算定し，11.6(3)c)〜e)の構造細則に従って設計する.

（5） 5.1(4)a)に該当する柱材で，曲げを受ける面が充腹でない場合においては，曲げモーメントによる圧縮側弦材の座屈長さをトラスの構面外座屈として算定し，5.1(3)a)によって求めた f_c を圧縮側許容曲げ応力度 f_b とする.

（6） 柱材の板要素の幅厚比については，9章の規定による.

12章 引 張 材

12.1 偏心の影響

山形鋼・溝形鋼などをガセットプレートの片側にのみ接合する場合は，偏心の影響を考慮して設計する．ただし，通常の場合，その有効断面から突出脚の1/2の断面を減じた断面によって算定してもよい.

12.2　丸鋼を用いた引張材

丸鋼は，軽微な引張材に限って使用することができる．ターンバックルを用いた場合の許容応力度は，表5.2のボルトの値を用いる．

12.3　組立引張材

組立引張材に2以上の形鋼を組み合わせる場合には，それを接合するボルト，高力ボルト，断続溶接の軸方向の間隔は適切なものにする．

13章　有効断面積

13.1　孔欠損を有する材の有効断面積

材にボルトまたは高力ボルトなどによる孔のある場合で引張応力が作用する部分の有効断面積は，孔を縫って想定される各種の破断線について次の方法により算出し，その最小のものをとる．

材の有効断面積は，材に直角な断面積から破断線に沿い，第1の孔については正味欠損面積 a_0（孔径×材厚）を，第2の孔以下については次に示す等価欠損面積 a を減じたものとする．

等価欠損面積 a は，おのおのこれに先立つ孔に対する関係位置に応じ (13.1) 式により算定する．

$$\left.\begin{array}{ll} b \leqq 0.5g \text{ のとき} & a = a_0 \\ b > 0.5g \text{ のとき} & a = (1.5 - b/g)a_0 \end{array}\right\} \qquad (13.1)$$

記号

b：孔の間隔

g：ボルト，高力ボルト列の間隔（ゲージ）

　　ただし，山形鋼などの相異なる脚上にある孔間の列間隔の算定は，孔から山形鋼などのせいまでの距離の和から板厚を減じたものとする．

なお，$b > 1.5g$ の場合には，この孔を縫う破断線は想定する必要がない．

スロット溶接・プラグ溶接は，有効断面積に加算できない．

13.2　溶接継目の有効面積

（1）　完全溶込み溶接部および部分溶込み溶接部の有効面積は，溶接部の（有効長さ）×（有効のど厚）とする．

　a）完全溶込み溶接および部分溶込み溶接の有効長さは，材軸に直角に測った接合部の幅とする．

　b）完全溶込み溶接の有効のど厚は，接合される母材の薄い方の板厚とする．

　c）ガスシールド溶接およびサブマージアーク自動溶接による部分溶込み溶接の有効のど厚

　　　　板厚19 mm以上のV形・レ形・U形・J形開先および板厚32 mm以上のX形・K形・H形・両面J形開先の場合の有効のど厚はグルーブ深さとし，かつ $2\sqrt{t}$（mm）以上にしなければならない．ここに，t（mm）は薄いほうの板厚を示す．

　d）被覆アーク溶接による部分溶込み溶接の有効のど厚

板厚 12 mm 以上の V 形・レ形・U 形・J 形開先および板厚 38 mm 以上の X 形・K 形・H 形・両面 J 形開先の場合の有効のど厚は，次の i)，ii)に示すとおりとし，かつ $2\sqrt{t}$（mm）以上にしなければならない．ここに，t（mm）は薄いほうの板厚を示す．

　i ）レ形・K 形の場合は，グルーブ深さより 3 mm を差し引いた値とする．

　ii ）V 形・U 形・J 形・X 形・H 形・両面 J 形の場合は，グルーブ深さとする．

（2）　隅肉溶接部の有効面積は，溶接部の（有効長さ）×（有効のど厚）とする．ただし，荷重方向のいかんを問わず，その応力は有効面積で計算する．

　a ）隅肉溶接の有効長さは，まわし溶接を含めた溶接の全長から隅肉サイズの 2 倍を減じたものとする．また，有効のど厚は通常隅肉サイズに 0.7 を乗じたものとする．

　b ）孔および溝の周囲に行う隅肉溶接の有効長さは，のど厚の中心に沿って測った溶接の長さとする．

（3）　プラグ溶接およびスロット溶接の有効面積は，孔および溝の公称面積とする．

（4）　鋼管の分岐継手

　　ひとつの鋼管（主管）の表面に他の鋼管（支管）の端部を突き付けて溶接する場合の有効面積は，次による．

　i ）継目の有効長さの計算は，（13.2）式による．

$$L = a + b + 3\sqrt{a^2 + b^2} \tag{13.2}$$

$$\left.\begin{array}{l} a = \dfrac{d}{2\sin\theta} \\[3mm] b = \dfrac{d}{3} \cdot \dfrac{3 - \left(\dfrac{d}{D}\right)^2}{2 - \left(\dfrac{d}{D}\right)^2} \end{array}\right\} \tag{13.3}$$

　　　記号

　　　　L：継目の有効長さ

　　　　θ：二つの管の交角

　　　　d：支管の外径

　　　　D：主管の外径

　ii ）有効のど厚は 16 章に示す規定に従って溶接した場合は，隅肉サイズに応じて最大 $1.4t$ とすることができる．ここに，t は支管の板厚である．

　iii）接合部にスチフナなどを溶接して補強する場合には，補強部の溶接も有効面積に加算することができる．

14章　接　　合

14.1　総　　則

　接合部は，接合される部材の存在応力を十分に伝えるように設計する．存在応力を用いない場合には，接合される部材の許容力に対して設計してよい．

14.2　最 小 接 合

　構造耐力上主要な部材の接合部で，ボルトおよび高力ボルト接合の場合はピン接合とする場合を除き最小2本以上配置し，溶接の場合は最小30 kN以上の耐力を有する継目を設ける．ただし，組立材のつづり材などの接合部はこれによらなくてよい．

14.3　偏 心 接 合

（1）　軸方向力を受ける2本以上の材を接合するときは，各材の図心軸が1点で交わるよう設計する．ただし，1点で交わらない場合は，偏心の影響を考慮して設計する．

（2）　山形鋼・溝形鋼などをガセットプレートの片側にのみ接合する場合は，偏心の影響を考慮して設計する．

（3）　偏心のある引張ボルトおよび高力ボルト引張接合部は，偏心による影響を考慮して設計する．

14.4　ボルト，高力ボルトおよび溶接の配置

　軸方向力を受ける材の図心軸と，ボルト，高力ボルトおよび溶接の継目群などの図心軸とはなるべく一致させるよう設計する．偏心による影響を考慮して設計する場合および繰返し応力を受けない単一山形鋼・複山形鋼などからなる部材の場合はこの限りでない．

14.5　フ ィ ラ ー

（1）　添板を用いた接合部で母材に板厚差がある場合はフィラーを用いる．フィラーは母材の片面で4枚以上重ねて用いてはならない．

（2）　高力ボルト摩擦接合で母材の板厚差が1 mm以下の場合は，（1）の規定にかかわらずフィラーを用いなくてよい．板厚差が1 mmを超える場合は，母材と同等の表面処理を両面に行なったフィラーを用いる．フィラーの材質は母材の材質にかかわらず，引張強さが400 N/mm²級の鋼材でよい．

（3）　ボルト接合で用いるフィラーの厚さは6 mm未満とする．ただし，ボルトへの二次曲げの影響を考慮してボルトの許容せん断応力度を低減した場合は，厚さ6 mm以上のフィラーを用いることができる．フィラーの材質は母材の材質にかかわらず，引張強さが400 N/mm²級の鋼材でよい．

（4）　添板を用いた隅肉溶接接合で，厚さ6 mm以上のフィラーを設ける場合は，フィラーを添板の縁より大きくし，母材とフィラーおよびフィラーと添板との溶接が重ならないよう設計する．厚さ6 mm未満のフィラーを設ける場合は，添板・フィラーを同一継目で母材に溶接

してよい．この場合の隅肉溶接のサイズは，フィラーの厚さだけ増すものとする．フィラーの材質は母材と同等以上とする．

14.6　溶接継目の組合せ

ひとつの継手に2種類以上の溶接継目を併用するときは，各溶接継目の許容力に応じてそれぞれの応力の分担を決定することができる．

14.7　ボルトまたは高力ボルトと溶接の併用

（1）　ひとつの継手にボルトまたは高力ボルトと溶接を併用した場合には，全応力を溶接で負担しなければならない．ただし，高力ボルト接合で溶接より先に施工されるものは，溶接継目と応力を分担させることができる．

（2）　溶接によって既存構造部に対して増築または改修を行う場合は，既存のリベット，高力ボルトは既存構造物の固定荷重を支えるものとして利用することができる．それ以外の荷重は，すべて溶接に負担させる．

14.8　高力ボルトとボルトの併用

ひとつの継手に高力ボルトとボルトを併用した場合は，これらは応力を分担するものと考えることはできない．この場合には，全応力を高力ボルトで負担しなければならない．

14.9　ボルトの使用範囲

（1）　振動・衝撃または繰返し応力を受ける接合部には，ボルトを使用してはならない．

（2）　軒の高さが9mを超え，または，梁間が13mを超える鋼構造建築物の構造耐力上主要な部分には，ボルトを使用してはならない．

（3）　ボルトの孔径をボルトのねじの呼び径の＋0.2mm以下にした場合には，（2）の規定にかかわらずボルトを使用してよい．

14.10　軸方向力またはせん断力を伝える接合部

軸方向力またはせん断力を伝える接合部のボルト，高力ボルトまたは溶接継目の応力は，応力方向に均等に分布するものと仮定することができる．

14.11　曲げモーメントを伝える接合部

曲げモーメントを伝える接合部のボルト，高力ボルトならびに溶接継目の応力は，回転中心からの距離に比例するものとみなして算定する．

14.12　剛接合柱梁接合部

曲げモーメント，せん断力および軸方向力を伝える柱梁接合部においては，これらの力を十分伝えうる材端接合とするほか，柱と梁で囲まれた部分（接合部パネル）の耐力についても検討する．

14.13　トラス部材の接合部

トラス部材の接合部は存在応力を十分伝え，かつ部材の許容力の1/2以上の耐力を確保する．

14.14　柱　の　継　手

柱の継手のボルト，高力ボルトおよび溶接は，継手部の存在応力を十分伝え，かつ部材の各応力に対する許容力の1/2以上の耐力を確保する．ただし，継手位置で断面に引張応力を生じるおそれがなく，接合部端面を削り仕上げなどにより密着させることのできる構造とした場合は，圧縮力お

よび曲げモーメントのおのおのの 1／4 は接触面より直接伝達するものと見なしてよい. また, 柱の継手は 3.6(3) の規定に従い, 暴風時・地震時の荷重の組合せの場合に, 積載荷重を無視したことによって生じる引張応力についても安全になるよう設計する.

14.15 鋼管の分岐継手

ひとつの鋼管（主管）の表面に他の鋼管（支管）の端部を突き付けて溶接接合する場合は, 次による.

（1） 両管の管軸が交わること.

（2） 支管の厚さは, 原則として主管の厚さより大きくてはならない.

（3） 交角は 30°以上とする. ただし, 十分安全なことが確かめられる場合は, この限りでない.

15章　ボルトおよび高力ボルト

15.1 ボ ル ト

ボルトを使用する場合は, 次による.

（1） ボルト頭下およびナット下に各 1 枚ずつ座金を使用する.

（2） 戻り止めを設ける.

15.2 孔　　径

ボルトの孔径は, ボルトのねじの呼び径に 0.5 mm 以下の値を加えたものとする.

高力ボルトの孔径は, 高力ボルトのねじの呼び径が 27 mm 未満の場合はねじの呼び径に 2.0 mm 以下の値を加えたものとし, ねじの呼び径が 27 mm 以上の場合にはねじの呼び径に 3.0 mm 以下の値を加えたものとする.

アンカーボルトの孔径は, アンカーボルトのねじの呼び径に 5 mm 以下の値を加えたものとする.

14.9(3) のボルトの場合は, ボルトのねじの呼び径に 0.2 mm 以下の値を加えたものとする.

15.3 締付け長さの長いボルト

ボルトで締め付ける板の総厚は, 径の 5 倍以下とする. やむをえず 5 倍を超える場合は, その超えた長さ 6 mm ごとにボルトの数を 4 ％ずつ増さなければならない. 超過分が 6 mm 未満の場合は数を増す必要はないが, 6 mm 以上の場合は最小 1 本増しとする. 高力ボルトの場合は, 本項の制限を受けない.

15.4 最小ピッチ

ボルトおよび高力ボルトの孔中心間の距離は, ねじの呼び径の 2.5 倍以上とする.

15.5 最小縁端距離

ボルトおよび高力ボルトの孔中心から縁端までの最小距離は, 表 15.1 による.

表 15.1　最小縁端距離（mm）

ねじの呼び径（mm）	縁端の種類	
	せん断縁 手動ガス切断縁	圧延縁・自動ガス切断縁・ のこ引き縁・機械仕上縁
12	22	18
16	28	22
20	34	26
22	38	28
24	44	32
27	49	36
30	54	40

15.6　応力方向の縁端距離

　引張材の接合部においてせん断を受けるボルトおよび高力ボルトが応力方向に 3 本以上並ばない場合，応力方向の縁端距離は，ボルトおよび高力ボルトのねじの呼び径の 2.5 倍以上とする．

15.7　最大縁端距離

　ボルトおよび高力ボルトの孔中心から，ボルトおよび高力ボルトの頭部または座金が直接接する材の縁端までの最大距離は，その材厚の 12 倍，かつ 150 mm とする．ただし，これらの値が 15.5 および 15.6 節で定める縁端距離以下となる場合は，この規定は適用しない．

16章　溶　　　接

16.1　適　用　範　囲

　本章は，主として被覆アーク溶接，ガスシールドアーク溶接，サブマージアーク溶接，またはエレクトロスラグ溶接により接合される部分の設計ならびに計算について規定する．その他の溶接方法による場合は，試験の結果を検討の上，本章の規定に準じることができる．本章に規定していない事項については，JASS 6 による．

16.2　溶　接　設　計

　溶接構造物の安全性は，その設計に大きく支配されるので，次の各項に留意しなければならない．
（1）　使用する鋼材の種類と材厚による溶接性を考慮する．
（2）　溶接作業，検査および補修が容易に行われるよう，その施工について考慮する．
（3）　溶接ひずみおよび残留応力などが小さくなるように設計する．
（4）　溶接継目が均衡を保ち，かつその量がなるべく少なくなるように設計する．
（5）　完全溶込み溶接は，全長にわたり断続しないで溶接しなければならない．

16.3　溶接継目の形式

　応力を伝達する溶接継目の形式は，特別の場合を除いて次の 3 種とする．

完全溶込み溶接

隅肉溶接

部分溶込み溶接

接合しようとする母材の間の角度が 60°未満または 120°を超える場合における隅肉溶接には，応力を負担させてはならない．ただし，鋼管の分岐継手の場合は，前記の角度を 30°未満または 150°を超える場合とすることができる．

片面溶接による部分溶込み溶接は，ルート部に曲げまたは荷重の偏心によって生じる付加曲げによる引張応力が作用する箇所に使用しない．

16.4　開 先 形 状

（1）　完全溶込み溶接

完全溶込み溶接の開先形状は，JASS 6 による．

（2）　部分溶込み溶接

部分溶込み溶接の開先形状は，JASS 6 によるものとし，かつ 13.2（1）の規定を満足するものでなければならない．

（3）　鋼管の分岐継手の開先

管端の開先は適切な切断機を用いて完全溶込み溶接または完全溶込み溶接から部分溶込み溶接を経て隅肉溶接へ連続的に移行できるよう加工する．ただし，支管外径が主管外径の 1／3 以下のときは，全周隅肉溶接とすることができる．

16.5　隅肉溶接のサイズ

隅肉溶接のサイズは，薄いほうの母材の厚さ以下でなければならない．ただし，T 継手で板厚 6 mm 以下の鋼板を隅肉溶接で接合する場合は，隅肉のサイズを薄い方の材の板厚の 1.5 倍，かつ 6 mm 以下まで増すことができる．

板厚 6 mm を超える場合は，隅肉のサイズは 4 mm 以上で，かつ $1.3\sqrt{t}\,(\mathrm{mm})$ 以上でなければならない．ここに，$t\,(\mathrm{mm})$ は厚いほうの母材の板厚を示す．ただし，隅肉のサイズが 10 mm 以上である場合はこの限りでない．

鋼管の分岐継手の隅肉のサイズは，薄いほうの鋼管（支管）の厚さの 2 倍まで増すことができる．

16.6　隅肉溶接の有効長さ

応力を伝達する隅肉溶接の有効長さは，隅肉のサイズの 10 倍以上で，かつ 40 mm 以上とすることを原則とする．

側面隅肉溶接の有効長さが，隅肉のサイズの 30 倍を超えるときは，応力の不均等分布を考慮して許容応力度を低減する．

平鋼を用いた引張材の端部接合に長手方向の隅肉溶接のみが使われる場合には，各溶接の有効長さはその平鋼の幅以下であってはならない．

16.7　断続隅肉溶接

断続隅肉溶接は，応力を伝達する継手および組立材の各要素の接合に用いてもよい．この場合の有効長さは，13.2（2）の規定による．

16.8　重 ね 継 手

応力を伝達する重ね継手は，２列以上の隅肉溶接を用いるのを原則とし，薄いほうの板厚の５倍以上，かつ 30 mm 以上重ね合わせなければならない．

16.9　隅肉溶接の回し溶接

重ね継手において，側面隅肉溶接または前面隅肉溶接で，角部で終わるものは連続的にその角を回して溶接し，その回し溶接の長さは隅肉のサイズの２倍を原則とする．

16.10　隅肉孔溶接・隅肉溝溶接

隅肉孔溶接および隅肉溝溶接は，重ね継手のせん断応力を伝えるとき，重ね部分の座屈または分離を防ぐとき，および組立材として一体化するときに用いることができる．孔の直径または溝の最小幅は有効のど厚の３倍以上，かつ板厚の 1.5 倍以上とする．これらが並列する場合において，そのあき（内縁間距離）は板厚の 1.5 倍以上とする．

16.11　プラグ溶接・スロット溶接

プラグ溶接およびスロット溶接は，重ね継手のせん断応力を伝えるとき，重ね部分の座屈または分離を防ぐとき，および組立材として一体化するために用いることができる．

プラグ溶接の孔の直径は，孔をもつ板の厚さに 8 mm を加えたもの以上，かつプラグ溶接の溶接深さの 2.5 倍以下とする．

プラグ溶接の最小ピッチ（孔中心間距離）は，孔の直径の４倍とする．スロット溶接の溝の長さは，溶接深さの 10 倍以下とする．溝の幅は，溝をもつ板の厚さに 8 mm を加えたもの以上，かつ溶接深さの 2.5 倍以下とする．

溝の端部は半円形にするか，溝のある板の厚さ以上の半径を有する曲線とする．ただし，溝が組立材の終端まで伸びているときはこの限りでない．

スロット溶接が並列するとき，スロット溶接の間隔（中心線間距離）は，溝の幅の４倍以上とする．

スロット溶接の長手方向の中心間距離は，溝の長さの２倍以上とする．プラグ溶接およびスロット溶接の溶接深さは，孔または溝をもつ板の厚さが 16 mm 以下のときは板厚に等しくとる．板厚が 16 mm を超えるときは，少なくとも板厚の 1 / 2 以上，かつ 16 mm を超えるものとする．

16.12　フレア溶接

フレア溶接の有効のど厚はサイズの 0.7 倍とし，この場合のサイズは薄いほうの板厚とする．

17章　柱　　　脚

17.1　柱脚の種類と領域

（１）　柱脚は，露出柱脚，根巻き柱脚，埋込み柱脚の３種類に分類される．

（２）　露出柱脚ではベースプレート・アンカーボルトおよび基礎コンクリートからなる部分，根巻き柱脚では根巻きコンクリートの上端より下の部分，埋込み柱脚では埋込み部のコンク

リートの上端より下の部分を柱脚とする.

17.2 露出柱脚

（1） 基本事項

a）露出柱脚では，軸方向力および曲げモーメントはベースプレートとアンカーボルトを介して基礎に伝達されるように設計し，せん断力はベースプレート下面とモルタルまたはコンクリートとの摩擦力，またはアンカーボルトの抵抗力により伝達されるように設計する.

b）アンカーボルトは，抜出しを起こさないように基礎に定着する.

c）アンカーボルトには座金を用い，2重ナットまたはその他の方法により，ナットが弛緩しないようにする.

d）基礎コンクリートは，柱脚が降伏するまで圧壊および割裂が生じないように設計する.

e）ベースプレート下面と基礎上面をモルタルにより密着させ，ベースプレートは十分な厚さを確保する.

f）ベースプレート下面のモルタルの圧縮強度は，基礎コンクリートの設計基準強度以上とする.

（2） 回転剛性

露出柱脚の回転剛性は，ピンまたは剛接とみなせる場合以外は，半剛接として算定する.

（3） 軸方向力および曲げモーメント

a）軸方向力および曲げモーメントの作用する露出柱脚は，ベースプレートの形状を断面とし，引張側アンカーボルトを鉄筋とみなした鉄筋コンクリートの断面と仮定して設計する.

b）アンカーボルトの許容応力度は，5.2節の値を用いる.

c）ベースプレートの厚さは，これに加わる反力が補剛材で区分された長方形板に加わるものとして算定することができる.

（4） せん断力

露出柱脚に作用するせん断力は，ベースプレート下面とモルタルまたはコンクリートとの摩擦力，またはアンカーボルトの抵抗力によって伝達するものとして算定する. この場合，摩擦係数は0.4とする. また，柱脚に引張力が作用する場合は，引張力とせん断力の組合せ応力についても検討する.

17.3 根巻き柱脚

（1） 基本事項

a）根巻き柱脚では，圧縮軸方向力は根巻き部のベースプレートから基礎に伝達されるように設計し，引張軸方向力は根巻き部のアンカーボルトから基礎に伝達されるように設計する. 曲げモーメントとせん断力は根巻き鉄筋コンクリート部で伝達されるように設計する.

b）根巻き鉄筋コンクリートの高さは，柱せいの2.5倍以上かつ $_rl/_rd \geq 1.0$ とする.

記号

$_rl$：ベースプレート下面から根巻き鉄筋コンクリートの最上部帯筋までの距離

$_rd$：圧縮縁から引張側主筋群図心までの距離

　c）根巻き鉄筋コンクリートの立上がり主筋の根巻き部の長さは $25d_a$（d_a：鉄筋の直径）以上の異形鉄筋とし，頂部にはフックまたは定着金物を設けるものとする．また，根巻き鉄筋コンクリートの主筋は基礎または基礎梁に十分定着させる．

　d）根巻き鉄筋コンクリート部には，通常の鉄筋コンクリート柱の場合と同程度のせん断補強筋を配置しなければならない．帯筋の直径，間隔および帯筋比の最小値は本会『鉄筋コンクリート構造計算規準』に準じて設計し，特に主筋頂部のせん断補強筋は密に配置する．

　e）ベースプレート下面位置は基礎コンクリート上端近接位置とする．ベースプレートの厚さは，これに加わる反力が補剛材で区分された長方形板に加わるものとして算定することができる．

（2）回 転 剛 性

　　根巻き柱脚を有する鋼柱の剛性は，ベースプレート下面（基礎コンクリート上端）位置を剛接として算定する．

（3）曲げモーメントおよびせん断力

　　根巻き柱脚に作用する曲げモーメントおよびせん断力は，根巻き鉄筋コンクリートの部分で負担するものとして算定する．

（4）軸 方 向 力

　　根巻き柱脚に作用する圧縮軸方向力はベースプレートとコンクリートとの間の支圧によって伝達し，引張軸方向力はアンカーボルトにより伝達するものとして算定する．

17.4　埋込み柱脚

（1）基 本 事 項

　a）埋込み柱脚では，軸方向力は鋼柱脚部のベースプレートを介して基礎コンクリートに伝達されるように設計し，曲げモーメントとせん断力は基礎コンクリートと埋込み部の鋼柱との間の支圧により伝達されるように設計する．

　b）基礎コンクリートへの鋼柱の埋込み深さは，柱せいの2倍以上とする．

　c）鋼柱の埋込み部周辺には適切な補強筋を配する．特に側柱柱脚の場合には，基礎梁のない側のコンクリート端までの距離の確保，あるいは適切な補強筋の配置に留意する．

（2）回 転 剛 性

　　埋込み柱脚を有する鋼柱の剛性は，基礎梁上端から柱せいの1.5倍下がった位置を剛接とし，鋼柱のみを有効として算定する．ただし，柱せいの1.5倍下がった位置が基礎梁せいの1/2より大きい場合は基礎梁せいの中心位置を剛接として算定する．

（3）曲げモーメントおよびせん断力

　　埋込み柱脚に作用する曲げモーメントおよびせん断力は，埋込み部の鋼柱と基礎コンクリートとの間の支圧力および埋込み部に配置された補強筋によって伝達するものとして算定する．

（4）軸 方 向 力

　　埋込み柱脚に作用する圧縮軸方向力は，ベースプレートとコンクリートとの間の支圧に

よって伝達し，引張軸方向力は，ベースプレート上面と基礎コンクリートとの間の支圧力またはアンカーボルトの抵抗力によって伝達するものとして算定する．

付. ウェブプレートの座屈検定とスチフナの設計

　この規定は，中間スチフナ（荷重点スチフナを含む）のみ，または水平スチフナ・縦スチフナとの両者併用によって座屈補剛・補強された長方形ウェブプレートの設計に適用する．中間スチフナとは材軸に直角方向に配されるスチフナをいい，主としてせん断座屈補剛・補強に用いる．水平スチフナ・縦スチフナとは材軸に平行に配されるスチフナで，梁に用いる場合を水平スチフナ，柱に用いる場合を縦スチフナという．これらは，主として曲げ・圧縮座屈の補剛・補強となる．

　また，本規定では水平および縦スチフナの数は 1 本または 2 本の場合を対象とする．水平スチフナまたは縦スチフナを 2 本使用する場合，スチフナは同一断面のものを使用し，水平スチフナにあってはフランジおよびこれに続く 2 本のスチフナによって分割されるウェブプレートの板幅は等間隔とする．また，縦スチフナにあっては全ウェブプレート幅を等分割するように配置する〔付図 1，付図 2 参照〕．

1. ウェブプレートの座屈検定

　1.1　フランジおよび中間または荷重点スチフナで区切られた長方形ウェブプレートは，その幅厚比が 9.1(2) の規定を超えるときには次式によりその座屈を検定する．

$$\left(\frac{\sigma}{\sigma_0}\right)^2+\left(\frac{\tau}{\tau_0}\right)^2\leqq 1 \tag{付1}$$

　　記号

　　　　σ：ウェブプレートの最大圧縮応力度

　　　　τ：ウェブプレートの平均せん断応力度（$\tau=Q/A_w$）

　　　　Q：せん断力

　　　　A_w：ウェブプレートの断面積

　　　　σ_0：許容圧縮板座屈応力度

　　　　τ_0：許容せん断板座屈応力度

　（1）　許容圧縮板座屈応力度は，次式から求める．

　　　$d/t\geqq 1.22/C_1$ のとき

$$\sigma_0=\frac{0.90}{\left(C_1\cdot\dfrac{d}{t}\right)^2}f_t \tag{付2}$$

　　　$d/t<1.22/C_1$ のとき

$$\sigma_0=\left(1.79-0.98C_1\cdot\frac{d}{t}\right)f_t \quad かつ \quad f_t 以下 \tag{付3}$$

　　ただし，軸方向圧縮力の作用しない梁のウェブプレートにあっては，（付4）式による場合 $\sigma_0=f_t$ とすることができる．

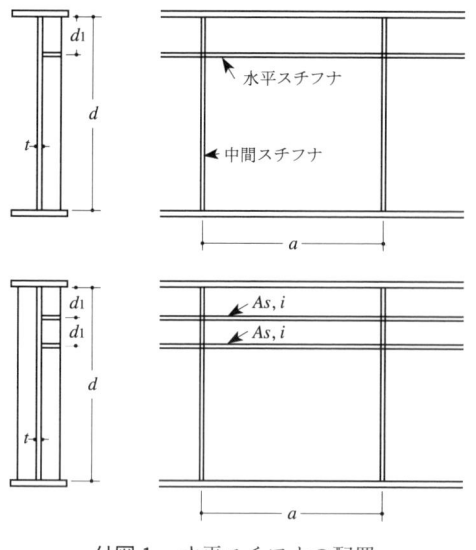

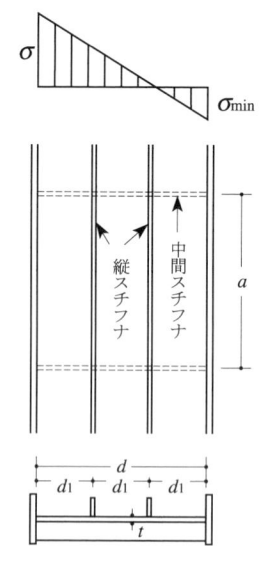

付図 1　水平スチフナの配置　　　　付図 2　縦スチフナ

$$\frac{d}{t} \leqq 4.6\sqrt{\frac{E}{F}} \tag{付4}$$

記号

$$C_1 = \sqrt{\frac{F}{k_1 E}}$$

$$k_1 = \left(1 + \frac{\alpha}{6}\right)(\alpha^3 + 3\alpha^2 + 4)$$

$$\alpha = 1 - \frac{\sigma_{\min}}{\sigma}:\text{圧縮応力度分布係数（圧縮を正）〔付図3参照〕}$$

　　　　d：ウェブプレートの幅

　　　　t：ウェブプレートの厚さ

（2）　許容せん断板座屈応力度は，次式から求める.

$d/t \geqq 1.61/C_2$ のとき

$$\tau_0 = \frac{1.6}{\left(C_2 \cdot \dfrac{d}{t}\right)^2} f_s \tag{付5}$$

$d/t < 1.61/C_2$ のとき

$$\tau_0 = \left(1.73 - 0.70 C_2 \cdot \frac{d}{t}\right) f_s \quad \text{かつ} \quad f_s \text{ 以下} \tag{付6}$$

記号

$$C_2 = \sqrt{\frac{F}{k_2 E}}$$

$$k_2 = 4.00 + \frac{5.34}{\beta^2} \qquad \beta < 1 \text{ のとき}$$

$$k_2 = 5.34 + \frac{4.00}{\beta^2} \qquad \beta \geq 1 \text{ のとき}$$

$\beta = a/d$〔付図3参照〕

a：中間スチフナの間隔

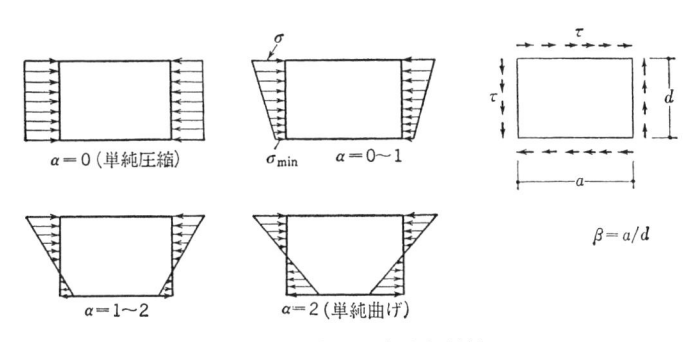

付図3　圧縮応力度分布係数 α

1.2　中間スチフナを有し，水平スチフナまたは縦スチフナをもつウェブプレートの曲げ・圧縮座屈に対しては，ウェブプレートはこのスチフナの突出部中心線において単純支持されるものとみなし，分割された各ウェブプレートにつき，それぞれ（付2）〜（付4）式のうち該当するものを適用して σ_0 を求めることができる.

1.3　中間スチフナを有し，水平スチフナまたは縦スチフナをもつウェブプレートのせん断座屈に対しては，k_2 の代わりに（付7）式の k_2' を用いて（付5），（付6）式により許容せん断板座屈応力度を求めることができる.ただし，この場合，中間スチフナの所要断面二次モーメントの算定に関しては，付2.1(2)の規定に従わなければならない.

$$\left. \begin{array}{ll} k_2' = 4.00 + \dfrac{5.34}{\beta^2} + \dfrac{(n+1)^2\eta}{\beta}\sqrt{\dfrac{8\mu}{3\beta}} & \beta < 1 \\[3mm] k_2' = 5.34 + \dfrac{4.00}{\beta^2} + \dfrac{(n+1)^2\eta}{\beta}\sqrt{\dfrac{8\mu}{3\beta}} & \beta \geq 1 \end{array} \right\} \tag{付7}$$

記号

　n：水平または縦スチフナの本数 $n=1$ または 2

　$\eta = d_1/d$

　d_1：水平または縦スチフナにより分割されたウェブプレートの最小幅

　$\mu = 10.9 I_L/dt^3$

　I_L：水平または縦スチフナの断面二次モーメント

2．スチフナの設計

2.1　中間スチフナ

（1）　中間スチフナのみを使用する場合は，中間スチフナの断面二次モーメントは，次式の I_0 以上の値とする．

$$\left.\begin{array}{ll} I_0=1.1dt^3\left(\dfrac{1}{\beta^2}-0.5\right) & \beta<1 \\[2mm] I_0=0.55dt^3 & \beta\geqq1 \end{array}\right\} \qquad (付8)$$

（2）　水平または縦スチフナと併用する場合は，中間スチフナの断面二次モーメントは，上式（付8）中の β を β' に置き換えた次式の I_0 以上の値とする．

$$\left.\begin{array}{ll} I_0=1.1dt^3\left(\dfrac{1}{\beta'^2}-0.5\right) & \beta'<1 \\[2mm] I_0=0.55dt^3 & \beta'\geqq1 \end{array}\right\} \qquad (付9)$$

　　ここに

　　　β'：付1.3項で求めた τ_0 の値に，（付5）式，（付6）式から求まる τ_0 の値が等しくなるように定めた β の値

2.2　水平スチフナ

軸方向圧縮力の作用しない梁のウェブプレートの水平スチフナの断面二次半径 i は，特に精算によらない場合，次式で求めた値以上とする．

$$\frac{i}{t}=C_m\{135(0.5-\eta)^3+3\}\beta^{2/3} \qquad (付10)$$

$$C_m=0.7+\frac{1}{200(n+1)}\frac{i}{t}\frac{1}{\delta} \qquad (付11)$$

ただし，

　　　$n=1$ のとき　　$0.2\ \leqq\eta\leqq0.5$

　　　$n=2$ のとき　　$0.15\leqq\eta\leqq0.3$

　　記号

　　　$\delta=A_s/dt$

　　　A_s：水平スチフナにあっては水平スチフナの断面積，縦スチフナにあっては縦スチフナの断面積

2.3　縦スチフナ

曲げ・圧縮を受ける柱のウェブプレートの縦スチフナの断面二次半径 i は，特に精算によらない場合，次式で求めた値以上とする．

$$\left.\begin{array}{ll} \dfrac{i}{t}=C_n(1-0.1\alpha^2)(2+2n)\beta^{2/3} & \beta<\left(\dfrac{2+n^2}{1+n}\right)^{3/2} \\[3mm] \dfrac{i}{t}=C_n(1-0.1\alpha^2)(4+2n^2) & \beta\geqq\left(\dfrac{2+n^2}{1+n}\right)^{3/2} \end{array}\right\} \qquad (付12)$$

$$C_n = 0.7 + \frac{1}{100(n+1)(1+\alpha/2)} \frac{i}{t} \frac{1}{\delta} \tag{付 13}$$

2.4 スチフナの断面二次モーメントは,両側配置の場合はウェブプレートの中心線について,片側配置の場合はウェブプレート面で算出する.

鋼構造許容応力度設計規準
解　　説

鋼構造許容応力度設計規準（解説）

1章　総　　　則

1.1　適　用　範　囲

　この規準は，鋼構造建築物を許容応力度設計法によって設計する際に用いる規準である．許容応力度設計法以外の設計法に関する本会指針には，『鋼構造塑性設計指針』と『鋼構造限界状態設計指針』がある．『鋼構造塑性設計指針』は構造物の塑性終局耐力に基づいて安全性を確認する方法を定めたものであり，『鋼構造限界状態設計指針』は確率統計的な手法に基づいて使用性と安全性の両方を確認する方法を定めたものである．

　設計で用いた条件や得られた結果を製作ならびに施工において確実なものとするために，関連する本会指針，例えば，『建築工事標準仕様書 JASS 6 鉄骨工事』（以下，JASS 6 と略記），『鉄骨工事技術指針』などの規定を遵守することを原則とする．

　この規準は，建築基準法施行令に定める許容応力度計算および関連告示の規定をすべて包含あるいは満足しているわけではない．

1.2　許容応力度設計

　この規準は，建築物の供用期間中に遭遇する可能性の高い荷重あるいは荷重の組合せに対し，建築物を無損傷あるいは軽微な損傷にとどめた継続使用性の確保を目標性能とした許容応力度設計について規定したものである．設計荷重には 3 章で規定される荷重あるいは荷重組合せを用い，原則として弾性解析を用いて計算される構造各部の応力度 σ が，5 章で定める許容応力度 f を超えないことを設計条件としている．

　ただし，局所的な応力集中部や面外曲げを受ける板などで，構造の安全性に支障を生じない場合には，部材に生じる応力度が降伏応力度に到達することを許容して設計することができる．

1.3　試験等による安全性の確認

　試験等によりこれまでに蓄積された知見は，本会が発行している各種指針類にまとめられたものについては，それらを参照して使うことができる．

3章 荷 重

3.2 衝 撃 力

（1） エレベーターを支持する構造部に対する規定は，エレベーター支持梁の検定に際して用いる数値で，エレベーターの重量とは，主索の重量およびこれに作用する荷重である．建築基準法施行令第129条の3以降にエレベーターならびにエスカレーターの構造計算をする場合の積載荷重・許容応力度が規定されている．

3.6 荷重の組合せ

表3.1は，荷重係数を含んだ形で荷重の組合せを定義し，長期荷重と短期荷重を定義したものである．建築基準法施行令では，表3.6.1によって組み合せた力の種類に基づいて，長期応力と短期応力を定義している．

クレーンによる荷重の取扱いは従来とかく不明確であったので，荷重の組合せにあたっては積載荷重に含めることとした．建築基準法施行令第85条には具体的な数値の規定がなく，実況に応じて計算することとなっている．暴風時にクレーン作業を中止するような場合は，吊り荷の荷重を省略してよい．ただし，これだけでは危険な場合も予想されるので，上記の場合には暴風時の50％の風圧力による荷重とクレーン作業上起こりうる最も不利な荷重とを組み合わせて検討することが必要である．

表3.6.1 建築基準法施行令第82条2の付表

力の種類	荷重及び外力について想定する状態	一般の場合	第86条第2項ただし書の規定によって特定行政庁が指定する多雪区域における場合	備考
長期に生ずる力	常時	$G+P$	$G+P$	
	積雪時		$G+P+0.7S$	
短期に生ずる力	積雪時	$G+P+S$	$G+P+S$	
	暴風時	$G+P+W$	$G+P+W$	建築物の転倒，柱の引抜等を検討する場合においては，Pについては，建築物の状況に応じて積載荷重を減らした数値によるものとする．
			$G+P+0.35S+W$	
	地震時	$G+P+K$	$G+P+0.35S+K$	

この表において，G，P，S，WおよびKは，それぞれの次の力(軸方向力，曲げモーメント，せん断力等をいう．)を表すものとする．

G：第84条に規定する固定荷重によって生じる力
P：第85条に規定する積載荷重によって生じる力
S：第86条に規定する積雪荷重によって生じる力
W：第87条に規定する風荷重によって生じる力
K：第88条に規定する地震荷重によって生じる力

4章 材　　料

4.1 材　　質

　1.2 節で明示したとおり，本設計法は建築物の供用期間中に遭遇する可能性の高い荷重あるいは荷重の組合せに対して，建築物を無損傷あるいは軽微な損傷にとどめた継続使用性の確保を目標性能とした許容応力度設計について規定したものである．したがって，本規準を適用できる材料は，その機械的性質について客観的かつ十分な量の統計データが得られており，（1.1）式の設計条件を十分な確からしさで満足できると判断可能な材料でなくてはならない．

　建築構造物に必要な性能が明示されている JIS 鋼材，および客観的かつ十分な量の統計データが得られている国土交通大臣認定品は本規準を適用できる．ただし，JIS 以外の鋼材については，当該鋼材の特性を考慮して個別に作成された利用技術指針等を十分参考にした上で用いることが必要である．例えば，建築構造用 TMCP 鋼材，建築構造用冷間ロール成形角形鋼管 BCR，建築構造用冷間プレス成形角形鋼管 BCP，建築構造用高性能 590 N/mm² 鋼材（SA440）等が国土交通大臣認定品として普及している．これらの鋼材に本規準を準用する場合は，5 章の F 値の設定方法について十分考慮する必要がある．

　鋼構造設計規準が制定された 1970 年以降に JIS 化された鋼材は，当該鋼材の性能を吟味した上で，規準改定の際に順次加えられてきた．そのうち，主要なものは 1994 年に JIS 化された建築構造用圧延鋼材 SN400A，SN400B，SN400C，SN490B，SN490C，1996 年に JIS 化された建築構造用炭素鋼鋼管 STKN400W，STKN400B，STKN490B，および建築構造用圧延棒鋼 SNR400A，SNR400B，SNR490B である．また，本会「鋼構造関連指針類」にすでに含まれている一般構造用溶接軽量 H 形鋼 SWH400 も加えられた．今回は，国土交通大臣認定品と日本鉄鋼連盟製品規定にある建築構造用耐火鋼材が加えられた．なお，溶接構造用圧延鋼材 SM570 は 2000 年の建築基準法の改正に伴い，F 値が与えられていない材料となり，現在は国土交通大臣認定品の SA440 の普及が進んでいることから，今回本規準から削除することとした．

5章　許容応力度

5.1　構造用鋼材

　鋼材の機械的性質は成分比率，圧延工程，温度管理等の要因によって引き起こされる不確定な変動を有する．したがって，(1.1) 式の設計条件を満たすため，本規準ではこれらの変動性を考慮した降伏応力度の下限値として鋼材ごとに F 値を与え，この F 値に基づいて許容応力度を規定するものとする．一方，建築物の構造設計は，本規準で規定する許容応力度設計とともに，建物の供用期間中に極めて稀に遭遇する荷重に対して人命の保護を目的とした終局耐力に対する検討が行われることが多い．終局耐力に対する検討は必ずしもすべての建築物に対して実施されるわけではないため，許容応力度設計の枠組みの中で許容応力度を超えた範囲の挙動に対する安全の余裕をある程度確保しておくことは重要である．こうした考え方に基づき，本規準では鋼材の降伏応力度の下限値と引張強さの 70 ％のうち小さいほうの値をもって F 値を与えている．したがって，本規準によって設計された構造物は F 値と引張強さの比率に対応した強度の余裕を素材の強度レベルにおいて付与されていると考えることができる．一方，国土交通大臣認定品の中には，このような本規準の考え方によらない高めの F 値が与えられている材料も存在する．これらの認定品では降伏応力度の変動性を統計的に評価するとともに，引張強さに対する降伏応力度の比率（降伏比）を踏まえた上で F 値が与えられており，引張強さの 70 ％を F 値の上限とする本規準とは許容応力度を超えた範囲での性能担保の考え方が異なっている．設計にあたってはこのことを十分理解した上で国土交通大臣認定品の関連図書[1,2]等を参照することが必要である．

　建築構造物の大型化に伴い極厚鋼板が使われるようになったので，日本産業規格の建築構造用圧延鋼材（JIS G 3136-*2012*），一般構造用圧延鋼材（JIS G 3101-*2015*），溶接構造用圧延鋼材（JIS G 3106-*2015*），建築構造用炭素鋼鋼管（JIS G 3475-*2015*）および建築構造用圧延鋼棒（JIS G 3138-*2005*）の定める板厚別機械的性質を考慮して厚板に対する F 値を与えた．なお，厚肉の鋼材は脆性破壊の可能性があるので，構造上重要な部材にはシャルピー衝撃特性の下限値が規定されている建築構造用圧延鋼材の B と C，あるいは溶接構造用圧延鋼材の B と C を用いるのが望ましい．

　板厚が 100 mm を超える鋼板の F 値は告示に含まれていないが，上記 JIS が規定する降伏点が，SS400 と板厚 160 mm 以下の SM400 に対して 205 N/mm²以上，SS490 に対して 245 N/mm²以上，板厚 160 mm 以下の SM490 に対して 285 N/mm²以上と，板厚が 100 mm 以下の鋼板より 10 N/mm²低く定められている．また，このような極厚板になると降伏点だけでなく伸び能力も低下するなどの問題を生じるので，使用にあたっては十分な調査を行う必要がある．

　この規準で定める表 4.3 の材料定数および表 5.1 の F 値は，鋼材が常温で準静的に作用する荷重のもとで用いられることを前提として定められている．風荷重や地震荷重の作用では，ひずみ速度がそれほど大きくないので，この規準の値を使用してよい．

（1）　許容引張応力度

　　　全鋼種について基準値 F に対して1.5の安全率をとっている．

（2）　許容せん断応力度

　　　全鋼種について降伏せん断強さの基準値 $F/\sqrt{3}$ に対して1.5の安全率をとっている．通常用いられる H 形断面では，ウェブのせん断応力度分布を均等と見なしても大きな誤差はないので，作用せん断力をウェブの全断面積で除したものをせん断応力度と考えてよい．

　　　しかしながら，例えば仕口ガセットプレートのように細長い長方形断面のみでせん断力を負担する場合には断面に沿う応力の差が大きく，塑性応力の再分配が完全に行われる前に，座屈しわが発生する危険も考えられるので，

$$\frac{3Q}{2ht} \le f_s$$

によって検定すべきである〔図5.1.1参照〕．

　　　同様の意味で，円形鋼管の場合も最大応力度に対して検定しておくのがよい．

$$\frac{2Q}{A} \le f_s$$

　　　A：円形鋼管の断面積

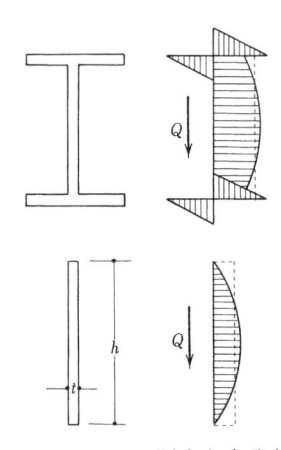

図5.1.1　せん断応力度分布

（3）　許容圧縮応力度

　ａ）材料そのものの許容圧縮応力度というものはあまり意味がないので，座屈の影響も含めて許容圧縮応力度として示した．

　　　圧縮材の強度公式の考え方は，

　ⅰ）偏心・元たわみ・残留応力などの不可避の欠陥のため，$\sigma = 0.6F$ で非弾性座屈に移行するものとし，この限界細長比を Λ として（5.5）式に示した．細長比が Λ を超える範囲では，オイラー曲線（5.4）式であり，細長比が Λ 以下の範囲では放物線（5.3）式となる．

　ⅱ）安全率 ν は細長比0に対して1.5と引張り・せん断の場合にとった材料自体の安全率に

一致させ，この点から細長比の2乗に比例して増大させ限界細長比のとき約2.17とし，以後弾性域では一定値2.17をとっている．

iii）変断面材・材長に沿って圧縮力の変化する場合などは解析によってその効果を導入することができる．

b）圧延形鋼，溶接 H 形断面などのウェブ面内に集中力が作用するときは，ウェブの応力分布は図5.1.2のようになる．このような場合，ウェブの局部圧縮強さを評価するために図に示すような有効幅 b_e をとり，

$$\sigma = \frac{P}{b_e \cdot t}$$

としてウェブの応力度を考えたときの許容値が(5.6)式に示される f_c である．局部圧縮であるから通常の場合より大きな許容応力度がとられる．有効幅 b_e は10.5節に与えられている．

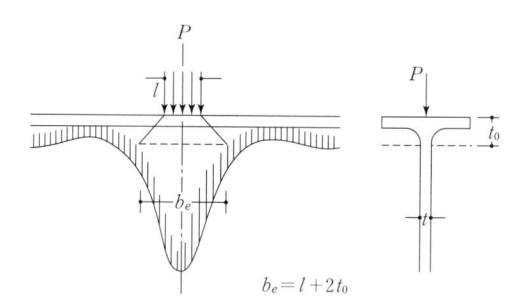

図5.1.2　集中力を受けるウェブの応力度分布

ウェブフィレット先端とは図5.1.3に示すように，ウェブの平行部がはじまる点であり，したがって，t_0 の値は

圧延形鋼の場合

$$t_0 = t_f + r$$

溶接形鋼の場合

$$t_0 = t_f + s$$

記号

s：隅肉溶接のサイズ

r：フィレット半径

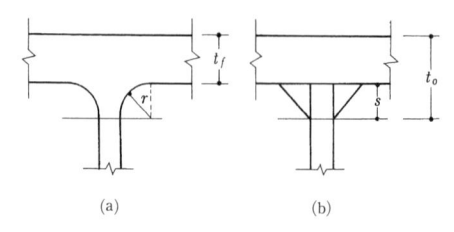

図5.1.3　ウェブフィレット

（4） 許容曲げ応力度

　　曲げ材の場合も圧縮材の場合と同じく，座屈（横座屈）の影響を考慮に入れて許容曲げ応力度を定めた．

ａ）『鋼構造設計規準』(1970)における許容曲げ応力度は，梁の横座屈耐力が，材長が短い領域では曲げねじり抵抗に，材長が長い領域ではサンブナンのねじり抵抗に支配されることを考慮した簡略式で定められた．しかし，後述するように，この簡略式は H 形断面のみを対象として誘導されたもので，安全率が不明確であった．そこで，『鋼構造設計規準―許容応力度設計法―』(2005)で本来の横座屈耐力式に近い，本規準における許容曲げ応力度式に改めた．本規準式は，図 5.1.4 に示すように，本会『鋼構造限界状態設計指針』(1998)における使用限界設計の横座屈限界耐力を，全細長比の範囲で M_y/M_p の比率で低減したものに相当する．

　　H 形断面梁の場合，近似式（5.1.1）を用いて細長比 λ_b を評価してもよい．

$$\lambda_b = \frac{1}{C}\frac{1}{\pi}\sqrt{\frac{F}{E}}\frac{l_b}{i_Y}\left[1+0.05\left(\frac{t_f}{h}\right)^2\left(\frac{l_b}{i_Y}\right)^2\right]^{-\frac{1}{4}} \tag{5.1.1}$$

　　記号

　　　i_Y：弱軸まわりの断面二次半径

　　　h：断面せい

　　　t_f：フランジ板厚

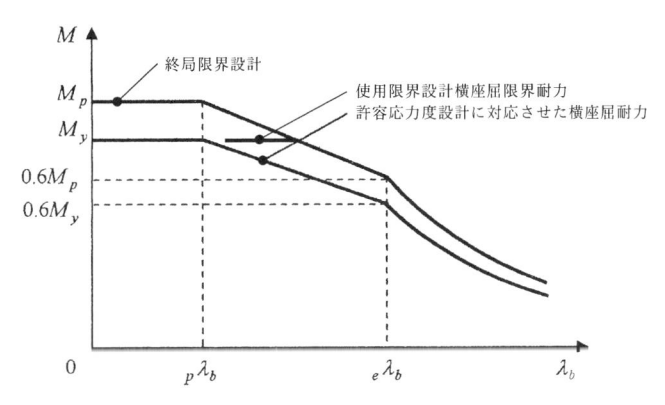

図 5.1.4　横座屈限界耐力式との関係

　　『鋼構造設計規準』(1970)の簡略式は，H 形断面材の場合に限って，弾性横座屈モーメント（5.11）式を近似したものである．材長が短い領域では，曲げねじり抵抗が卓越するのでサンブナンのねじり抵抗を無視し，曲げねじれ座屈を，圧縮側フランジと圧縮縁から梁せいの 1 / 6 の範囲内にあるウェブからなる T 形断面材の横座屈に置き換える．許容曲げ応力度を，T 形断面材の許容圧縮応力度として評価し，非弾性座屈を生じる材長領域であることを考慮して（5.3）式を適用して（5.1.2）式が得られる．

$$f_b = \left\{1 - 0.4\left(\frac{(l_b/i)^2}{C\Lambda^2}\right)\right\}f_t \tag{5.1.2}$$

$$i = \sqrt{I_f/(A_f + A_w/6)}$$

$$\Lambda = \sqrt{\pi^2 E/0.6F}$$

記号

A_f：フランジの断面積

A_w：ウェブの断面積

I_f：フランジの弱軸まわりの断面二次モーメント

一方，材長が長い領域では，サンブナンのねじり抵抗が卓越する．(5.11)式において曲げねじり抵抗を無視し，安全率を 1.5 とすると，次式が得られる．

$$f_b = \frac{\pi E}{1.5 Z_x l_b}\sqrt{\frac{I_Y J}{2(1+\nu)}}$$

記号

I_Y：弱軸まわりの断面二次モーメント

J：サンブナンのねじり定数

Z_x：強軸まわりの断面係数

ν：ポアソン比　0.3

フランジの幅，厚さを b, t_f, 梁せいを h として $I_Y = b^3 t_f/6$, $Z_x = bht_f$, サンブナンのねじり抵抗はウェブを無視して $J = 2bt_f^3/3$ とすれば (5.1.3) 式を得る．

$$f_b = \frac{0.433E}{\left(\dfrac{l_b h}{A_f}\right)} \tag{5.1.3}$$

『鋼構造設計規準』(1970) の簡略式は，(5.1.2) 式と (5.1.3) 式の大きいほうを許容曲げ応力度にとっていた．この簡略式を用いても構わないが，H 形断面材のみを対象として誘導されていることに注意しなければならない．

図 5.1.5 と図 5.1.6 の(a)は，等モーメントを受ける場合とモーメント勾配のある場合について，本規準式と『鋼構造設計規準』(1970) における簡略式を比較した例で，安全率を 1 にとり，それぞれを実線と破線で示している．図中に，実験値と解析値[3]をそれぞれ●印と△印で示す．前者は実験値に対応する素材の降伏応力度 σ_y で，後者は解析で用いた降伏応力度 σ_y (235 N/mm²) で基準化した．簡略式については，断面形状に依存するため，解析した断面形状の範囲を 5 本の破線で示している．この事例では，等モーメントを受ける場合，全材長で (5.1.3) 式が簡略式を支配するとともに，本規準値を大きく上まわる．またモーメント勾配のある場合は，簡略式が本規準値を下まわる．

簡略式は，長期の許容曲げ応力度に対して一律に安全率 1.5 を採用したが，サンブナンのねじり抵抗と曲げねじり抵抗の一方のみをとったことで，付加的な安全率を含んだ．この付加的な安全率が含まれないことを考慮して，本規準式は，材長が弾性限界長さより短い領域

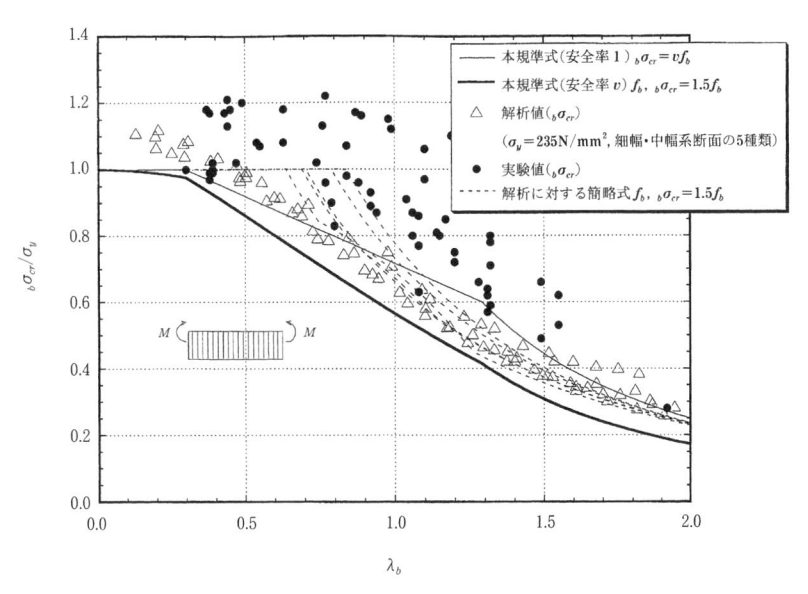

(a)　本規準式および簡略式と解析値，実験値との比較

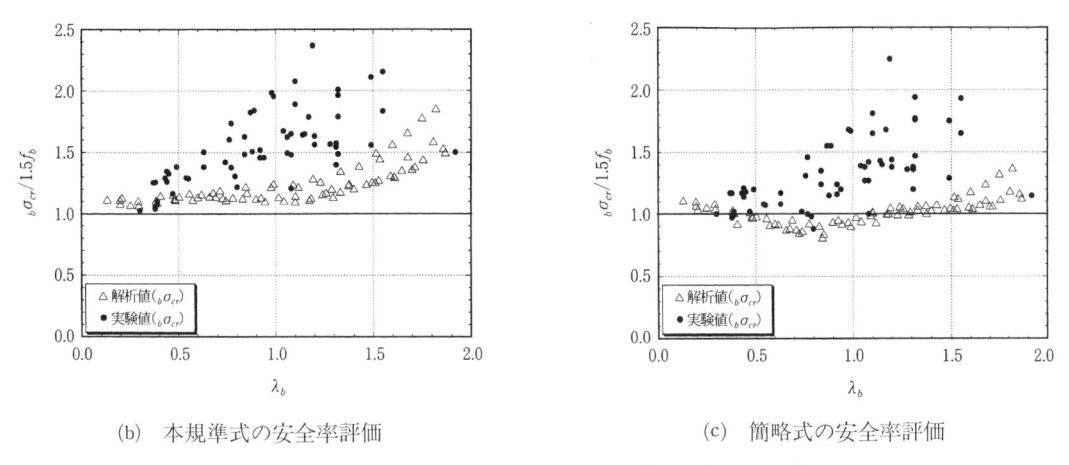

(b)　本規準式の安全率評価　　　　　　　(c)　簡略式の安全率評価

図 5.1.5　等モーメントを受ける場合の本規準式の位置付け

で，許容圧縮応力度の場合と同じ安全率を採用することとした．図 5.1.5 と図 5.1.6 には，安全率を考慮した本規準の短期許容応力度式を太線で示している．それぞれの図(b)と(c)に，実験値や解析値を本規準式または簡略式による算定値で除した比率を示し，安全率を検討する．等モーメントを受ける場合，簡略式では比率が 1 を下まわる長さ領域が見られるのに対

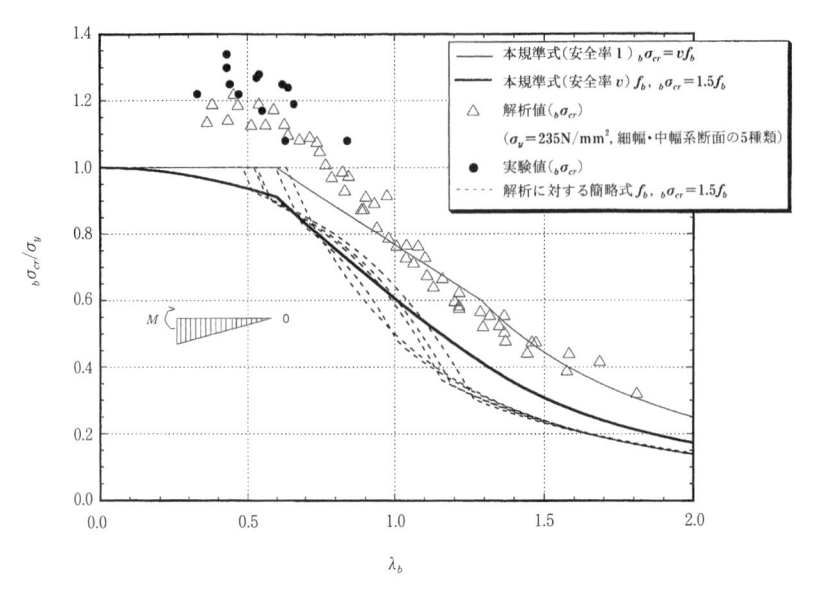

(a) 本規準式および簡略式と解析値，実験値との比較

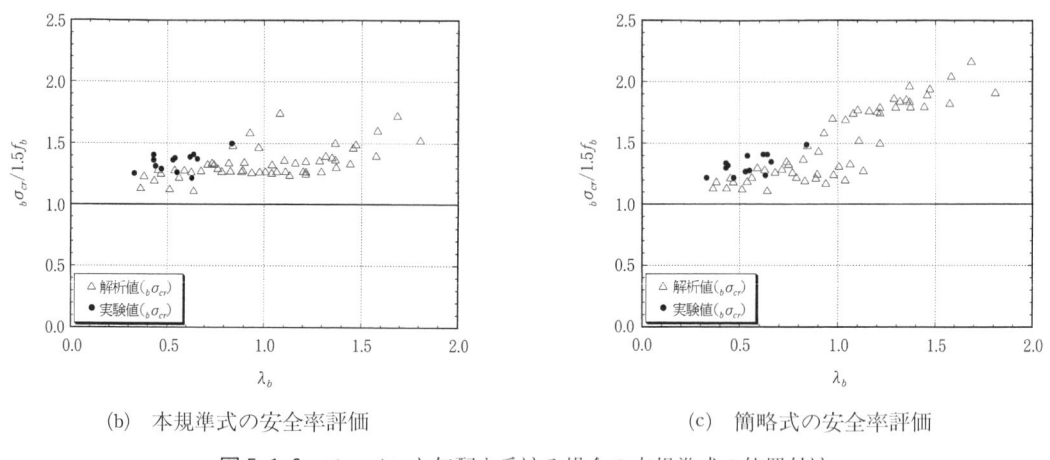

(b) 本規準式の安全率評価 　　　　　　　(c) 簡略式の安全率評価

図5.1.6 モーメント勾配を受ける場合の本規準式の位置付け

し，本規準値では全材長領域で1を上まわる．本規準値の方が，安全率を適正に設定していることが伺われる．モーメント勾配がある場合，本規準式でも簡略式でも比率が1を上まわるが，簡略式のほうがばらつきが大きい．したがって，モーメント分布に関わらず，本規準式の方が簡略式より安全率を的確に評価している．

　補剛区間内で曲げモーメントが変化する場合には,修正係数 C によってその効果を考慮することができる. M_2/M_1 の符号のとり方を,図5.1.7に図解する.

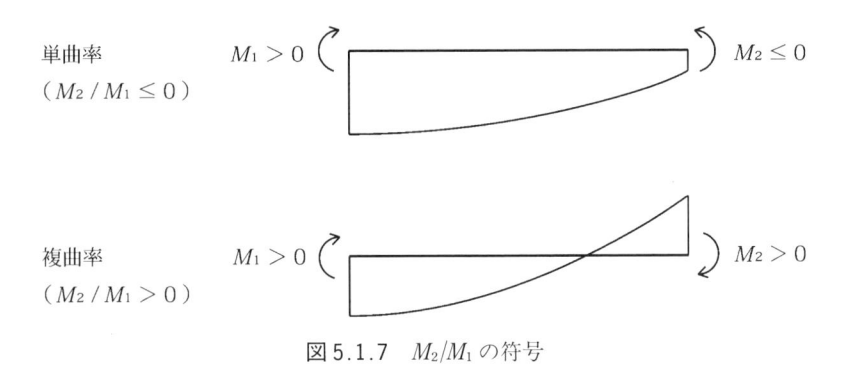

図5.1.7 M_2/M_1 の符号

b) 矩形中空断面および荷重面内に対称軸を有し,弱軸まわりに曲げを受ける材〔図5.1.8〕では横座屈のおそれはないから,材長にかかわらず許容曲げ応力度として f_t をとってよい.

　図5.1.9のように曲げモーメントの作用面と断面主軸とが一致しない場合には,主軸方向の成分 M_X, M_Y をとり両方向の曲げ効果を考慮して断面検定を行う. すなわち

$$\frac{\sigma_{bX}}{f_{bX}}+\frac{\sigma_{bY}}{f_{bY}}\leqq 1, \quad \sigma_{bX}=\frac{M_X}{Z_X}, \quad \sigma_{bY}=\frac{M_Y}{Z_Y}$$

f_{bX}, f_{bY} は 5.1(4)に規定する許容曲げ応力度のうち該当するもの,とすれば安全側である.

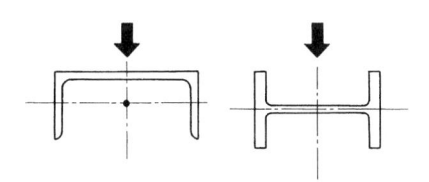

図5.1.8 弱軸まわりに曲げを受ける材

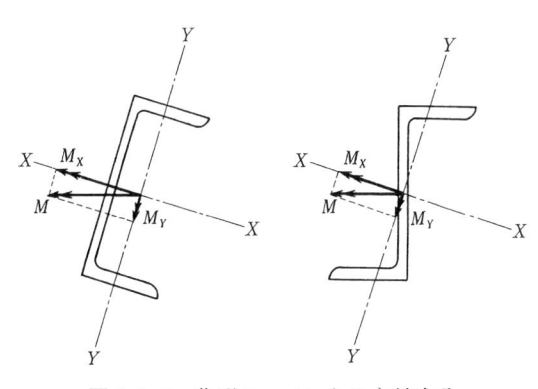

図5.1.9 曲げモーメントの主軸成分

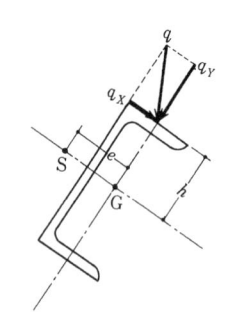

図 5.1.10　偏心的要素の存在する場合

　　溝形断面・Z形断面など主軸に対して対称ではない断面を曲げ材に用いるときは，断面の重心とせん断中心が一致しないなど，一種の偏心的な要素が存在するから〔図5.1.10 参照〕はじめからねじれ変形が生じるが，荷重がこれらの材に直交する連結材を介して伝達されるときは，連結材は十分ねじれ阻止の役割を果たすと考えられるので，すでに b）項の解説で例示したように，支点間隔での横座屈を考慮した式を適用してよい．

　　また，溝形断面材・Z形断面材は通常軽微な構造材として用いられ，床・壁などの拘束力が相対的に大きいから，このような場合には全許容力をとってもよいであろう．しかし，この種の非対称断面材に横支承なしに直接荷重の作用するような場合には上記の偏心要素を考慮して応力を検定すべきである．

　　Z形断面の弱軸まわりの曲げおよび山形断面の強軸まわりの曲げの場合も本項の範ちゅうに属するが，JIS に定める熱間圧延 Z 形鋼・山形鋼，冷間成形 Z 形鋼・山形鋼の範囲では横座屈のおそれはないので，許容曲げ応力度として f_t をとってよい．

　　組立梁の曲げに関しては，10 章による．

c），d）長方形断面および円形断面材の曲げの場合は，通常の形鋼断面の場合に比べて降伏モーメントから全塑性モーメントに至るまでの余力が大きいから，許容応力度を大きくとることができる．長方形断面の場合，形状係数（全塑性モーメントの降伏モーメントに対する比）は 1.5 であり，円形断面の場合は $16/3\pi \fallingdotseq 1.7$ である．一方，通常の形鋼では 1.1～1.2 程度であるから，この点のみからいえばまだ余裕があるが，応力の不均等分布などにより，完全な塑性応力の再配分が不可能な場合も考慮して多少控えめな値とした．

　　検定の対象となる最外縁応力度は c）項の場合，d）項の場合ともに通常の算定式を用いてよい．

$$\sigma = \frac{M}{Z}$$

　　記号

　　　M：曲げモーメント

　　　Z：断面係数

このようにすると地震・暴風時には断面の外縁部が多少降伏することになるが，このために

剛性が大きく低下するようなことはない.

　長方形断面で断面のせいに比べて幅の著しく小さいものは，耐力を十分発揮するまえに，座屈などにより早期の破壊を起こす危険があるので，断面のせいより幅のほうが広い長方形断面がせいと直角の軸まわりに曲げを受ける場合をc）項の適用範囲と考えている.「ベアリングプレートなど」という言葉はこのように解釈されたい.

（5）　許容支圧応力度

　a）ピン接合における支圧について，ボルト接合と同様に，点接触の状態でなく，ピンが孔縁と面接触した終局状態を考える.ただし，ピン接合では，ピン上部の板が比較的長いことも予想されるので，この部分の不安定現象を考慮して許容支圧応力度 f_{p1} は（5.23）式の f_t より小さく評価される.

　ピンと板部の支圧は相互的な作用であるから，両者が相異なる鋼種でつくられているときには F の値としては小さいほうをとる.

　b）半径 r_1, r_2 の球の最大接触応力度 σ_p[4] を幅 b，半径 r_1, r_2 の円筒の場合に拡張すると

$$\sigma_p = 0.42 \sqrt{\frac{PE(r_1+r_2)}{br_1r_2}}$$

一方の球を平板として $r_2 \to \infty$ とすると（5.22）式が得られる.

5.2　ボルト，高力ボルトおよびアンカーボルト

　高力ボルトは F8T と F10T について規定した.現在使用される高力ボルトは，主として F10T であり，F8T は溶融亜鉛めっきされた製品として利用されることが多い.なお，高力ボルトは JASS 6（6.4「高力ボルトの締付け」）に従い，所定の締付けを行って表5.3の張力が得られるようにしなければならない.

　アンカーボルトは転造ねじ ABR400 と ABM400，切削ねじ ABR490 と ABM490，およびその他について規定した.アンカーボルトに関する解説は，17章で述べるので，そちらも参照されたい.

表5.2.1　ボルトねじ部の有効断面および軸部断面積（mm²）

ボルトの呼び径	M12	M16	M20	M22	M24	M27	M30
有効断面積	84.3	157	245	303	353	459	561
軸部断面積	113	201	314	380	452	572	707
有効断面積/軸部断面積	0.746	0.781	0.780	0.797	0.781	0.802	0.793

　ボルトについては，一般に全ねじボルトの使用が多く，軸部を有するボルトについてもせん断面がねじ部となる場合がほとんどであることを考慮し，ねじ部有効断面について許容力を算定することとしている.ただし，せん断面が必ず軸断面となることが保証されている場合は，軸断面について許容力を算定してよい.ねじの有効断面積は JIS B 1082 に規定されており，表5.2.1にその例を

示す．実際の算定ではボルトの呼び径に応じたねじ部有効断面積を用いて算定するべきであるが，有効断面積/軸断面積の値は 75〜80 ％である．よって許容力算定の簡便法として有効断面積を軸部断面積の 75 ％とし，安全側の仮定を用いて検討してもよい．

　高力ボルトの許容せん断応力度は摩擦接合としての許容応力度を意味し，高力ボルトが直接せん断を受ける使用方法は想定していない．したがって，せん断を受ける接合部に高力ボルトを使用するときは JASS 6（4.10「摩擦面の処理」）に従い摩擦面を処理しなければならない．摩擦面の処理および管理を適切に行えば 0.45 以上のすべり係数を容易に得ることができる．許容せん断応力度は，表 5.3 の設計ボルト張力にすべり係数 0.45 を乗じて算定されるボルト 1 本あたりのすべり耐力を，ボルトの軸断面積で除して応力度に直し，さらに安全率 1.5 で除することで得られる．この値を呼び径それぞれについて算定すると，表 5.2.2 のすべり耐力/軸断面積（長期）に示す 151〜163 N/mm²となる．これらの値を丸めて表 5.2 の許容せん断応力度 150 N/mm²が定められている．また，許容引張応力度は，設計ボルト張力に 0.9 を乗じて算定されるボルト 1 本あたりの離間耐力をボルト軸断面積で除して応力度に直し，さらに安全率 1.5 で除することで得られる．この値は，表 5.2.2 の離間耐力/軸断面積（長期）に示す 302〜325 N/mm²であり，これらの値を丸めて表 5.2 の許容引張応力度 310 N/mm²が定められている．高力ボルトの許容引張応力度は設計ボルト張力の約 60 ％に相当する．許容引張応力度は高力ボルトに働く作用引張力によるてこ反力等を考慮した応力に対して適用する．引張りを受けるボルトおよび高力ボルトの接合部設計においては，接合部分の局部変形に対して十分配慮する必要がある．

表 5.2.2　高力ボルトの許容応力度（F10T）

ボルトの呼び径	軸断面積 (mm²)	設計ボルト張力 (kN)	すべり耐力 (kN) 一面せん断 設計ボルト張力×0.45	すべり耐力/軸断面積 短期 (N/mm²)	すべり耐力/軸断面積 長期 (N/mm²)	離間耐力 (kN) 設計ボルト張力×0.9	離間耐力/軸断面積 短期 (N/mm²)	離間耐力/軸断面積 長期 (N/mm²)
M12	113	56.9	25.6	227	151	51.2	453	302
M16	201	106	47.7	237	158	95.4	475	316
M20	314	165	74.3	236	158	149	473	315
M22	380	205	92.3	243	162	185	486	324
M24	452	238	107	237	158	214	474	316
M27	572	310	140	244	163	279	488	325
M30	707	379	171	241	161	341	482	322

5.3　溶　　　接

　溶接継目の耐力は溶接条件・溶接技量にきわめて大きく依存し，溶接部に欠陥があった場合，多

少の許容応力度の差程度ではカバーできない性質のものであるから，JASS 6（5節「溶接」）および
その関連技術指針に従い，十分な品質を確保できる工場で行う場合，または現場等で工場に準じる
溶接環境が確保される場合に限り，本項で規定した許容応力度によって設計することができる．

（1） 側面隅肉溶接継目の応力状態は純せん断応力状態と考えることができるが，前面隅肉溶接
継目の場合には複雑な応力状態となることが知られている．多くの実験や理論的な研究によ
り，前面隅肉溶接継目と側面隅肉溶接継目の降伏強度の比は，1.26〜1.50 となり，破壊角度
は 14°〜22°程度になることが示されている[例えば5),6]．また，本会の『鋼構造接合部設計指針』
では，斜方隅肉溶接継目の降伏耐力式が示されており，有効断面は側面隅肉と同じものとし，
前面隅肉溶接継目と側面隅肉溶接継目の降伏強度の比を 1.4 としたものとしている．このよ
うに，前面隅肉溶接の降伏耐力は，本規準より大きくすることが可能と考えられる．しかし，
許容応力度の形式への対応だけではなく，側面隅肉溶接継手と前面隅肉溶接継手の剛性の違
いが定量化されていないこと，溶接施工管理を十分行ったとしてもルート部の溶込みを検査
する手法が確立していないこと，および本規準は許容応力度設計の範囲ではあるが，塑性域
における破壊性状が明確になっていないことなどを考え合わせ，本文に採用しなかった．

（2） 部分溶込み溶接は，16.3節に規定したように，片面溶接でルート部に曲げまたは荷重の偏
心による付加曲げによる引張り応力が作用する場合には，用いることができない〔図5.3.1〕
が，それ以外の場合は母材と同じ許容応力度とすることができる．従来は部分溶込み溶接に
はせん断の許容応力度しか与えていなかった．しかし，部分溶込み溶接でも溶接管理を十分
行えば許容応力度設計の範囲では存在応力を十分伝えうる[7),8]ことから，2005 年の改定後か
ら本規定としている．

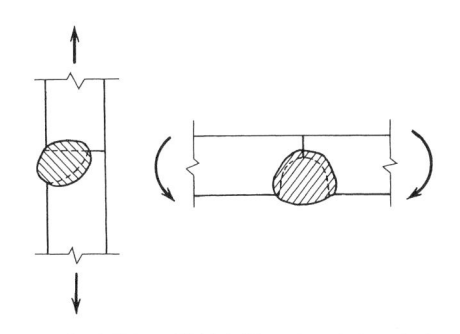

図5.3.1 部分溶込み溶接を用いることができない場合

5.5 組合せ応力度が生じる部分の許容応力度

垂直応力度とせん断応力度の組合せ応力度は (5.24) 式を満足するように設計する．$\sigma_z=0$ の場合
について，σ_x および σ_y の二方向の垂直応力度とせん断応力度 τ_{xy} が生じる応力状態の関係式であ
る．一方向の垂直応力度 σ_x とせん断力 τ_{xy} が生じる場合の応力状態の関係式は $\sigma_y=0$ として得ら
れ，$F=235\ \mathrm{N/mm^2}$ である鋼材を例とすると，相関曲線は図5.5.1のような長円（だ円）となる．

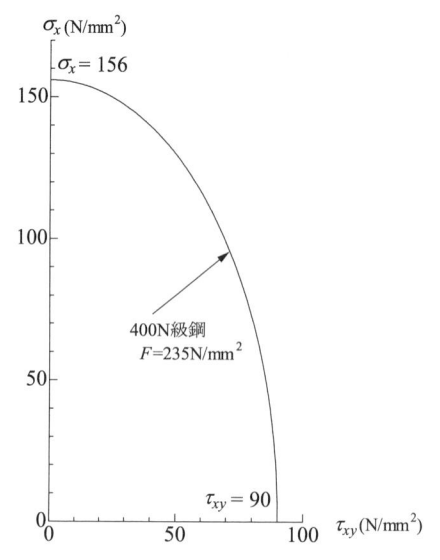

図 5.5.1 一方向の垂直応力度 σ_x とせん断力度 τ_{xy} が生じる場合の相関関係

5.6 短期荷重に対する許容応力度

本項は建築基準法施行令第 83 条に定める短期荷重の状態に対する許容応力度に対応する規定である.

建物に雪の載っている状態は,地震または暴風を受けている状態とは性質を異にし,本来,積雪状態に対しては許容応力度の割増しを行わないほうがよいと考えられるが,この問題は積雪荷重の評価にも関係する.鋼構造の場合,割増しされた許容応力度は,材料の降伏点に近い値となるので,積雪状態に対して,許容応力度の割増しを行う場合,特に不静定次数の低い建物を設定する場合には,この点に注意して断面に余裕をもたせておくのがよい.

参 考 文 献

1）日本建築センター：2018 年版冷間成形角形鋼管設計・施工マニュアル，2018.3
2）日本鉄鋼連盟：建築構造用高性能 590 N/mm²鋼材（SA440）設計・溶接施工指針第 3 版，2016.3
3）野村陽子・小野徹郎：許容曲げ応力度の安全率検討，日本建築学会大会学術講演梗概集（近畿），2005.9
4）土木学会：土木工学ハンドブック，技報堂，p.800，1954
5）日本建築学会：鋼構造接合部設計指針，pp.74〜82，2012.3
6）安井信行・吹田啓一郎・井上一朗：斜方隅肉溶接継目の破壊機構と最大耐力，日本建築学会構造系論文集 第 579 号，pp.111〜118，2004.5
7）佐藤邦彦・瀬尾健二・樋口元一・矢田貝隆夫：部分溶込み溶接継手の変形挙動と強度，溶接学会誌，第 42 巻 第 4 号，pp.302〜314，1973
8）岡田 創・小野徹郎・深沢 隆・川嶋和夫・川口博晃：部分溶込み溶接継手の耐力および変形能力に関する研究 その 1 〜 3，日本建築学会大会学術講演梗概集（北海道），pp.419〜424，1995.8

6章　組合せ応力

6.1　圧縮力と曲げモーメント

ⅰ）圧縮力と曲げモーメントを受ける柱の設計公式としては，次の2種類が最も多く用いられている．

$$\frac{\sigma_c}{f_c}+\frac{c\sigma_b}{f_b}\leqq 1 \tag{6.1}$$

$$\frac{\sigma_c}{f_c}+\frac{c\sigma_b}{f_b\left(1-\dfrac{\sigma_c}{f_e}\right)}\leqq 1 \tag{6.1.1}$$

ここに，$f_e=P_e/A$，P_e：オイラー荷重（$P_e=\pi^2EI/l^2$）

　（6.1.1）式は均等曲げを受ける場合について，柱のたわみと軸力によってもたらされる付加曲げモーメントを近似的に表現した式であって，（6.1）式より合理的であるが，本規準ではより簡単な（6.1）式をとることにした．

ⅱ）圧縮側フランジに比べて引張側フランジが極度に小さい断面を用いる場合には，引張応力度で許容状態が決まることもあるので，（6.2）式の検定も行う．

ⅲ）X，Y両軸まわりに曲げモーメントを受ける場合は，次式を用いてよい．

$$\frac{\sigma_c}{f_c}+\frac{c\sigma_{bX}}{f_{bX}}+\frac{c\sigma_{bY}}{f_{bY}}\leqq 1$$

かつ，

$$\frac{t\sigma_{bX}+t\sigma_{bY}-\sigma_c}{f_t}\leqq 1$$

記号

　　f_{bX}，f_{bY}：それぞれ X 軸まわり，Y 軸まわりの曲げに対する許容曲げ応力度

　　$c\sigma_{bX}$，$c\sigma_{bY}$：それぞれ X 軸まわり，Y 軸まわりの曲げによって生じる圧縮側曲げ応力度

6.2　引張力と曲げモーメント

（6.3）式は引張側フランジを検定する式であり，（6.4）式は材の横座屈を検定する式である．

6.3　せん断力と引張力

（1）　ボルトおよびアンカーボルトについて一般にねじ部有効断面の許容力を算定することとしている．ただし，せん断面が必ず軸部断面となることが保証されている場合は，軸部断面について許容力を算定してよい．せん断力と引張力を同時に受けるボルトおよびアンカーボル

トのねじ部断面には材軸方向の垂直応力度とせん断応力度が生じると考えられるので両者の相関関係から生じる応力度は (5.24) 式を満足しなければならない．(5.24) 式において，σ_y =0 とし，σ_x をせん断力を同時に受けるボルトおよびアンカーボルトの許容引張応力度 f_{ts} と置き換えて，f_t をボルトおよびアンカーボルトの許容引張応力度 f_{to} と定義すると(6.5) 式となる．

（2）　中立軸に関して対称配置の高力ボルト群を有する接合部（たとえば，図 6.3.1)が曲げモーメントを受ける場合には，引張側ボルト群に作用した引張力と等量の圧縮力が圧縮側接合板に作用するから，接合部全体に与えられた初期圧縮力は変化しない．したがって，このような場合には (6.6) 式を考える必要はなく，設計ボルト張力に基づいて得た高力ボルトのせん断耐力はモーメントによって影響されない．

　高力ボルトで締め付けられている接合部に引張力が作用すると，材間圧縮力が減少し，したがってすべり耐力が減少する．(6.6)式はこの関係を示したものである．ここで σ_t は見掛け上の引張応力度であり，たとえば n 個の高力ボルトからなるひとつの接合部に引張力 T が作用するときは，

$$\sigma_t = \frac{T}{nA}$$

であって，高力ボルト内の実際の応力度を意味するものではない．

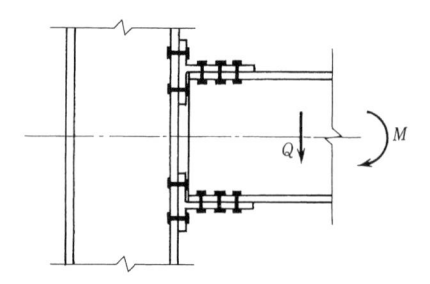

図 6.3.1　中立軸に対象なボルト接合部

7 章　疲　　労

　実際の構造物において，許容応力度以下の応力で疲労損傷が生じた事例[1]が報告されており，近年，疲労の研究が精力的に行われ，多くの新しい知見が得られている．これらの実験データを背景にして，ECCS 編「鋼構造及び合成構造の疲労設計」[2]，日本鋼構造協会（以降，JSSC）編「鋼構造物の疲労設計指針・同解説」[3]や，IIW 編「溶接構造の疲労設計」[4]が規定されている．本章ではこれらの指針類をモデルにして，建築鋼構造の継手形式を考慮し，各種の部材および接合部に対応する疲労設計曲線を定め，応力の繰返し数に応じた許容疲労強さを規定した．

7.1　適 用 範 囲

（1）　本章は，クレーン支持架構や機械の支持部が受けるような高サイクル疲労を対象とするもので，通常の建物が地震などによる繰返し応力を受ける場合に対しては適用できない．

（2）　本章は，1×10^4回を超える応力の繰返しを受ける場合を対象にしており，疲労寿命が 1×10^4回以下のいわゆる低サイクル疲労には適用できない．また，腐食環境下または150℃を超える高温状態の場合の疲労損傷メカニズムは常温，大気中とは大きく異なるため，このような状況下にある構造物は適用外とした．

（3）　本章の適用を受ける鋼材は，本規準の適用範囲内とした．

（4）　応力振幅の上限値および下限値は，大きさが繰り返し変化する力に加えて固定荷重や他の荷重の組合せによって生じる応力度も含めた和であり，垂直応力度に対しては F 値，せん断応力度に対しては $F/\sqrt{3}$ を超えることはできないとした．これは，本規準における許容疲労強さは応力振幅の上限値が弾性範囲での疲労実験データに基づいて設定されているためである．

7.2　許容疲労強さ

　許容疲労強さは鋼種あるいは鋼材の F 値に依存せず，(7.1) 式，(7.2) 式で与えられるものとした．これらの関係は，表 7.1，表 7.2 に示された各種継手形式により，2×10^6回において疲労破壊する応力範囲（基準疲労強さ）を用いて，図 7.1.1 および図 7.1.2 に示される垂直応力範囲とせん断応力範囲を受ける場合の疲労設計曲線とした．疲労設計曲線は各種の継手形式に対して一定応力振幅による実験から得られたデータに基づき設定されたものである．打切り限界とはいわゆる疲労限界のことであり，ある応力振幅を受けた時に疲労破壊を生じる限界の応力範囲を意味する．実験から打切り限界が低下するに従って打切り限界の生じる繰返し数が長寿命側に移行することが知られている．本規準ではこれを反映させた疲労設計曲線となっている．また，変動応力振幅下では，疲労損傷が進むに従って一定応力振幅下における疲労限以下の小さい繰返し応力範囲でもき裂が進展することが知られている．このことを考慮して変動応力振幅に対する疲労設計曲線は，図 7.1.1，

図 7.1.2 に破線で示すように一定応力振幅に対する疲労設計曲線と同じ勾配で長寿命側に延長したものとした．また，変動応力振幅の打切り限界は実験結果に基づいて設定されている．なお，表 7.1 および表 7.2 中に示した応力範囲の打切り限界時の応力繰返し数を表 7.1.1 および表 7.1.2 に示す．これらの繰返し数は概略の値であり参考値とした．

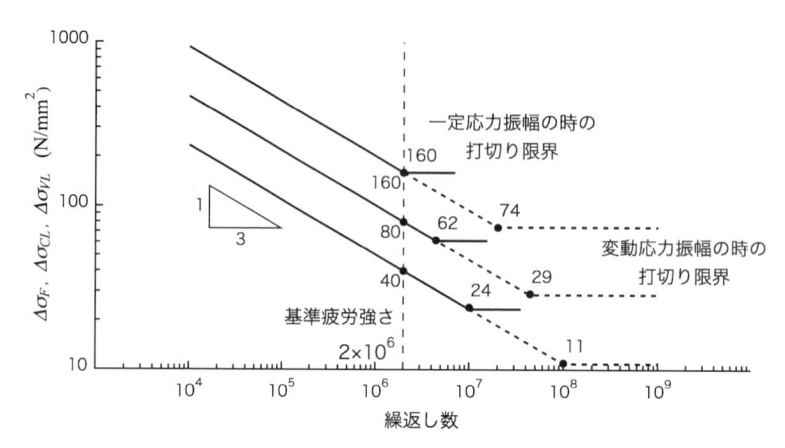

図 7.1.1 垂直応力範囲の繰返しによる疲労設計曲線の一例

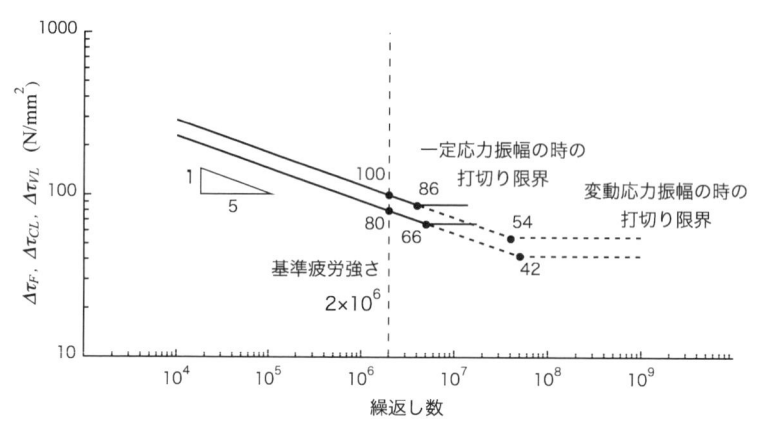

図 7.1.2 せん断応力範囲の繰返しによる疲労設計曲線

7.3 基準疲労強さ

各種継手形状に対する基準疲労強さと応力範囲の打切り限界は表 7.1.1 および表 7.1.2 に示す値とした．これらの基準値は前述した指針類を参考にして設定されたものである．なお，打切り限界の繰返し数は応力範囲に対する参考値とした．打切り限界以下の繰返し応力範囲は疲労を考慮する必要はない．継手などの形式の一例を表 7.1.1，表 7.1.2 および表 7.1.3 に示した．この中で，自動熱切断とはプラズマ切断およびレーザー切断のことである．レーザー切断は主に薄板に用いられ，この場合切断面が滑らかであるが，板厚が厚くなるとプラズマ切断並みの切断面となるので，板厚を区別していない本規準では，自動熱切断された母材としてまとめた．また，応力方向と垂直な方

向の完全溶込み溶接継手において，表7.1.3(c)に示す裏当て金のない完全溶込み溶接（K形開先，X形開先などの両面溶接や裏はつりを伴う溶接，あるいは良好な裏波を有する片面溶接など）に比べて，表7.1.3(e)に示す裏当て金付き溶接は疲労強さが低いので区別している．

　基準疲労強さを実験的に決定する場合には，応力範囲と破壊までの繰返し数を両対数軸として実験結果をプロットし，繰返し数が 2×10^6 回における平均疲労強さから，2倍の標準偏差を引いた値を基準疲労強さとする．疲労実験はばらつきが大きいことから，できる限り多くの実大試験体で実施し，精度の高い結果から基準疲労強さを定めることが望ましい．

　なお，前述のECCS指針，JSSC指針，およびIIW規準では，さらに詳しい継手形式とその基準疲労強さを定めているので参考となる．

7.4　平均応力の影響

　溶接部近傍には鋼材の降伏点に達するような高い引張りの残留応力が生じることがあり，溶接部に作用する応力振幅は降伏応力度を最大応力度とした繰返し応力状態となっている．このため，疲労き裂の発生寿命やき裂進展速度に対して応力比の影響は小さく，疲労寿命に対する応力比の影響はほとんど無視できる．このような現象を考慮して，本章では，平均応力が引張領域にある場合，すなわち応力比 R が-1を超える場合にはその影響を原則として無視してよいとした．一方，き裂がある寸法以上に成長すると残留応力は解放され，き裂進展に応力比の影響を受けるようになる．この現象は圧縮応力が卓越した繰返し応力状態で顕著なことから，平均応力が圧縮領域にある場合，すなわち応力比 R が-1以下の場合には本文の(7.3)式に示す補正係数を基本疲労強さに乗じてもよいこととした．ただし，最大応力度および最小応力度を計算する場合に残留応力を含めてはならない．なお，(7.3)式は平均応力が負の範囲内で成立する実験式であるので，本章では $-\infty \leqq R \leqq -1$ の範囲に限り応力比 R を用いた．

7.5　疲　労　設　計

　疲労設計に用いる応力は，設計する断面における公称応力であり，切欠きなどによる応力集中や溶接による残留応力を考慮する必要はない．また，疲労設計には繰返し荷重のみを対象にした応力範囲を用いるものとし，平均応力による許容疲労強さの補正を行う場合は固定荷重などによる応力を考慮する必要がある．

　（1）　一定応力振幅を受ける場合

　　　　一定応力振幅を受ける場合とは，例えば常時稼動している機械の支持架構や常に定格荷重を吊って稼動するレードルクレーンの走行梁等がこれに該当すると考えられる．これらの部材および接合部の疲労の検討には本文（7.4）式と（7.5）式を用いる．なお，打切り限界以下の応力範囲振幅は疲労を考慮する必要はない．

　（2）　変動応力振幅を受ける場合

　　　　一般の構造物では一定振幅荷重を受ける場合はまれで，ほとんどの場合ランダム荷重による変動振幅応力を受ける．このような場合の疲労設計法には累積損傷度を用いる方法と等価

応力範囲を用いる方法がある．これら二つの方法とも線形被害則（マイナー則）に基づくものであり，本質的には同等の検討法であるので，いずれかの方法で検討を行えばよい．

a) 累積損傷度を用いた疲労の検討

今，応力分布のうち任意の応力範囲を，その繰返し回数を n_i とし，$\varDelta\sigma_i$ のみが作用した時の破断繰返し回数を N_i とする．$\varDelta\sigma_i$ が n_i 回作用した時の疲労損傷度を (n_i/N_i) とし，損傷度の合計 D（累積損傷度）が次式を満足する時，疲労破壊が生じるとする．

$$D=\sum_{i=1}^{k}\left(\frac{n_i}{N_i}\right)=1 \tag{7.5.1}$$

すなわち，$D<1$ であれば疲労破壊は生じないとするもので，本章の（7.7）式を用いる検討方法である．

b) 等価応力範囲を用いた疲労の検討

応力範囲と疲労破壊までの繰返し回数の関係は，次式で表わせる．

$$\varDelta\sigma_i{}^m\cdot N_i=C \tag{7.5.2}$$

ここで，C：継手形式により定まる定数（$2\times10^6\varDelta\sigma_F{}^m$）

上式を（7.5.1）式に代入すれば，次式となる．

$$D=\sum_{i=1}^{k}\frac{\varDelta\sigma_i{}^m\cdot n_i}{C} \tag{7.5.3}$$

したがって，ある応力範囲 $\varDelta\sigma_e$ が $\sum_{i=1}^{k}n_i$ 回，すなわち N 回作用した時の損傷度は次式で表せる．

$$D=\frac{\varDelta\sigma_e{}^m\cdot N}{C} \tag{7.5.4}$$

（7.5.3）式と（7.5.4）式で与えられる損傷度が等しい場合を等価応力範囲と呼び，次式で表す．

$$\varDelta\sigma_e=\left\{\sum_{i=1}^{k}\frac{n_i}{N}(\varDelta\sigma_i)^m\right\}^{\frac{1}{m}} \tag{7.5.5}$$

上式は着目する変動振幅荷重と同じ繰返し回数で等価な疲労損傷を生じさせる一定応力振幅範囲を意味する．なお，本章の（7.8）式は上式で $m=3$ とし，σ_i を σ_{ei} に置き換えたものである．

これらの方法を用いるためには応力範囲をいくつかのグループに分ける必要があり，応力範囲頻度分布解析が必要となるが，クレーン支持架構の設計ではクレーン種別ごとに応力範囲の頻度分布を与えている DIN 15018[5] が参考になる．

なお，変動応力振幅を受ける場合の応力範囲打切り限界は表7.1，表7.2に示す値としてよい．また，打切り限界以下の応力範囲振幅は疲労を考慮する必要はない．また，変動応力振幅を受ける場合の疲労の検討には，図7.1.1，図7.1.2に示すように，一定応力振幅打切り限界以下の応力範囲を含めなければならない．

（3）　垂直応力範囲とせん断応力範囲の組合せ

　　同一部材の同一箇所に垂直応力とせん断応力が同時に作用する場合は数値解析により最大主応力を求め，その範囲に対して垂直応力の許容疲労強さで設計を行うこととした．また，垂直応力とせん断が別々に作用する場合には線形被害則に従って，次式で検討することが出来る．

$$\left(\frac{\Delta\sigma_e}{\Delta\sigma_a}\right)^3+\left(\frac{\Delta\tau_e}{\Delta\tau_a}\right)^5<1$$

　　ただし，$\Delta\sigma_a$ および $\Delta\tau_a$ はそれぞれ単独に繰返しを受けた場合の許容疲労強さである．

　　なお，JSSC では疲労設計曲線の設定に用いた実験データが単純な垂直応力やせん断応力下で行われていることから，垂直応力およびせん断応力をそれぞれに対して検討することにしている．

参 考 文 献

1）日本鋼構造協会：クレーンガーダーの疲労損傷に関する調査報告，JSSC, Vol. 12, No. 128, 1976
2）ECCS 編：Fatigue Design of Steel and Composite Structures – 2nd Edition, 2018
3）日本鋼構造協会編：鋼構造物の疲労設計指針・同解説 ［2012 年改定版］, 技報堂出版, 2012
4）IIW 編：Fatigue design of welded joints and components, 1996
　　溶接学会溶接疲労強度研究委員会訳：溶接構造の疲労設計, 1999
5）DIN 15018-1：Cranes；Steel structures；Verification and analyses, 1984

表7.1.1 継手などの形式と基準疲労強さ (垂直応力範囲)

分類	基準疲労強さ $\Delta\sigma_F$ (N/mm²)	継手などの形式	打切り限界 (N/mm²) 一定振幅 $\Delta\sigma_{CL}(N)$ *	打切り限界 (N/mm²) 変動振幅 $\Delta\sigma_{VL}(N)$ *	表7.1.3
母材, 高力ボルト	160	圧延材, 引抜き材	160(2.0×10⁶)	74(2.0×10⁷)	(a)
	140	自動ガス切断, または機械切断された母材	135(2.3×10⁶)	62(2.3×10⁷)	—
	125	自動熱切断された母材	115(2.6×10⁶)	53(2.6×10⁷)	—
	100	手動熱切断された母材	84(3.4×10⁶)	39(3.4×10⁷)	—
	140	高力ボルト摩擦接合部	135(2.3×10⁶)	62(2.3×10⁷)	(b)
	100	高力ボルト引張接合部	84(3.4×10⁶)	39(3.4×10⁷)	—
応力方向と垂直な方向の完全溶込み溶接	100	応力方向と垂直な方向の完全溶込み溶接継手(裏当て金なし)	84(3.4×10⁶)	39(3.4×10⁷)	(c)
	80	板厚および板幅の変化部を有する応力方向に垂直な完全溶込み溶接継手(裏当て金の有無に関わらず)	62(4.4×10⁶)	29(4.4×10⁷)	(d)
	65	応力方向と垂直な方向の完全溶込み溶接継手(裏当て金あり)	46(5.6×10⁶)	21(5.6×10⁷)	(e)
応力方向と平行な方向の完全溶込み溶接	125	応力方向と平行な方向の完全溶込み溶接継手(裏当て金なし)	115(2.6×10⁶)	53(2.6×10⁷)	(f)
	80	応力方向と平行な方向の完全溶込み溶接継手(裏当て金あり)	62(4.4×10⁶)	29(4.4×10⁷)	(g)
	65	車輪直下のフランジとウェブの完全溶込み溶接継手(裏当て金なし)	46(5.6×10⁶)	21(5.6×10⁷)	(h)
	40	面内ガセットを完全溶込み溶接した継手(裏当て金の有無に関わらず)	24(1.0×10⁷)	11(1.0×10⁸)	(i)
十字形隅肉溶接	45	割込み板を介した形鋼の隅肉溶接継手(両面)	28(8.5×10⁶)	13(8.5×10⁷)	(j)
	40	割込み板を介した角形鋼管の隅肉溶接継手(片面)	24(1.0×10⁷)	11(1.0×10⁸)	(k)
隅肉溶接 ガセットや付加物を溶接した継手	100	応力方向と平行な方向の継目なし連続自動隅肉溶接継手	84(3.4×10⁶)	39(3.4×10⁷)	(l)
	80	梁のウェブあるいはフランジに隅肉溶接された補剛材	62(4.4×10⁶)	29(4.4×10⁷)	(m)
	80	面外ガセットを隅肉溶接した継手	62(4.4×10⁶)	29(4.4×10⁷)	(n)
	80	スタッド溶接された母材	62(4.4×10⁶)	29(4.4×10⁷)	(o)
	50	スカラップを有する溶接継手	32(7.5×10⁶)	15(7.5×10⁷)	(p)
	50	カバープレートを有する隅肉溶接継手	32(7.5×10⁶)	15(7.5×10⁷)	(q)
	40	重ね継手	24(1.0×10⁷)	11(1.0×10⁸)	(r)

[注] *:( )内の N は応力範囲打切り限界時の応力繰返し数の参考値を示す.

表7.1.2 継手などの形式と基準疲労強さ (せん断応力範囲)

分類	基準疲労強さ $\Delta\tau_F$ (N/mm²)	継手などの形式	打切り限界 (N/mm²) 一定振幅 $\Delta\tau_{CL}(N)$ *	打切り限界 (N/mm²) 変動振幅 $\Delta\tau_{VL}(N)$ *	表7.1.3
母材完全溶込接	100	母材, 完全溶込み溶接継手(裏当て金の有無に関わらず)	86(4.0×10⁶)	54(4.0×10⁷)	—
隅肉, 部分溶込溶接	80	隅肉溶接継手, 部分溶込み突合せ溶接継手	66(5.0×10⁶)	42(5.0×10⁷)	(s)

[注] *:( )内の N は応力範囲打切り限界時の応力繰返し数の参考値を示す.

表7.1.3　継手などの形式の一例

● 母材，高力ボルト接合

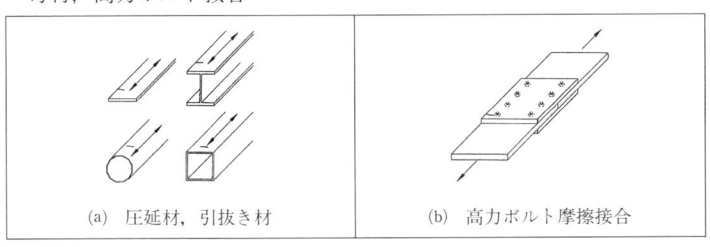

| (a)　圧延材，引抜き材 | (b)　高力ボルト摩擦接合 |

● 応力方向と垂直な方向の完全溶込み溶接

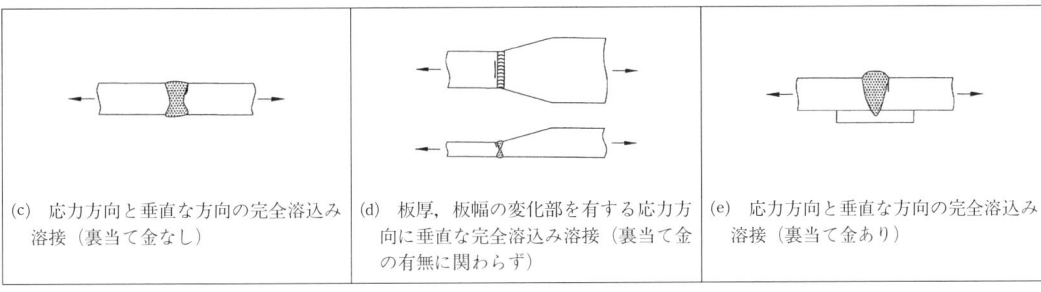

| (c)　応力方向と垂直な方向の完全溶込み溶接（裏当て金なし） | (d)　板厚，板幅の変化部を有する応力方向に垂直な完全溶込み溶接（裏当て金の有無に関わらず） | (e)　応力方向と垂直な方向の完全溶込み溶接（裏当て金あり） |

● 応力方向と平行な方向の完全溶込み溶接

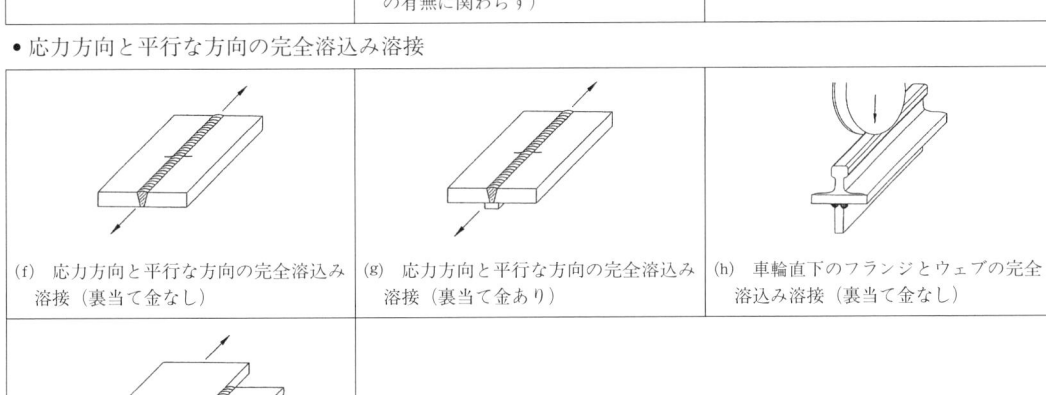

| (f)　応力方向と平行な方向の完全溶込み溶接（裏当て金なし） | (g)　応力方向と平行な方向の完全溶込み溶接（裏当て金あり） | (h)　車輪直下のフランジとウェブの完全溶込み溶接（裏当て金なし） |

| (i)　面内ガセットを完全溶込み溶接した継手（裏当て金の有無に関わらず） |

● 十字形隅肉溶接継手

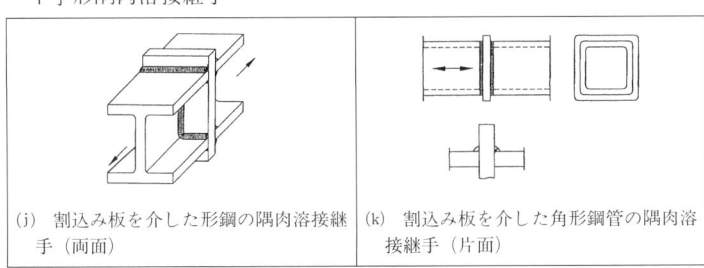

| (j)　割込み板を介した形鋼の隅肉溶接継手（両面） | (k)　割込み板を介した角形鋼管の隅肉溶接継手（片面） |

表7.1.3 (つづき)

- 隅肉溶接，ガセットや付加物を溶接した継手

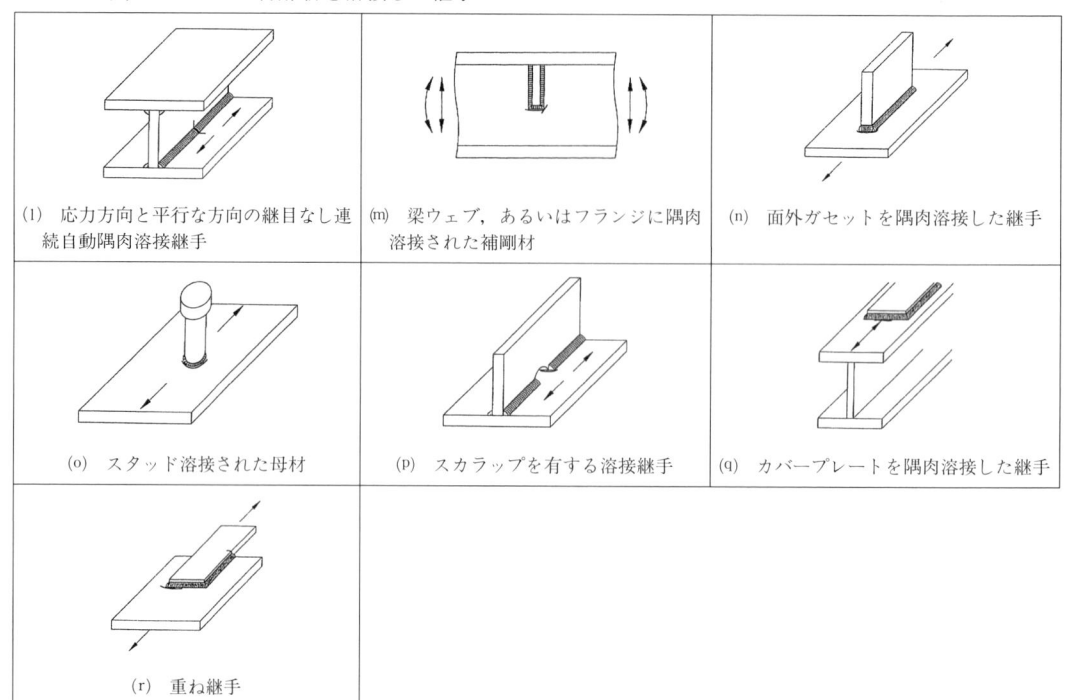

(l) 応力方向と平行な方向の継目なし連続自動隅肉溶接継手	(m) 梁ウェブ，あるいはフランジに隅肉溶接された補剛材	(n) 面外ガセットを隅肉溶接した継手
(o) スタッド溶接された母材	(p) スカラップを有する溶接継手	(q) カバープレートを隅肉溶接した継手
(r) 重ね継手		

- せん断応力を受ける隅肉溶接

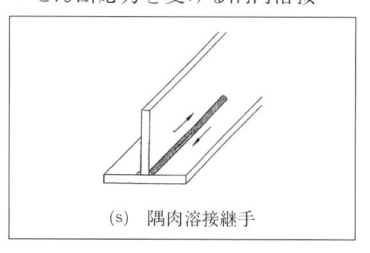

(s) 隅肉溶接継手

8章 変　　形

8.1　梁材のたわみ

（1）　梁　　　材

梁材のたわみが大きい場合の障害として考えられる一般的なものには，次の二つがある．

a）構造的な障害

過度のたわみによって床スラブのコンクリート・天井しっくい・屋根スレートなどが損傷を受ける場合がある．また，たわみによって梁に軸力が発生し，これに接合される柱に悪影響を及ぼしたり，最上階の梁ではたわみによって生じたくぼみに雨水がたまり，鉛直荷重が増加して構造的な不安定現象を誘発する場合もある．これらは構造部材相互の関連要素も多いため，たわみの制限を単一の尺度で示すことは難しく，原則としては個々の設計条件について検討すべき事柄であるが，通常の梁では 1/300 以下に抑えておけばよいとされている．

一般的に中立軸の上下が対称な鉄骨梁の許容応力度 f_a，スパン l，梁せい h，たわみ δ の間には次の関係がある．

$$\frac{h}{l} \geq k \frac{f_a l}{E\delta}$$

k ：定数　　① 単純支持梁，中央集中荷重，$k=1/6$
　　　　　　　② 単純支持梁，等分布荷重，$k=5/24$
　　　　　　　③ 両端固定梁，中央集中荷重，$k=1/12$
　　　　　　　④ 両端固定梁，等分布荷重，$k=1/16$

したがって，高張力鋼を使用する場合，強度面だけから断面を決めると，スパン長さに比べて梁せいが小さくなりすぎ，剛性の低い梁が設計され，たわみが大きくなるので，十分注意しなければならない．

b）使用上の障害

梁材の振動によって人間が不安感・不快感を受ける場合がある．また，振動に対して高い精度の床を要求する精密機械工場，あるいは鍛造工場やコンサートホール，スポーツ施設などの振動発生源の周辺建物においては，梁材の振動に対して配慮が必要な場合があるので十分注意しなければならない[1]．特に従来型でない新しい構造形式を採用した場合に問題が発生することが多いことが報告されている[2]．

一般に人間は鉛直方向の振動の場合 2 ～ 4 Hz 程度が最も敏感であり，通常の床の固有振動数の範囲では振動数が低いほど感じやすいといわれる．また，床の固有振動数が 10 Hz 以下だと，人間の歩行，小走りなどの動作との共振の可能性もある[3]．したがって，梁材にはこのような振動障害を防ぐため適当な剛性を持たせておくことが必要である．剛性とたわみの制限も一義的に数値を与えることは困難であり，加振源の特定とそれによって生じる梁の振

動について実状に合わせた対策が必要である[3].

（2） クレーン走行梁

　クレーン走行梁のたわみが大きいと，スリップ，自走，その他クレーン作業に支障をきたすことがある．そこで，クレーンの走行速度，使用頻度，規模，用途などに応じて適当な剛性を保たせる必要から，軽微なものを除いては下記のような制限を与えた．

（たわみ制限）

a） 走行速度60 m/min 以下で軽微なもの　　　　　　　　　　1/500～1/ 800

b） 走行速度90 m/min 以下の一般クレーン　　　　　　　　　1/800～1/1 000

c） 走行速度90 m/min 以上または製鉄・製鋼用クレーンなど　1/800～1/1 200

　なお，上記の区分で想定している一般クレーンとは，2本のクレーン走行梁にクレーンガーダーを渡し，これに沿って動くトロリーを有している通常の天井走行クレーンを指す．よって，これよりも簡易な構造のものは軽微なクレーンに区分される．また，クレーン走行梁に曲がり梁を用いる場合などには，過大なねじれ変形を防止するような梁のねじり剛性に加え，支持点の位置やディテールにも十分留意する必要がある．

8.2　骨組の層間変形

　鉄骨構造の骨組，特に純ラーメン構造の骨組は，設計荷重に対して耐力的な検討のみで部材断面を決定した場合，往々にして剛性不足となることがある．骨組の水平剛性が不足すると，強風時や重量車両の通過による交通振動などによって水平方向に大きな揺れを生じ，居住性に問題が生じたり，外装材ないしはその取付け部に異常が生じたりする可能性がある．このため，骨組には適切な水平剛性を持たせることが必要である．骨組にどの程度の水平剛性を持たせるのが妥当であるかは，基本的に設計者の判断による．

　一方，現在建築基準法においては，水平荷重時に骨組に取り付く内外装材とその取付け部に支障が生じないよう各層の層間変形に規定値を設けている．その規定値は，標準せん断力係数 $C_0 = 0.2$ に相当する水平荷重に対して，各層の層間変形角が一般には $1/200$ 以下，内外装に水平変形に対する配慮がなされている場合には $1/120$ 以下となっている．図8.2.1は，75棟の実在の中低層鋼構造物の構造体について調査した標準せん断力係数 $C_0 = 0.2$ に相当する水平荷重に対する骨組各層の層間変形角の逆数の最小値 $r_{0.2}$ とその層の保有水平耐力の関係を示したものである[4]．ここで，横軸は，骨組の保有水平耐力 Q_u を建築基準法に定める必要保有水平耐力 Q_{un} で除した値で示してある．この図8.2.1から実在構造物の水平剛性はかなりばらついているが，層間変形角 $1/r_{0.2}$ が $1/200$ 以上の場合には，保有水平耐力が必要保有水平耐力を下まわっていることがわかる．すなわち，建築基準法に定められた層間変形角の規定値は，本来地震時の内外装材の損傷を防止するために設けられたものであるが，結果として建築基準法に定める必要保有水平耐力を確保する役割も果たしていると考えられ，構造設計の観点から見てもこの程度の水平剛性の確保が望ましいものと思われる．

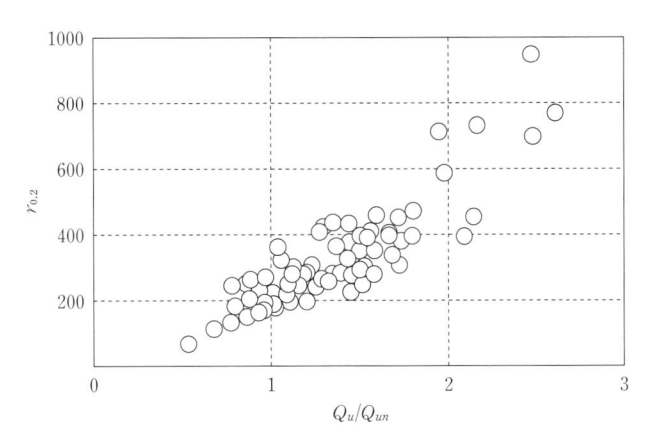

図 8.2.1 $r_{0.2}$ とその層の保有水平耐力の関係

参 考 文 献

1 ）横山　裕・櫛田　裕・広松　猛・小野英哲：コンサート公演中の観客の動作により発生する振動に
　関する考察，実態調査と加振力の同定，日本建築学会構造系論文報告集，第 434 号，pp.21〜30, 1992.4

2 ）横山　裕・櫛田　裕・広松　猛・小野英哲：微細振動の観点から見た複合床の剛性評価法に関する
　考察，日本建築学会計画系論文集，第 426 号，pp.13〜23, 1991.8

3 ）日本建築学会：建築物の振動に関する居住性能評価指針・同解説，改定版，2004.5

4 ）前田憲太郎・増田浩志・秋田　智・田中淳夫：中低層鋼構造骨組の耐震性能，鋼構造論文集，第 7
　巻，第 25 号，pp.43〜52, 2000.3

9章　板要素の幅厚比

9.1　平板要素の幅厚比

（1）　部材の板要素に生じた応力度がほぼ降伏応力度に達するまで局部座屈を起こさないための幅厚比を定めたものである．したがって，この制限に従う場合には，局部座屈の考慮なしに5章の許容応力度を用いて設計を行うことができる．

　　板の幅厚比と座屈応力度との関係は図 9.1.1 において $O_1P_1B_1CD$ ないしは $O_2P_2B_2CD$ に示されるような形をとる．ここで P_1 または P_2 より大きい幅厚比（λ）の範囲は弾性域であって，その領域での幅厚比と座屈応力度の関係は次式で与えられる．

$$\sigma_{ke}=k\frac{\pi^2 E}{12(1-\nu^2)}\left(\frac{t}{b}\right)^2 \tag{9.1.1}$$

記号

　　σ_{ke}：矩形平板の弾性座屈応力度

　　k：境界条件および応力状態に見合った板座屈係数

　b/t：当該板要素の幅厚比

　　E：ヤング率

　　ν：ポアソン比

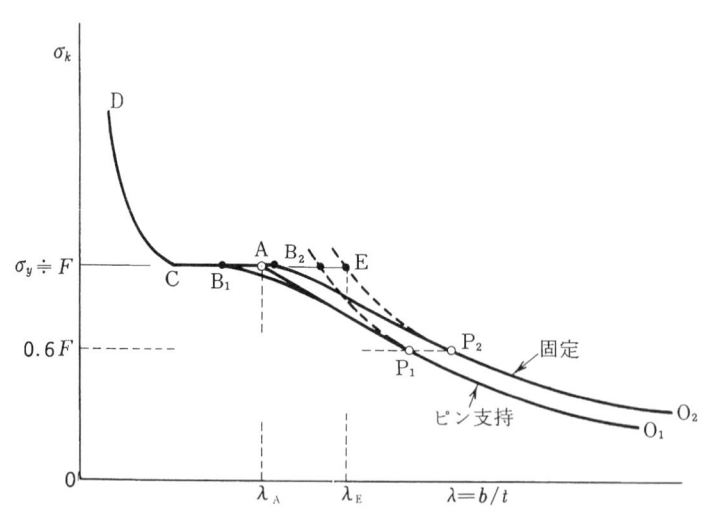

図 9.1.1　幅厚比と座屈応力度の関係

　　また，P_1 または P_2 より小さい λ の範囲は非弾性域であって，主として実験によって求められたものである．本規準では $\sigma_k=0.6F$ の点（P_1，P_2）で非弾性域に入るものとし，板の支持条件がピン支持の場合の P_1 において弾性座屈応力度曲線 P_1O_1 に接線を引き，$\sigma_k=F$ の線

との交点 A を求め，この点に対応する幅厚比 λ_A をもって所要の幅厚比とした．この幅厚比の規定はポアソン比を 0.3 として下式で表される．

$$\frac{b}{t} = 0.818 \sqrt{\frac{kE}{F'}} \tag{9.1.2}$$

記号

F'：F あるいは $F/\sqrt{3}$

当該板要素の境界条件，応力状態に対応した k の値を上式に代入することにより，本文の (9.1) 式，(9.3) 式，(9.5) 式が得られる．(9.1) 式は一様圧縮を受ける 3 辺単純支持，1 辺自由の無限長平板に対応する $k=0.425$ を，(9.3) 式は一様圧縮を受ける 4 辺単純支持平板の座屈係数の最小値である $k=4$ を，(9.5) 式は純せん断を受ける 4 辺単純支持の無限長平板に対応する $k=5.34$ を代入することで得られる．ただし，(9.5) 式の場合のみ，F' は $F/\sqrt{3}$ を代入する．ここで，9.1(1)b)の山形鋼は，9.1(1)a)で規定する板要素と同一の境界条件，荷重条件であるが，応力の不均等や全体座屈との連成を考慮して，(9.2) 式に示すように小さい幅厚比を与えている．また以上のように定めた規定値は，実験で得られる値 B_1，B_2 に比較的近い値を与える．

（2）　2 縁で支持される板で曲げ（せん断）と圧縮を同時に受ける場合には，圧縮力なしの場合に相当する本文 (9.5) 式と全面圧縮状態に相当する本文 (9.3) 式で与えられるそれぞれの幅厚比制限値を直線補完し，近似的に幅厚比は次式によって決めてよい．

$$\frac{d}{t} \leqq 2.4 \sqrt{\frac{E}{F}} - 0.8 \sqrt{\frac{E}{F}} \cdot \frac{P}{P_F} \tag{9.1.3}$$

記号

P：作用圧縮力

P_F：$= FA$

ウェブを対象とする場合は，ウェブ断面積を A_w，材の全断面積を A として上式第 2 項に A/A_w を乗じて算定すればよい．ただし，幅厚比は (9.3) 式に示す $1.6\sqrt{E/F}$ 以下にする必要はない．

記号の説明中にある板幅のとり方について例示する〔図 9.1.2〕．本設計規準においては，周辺単純支持された平板の座屈を基本としているため，フィレット部，コーナー部などを除く平板部のみで板幅をとることとしている．したがって，圧延形鋼，角形鋼管および溶接組立箱形断面の板幅 d のとり方については，本会の他指針とは異なっていることに注意する必要がある．また，明確化のため，新たに溶接組立 H 形断面についての規定を加え，板幅 d として断面の内法寸法をとることとした．なお，ここで規定する板幅を計算の簡略化のために，フィレット部，コーナー部などを含む板の外法でとることについては，安全側となるため問題ない．

(9.4) 式で与えられる補剛スチフナ必要剛性は，補剛スチフナが取り付く縁が単純支持されているとみなし得るためのものである．本設計規準では，任意のスチフナ剛性を評価して

幅厚比制限に反映させているが，辺長比についてはふれられていない．これについて文献１）では，補剛スチフナ自身の重心軸まわりの断面二次モーメントで規定する限りは，辺長比が８程度までは十分安全であることが確認されている．また，その中では辺長比を考慮にいれた算定式も提案されている．また，文献２）においてはゆがみ座屈の観点から検討を加え，辺長比の影響が大きいことを示している．

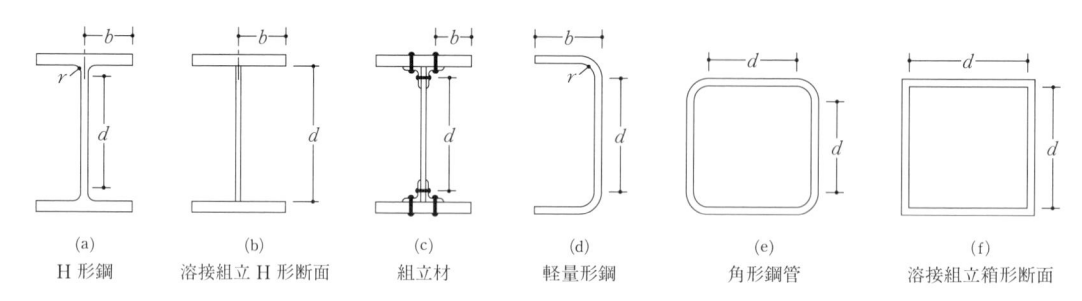

(a)	(b)	(c)	(d)	(e)	(f)
H 形鋼	溶接組立 H 形断面	組立材	軽量形鋼	角形鋼管	溶接組立箱形断面

図 9.1.2　板幅のとり方

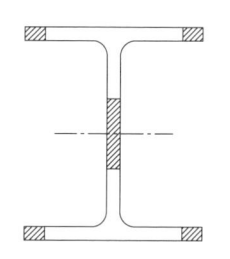

図 9.1.3　無効部分のとり方

（３）　本文 9.1（３）にいう無効部分は，本文 9.1（１）の１縁支持他縁自由の板要素の場合には自由縁の側にとり，本文 9.1（２）の２縁支持の板要素の場合には板幅の中心から対称に取る〔図 9.1.3〕．

　　　このように無効部分を取り去った断面について断面積，断面係数を求めた上で存在応力度を算定し，これが許容応力度以下であればよい．一方，剛比算定や細長比，許容応力度の計算では全断面をとってよい．

　　　これは，次式に示すように，部材の作用力が，部材座屈強度と局部座屈強度で決まる部材の強度のうちどちらか小さいほうよりも，小なることを検定するのと，ほぼ安全側で対応する．

$$P \leq \min[{}_mP_{cr}, {}_pP_{cr}] \tag{9.1.4}$$

　　　記号

　　　　　P：部材の作用力

　　　${}_mP_{cr}$：曲げ座屈，横座屈などの部材座屈強度

　　　${}_pP_{cr}$：部材を構成する板要素の局部座屈強度で決まる部材の強度

　　　ただし，上式は部材座屈と局部座屈が連成せず，それぞれ独立した現象と仮定している．

9.2　円形鋼管の径厚比

　9.1節と同様，管の圧縮応力度がほぼ降伏点に達するまで管壁が局部座屈を起こさないための管径と管厚の比を与えた．文献3）では，塑性域での局部座屈を対象とした実験が行われており，残留応力の有無にかかわらず，本規準の径厚比制限値が妥当な値であることが示されている．

　なお，平板要素とは異なり，円形鋼管では径厚比の制限値を超えるような部材に局部座屈が生じると，ただちに部材の耐力が低下する．したがって，(9.6) 式に示す制限値を超える断面の取扱いについては触れていない．

参 考 文 献

1）長谷川彰夫・前野裕文：端補剛材をもつ圧縮板要素の座屈強度と設計，土木学会論文報告集，No. 287，pp.45〜53，1979.7

2）岩本いずみ・木村　衛・小河利行：薄板要素のリップ補剛効果に関する研究，日本建築学会構造系論文集，No.548，pp.147〜158，2001.10

3）加藤　勉・秋山　宏・鈴木弘之：軸圧縮力を受ける鋼管の塑性局部座屈耐力，日本建築学会論文報告集，No.204，pp.9〜17，1973.2

10章 梁　　材

10.1　充腹形の梁

（1）　梁材の断面係数は引張側のボルト孔だけを控除した断面を対象として計算を行う．上下対称な断面では略算として圧縮側のボルト孔も控除することが多いのでこの方法も付記した．

（2）　梁材の応力度の検討は曲げ応力度

$$\sigma = \frac{M}{Z} \leqq f_b \tag{10.1.1}$$

およびせん断応力度

$$\tau = \frac{Q}{ht} \leqq f_s \tag{10.1.2}$$

による．

　　　　記号

　　　　$M,\ Q$：作用曲げモーメント，せん断力

　　　　　　Z：断面係数

　　　　　　h：梁せい

　　　　　　t：ウェブ厚さ

（3）　フランジの幅厚比，ウェブの幅厚比については9章の対応する規定による．

10.2　組　立　梁

　本項は，トラス梁・ラチス梁を主対象とした規定である．すなわち，弦材とウェブ材とが実質的にピン接合とみなされるような形の梁材を対象とする．

　ハニカムビーム，ウェブに一連の孔を有する梁材，剛節トラスのような場合には，各部に作用する曲げモーメント，せん断力を無視することができないので，このような場合には，実状に応じた解析を行わなければならない．

10.3　フ ラ ン ジ

（1）　溶接組立梁の場合は，カバープレートによっても断面性能を調節できるが，ここでは板厚を調節することによって，フランジの連続性を保持させることを推奨した．

（2）　カバープレートが必要となる位置において，カバープレートの受ける応力 P は次式で計算される．

$$P = \frac{M}{Z} \times A_c \tag{10.3.1}$$

　　　　記号

M：計算位置の曲げモーメント

Z：余長の計算の対象となるカバープレートを付けた断面の断面係数

A_c：カバープレートの断面積

　余長部にはこの応力に耐えるだけの接合を施す．上式のかわりに簡単のため対象とするカバープレートの全許容力 $f_t \times A_c$（または $f_b \times A_c$）によって余長部を計算してもよい．

10.4　フランジとウェブまたはフランジを構成する材相互の接合

（1）　プレートガーダーの場合，溶接によりフランジとウェブを接合する場合には両側連続隅肉溶接とし，その部分のせん断力に対して十分な耐力を持つようにする．

　　高力ボルトなどのファスナーでフランジとウェブを接合する場合には，フランジ山形鋼とウェブ，フランジ山形鋼とカバープレートのファスナー間隔 p は次式で計算される．

$$p \leqq \frac{RI}{QS} \tag{10.4.1}$$

　記号

R：ファスナーの許容力

S：フランジ側ファスナー間隔 p_1 に対しては，片側フランジの中立軸についての断面一次モーメント，フランジ頭ファスナー間隔 p_2 に対しては，片側カバープレートの中立軸についての断面一次モーメント

Q：梁のこの部分のせん断力

I：中立軸についての全断面の断面二次モーメント

また，略算として次式によってもよい．

$$\left.\begin{array}{l} p_1 \leqq \dfrac{R}{Q} j \\[2mm] p_2 \leqq p_1 \dfrac{A_f}{A_c} \end{array}\right\} \tag{10.4.2}$$

　記号

$j = I/S \fallingdotseq 0.85h$

A_f：フランジ全断面積

A_c：カバープレート全断面積

　　また，トラス梁，ラチス梁のような組立梁は，せん断力によってウェブ材に生じる応力に耐えるよう接合部を設計する．

（2）　クレーン走行梁のように，フランジに直接力が加わるときは，図10.4.1に示すように荷重分布長さ（クレーン車輪荷重の場合は 50 mm と仮定する）の両端から 45° の開角をもってウェブに伝達するものとし，これに含まれる接合が均等に荷重方向の力を受けるものとする．高力ボルトの場合，45° 開角に含まれる本数を n 本とすれば，直接加わる鉛直力 P によって高力ボルトが受ける力 R_1 は，

$$R_1 = \frac{P}{n} \tag{10.4.3}$$

である．また，この部分のせん断力 Q によって高力ボルトが材軸方向に受ける力 R_2 は，

$$R_2 = \frac{QS}{I} p \tag{10.4.4}$$

となる．よって，これらを合成した次式 R で示される力が作用するものとして接合部の検定を行う．

$$R = \sqrt{R_1{}^2 + R_2{}^2} \tag{10.4.5}$$

隅肉溶接の場合も同様の計算を行えばよい．なお，力を直接ウェブに伝達させるには，ウェブとフランジを完全溶込み溶接とする．

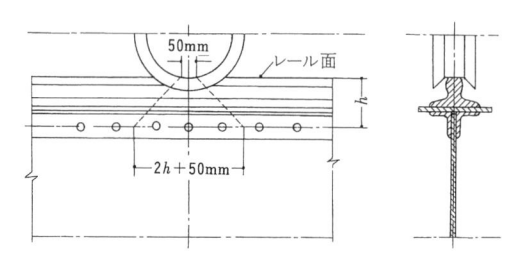

図 10.4.1 ウェブへのクレーン車輪荷重

10.5 集中荷重を受ける部分

（1） ウェブフィレット先端部とは，図 10.5.1 に示す部分で，本項は集中荷重を受けるときの，この部分の圧壊を検定するための規定である．

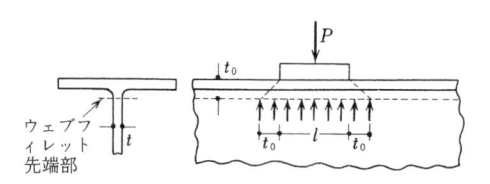

図 10.5.1 集中荷重を受けるウェブの有効幅

（2） 集中荷重を受ける部分のウェブが比較的薄く，(10.1) 式または (10.2) 式を満足しないときはスチフナを設ける．この部分の計算は図 10.5.2 に示すように，スチフナとウェブの一部が一体となった柱と見なして行う．

このとき，ウェブの有効幅については図 10.5.2 のような断面を有する圧縮材の局部座屈応力度が全材の曲げ座屈応力度に等しくなる限界条件から規定した．すなわち，圧縮材の突出フランジに対する幅厚比規定から，限界条件の幅厚比は，

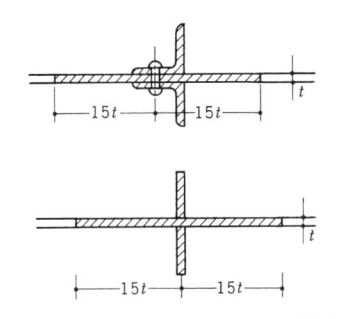

図 10.5.2　ウェブのスチフナ補強

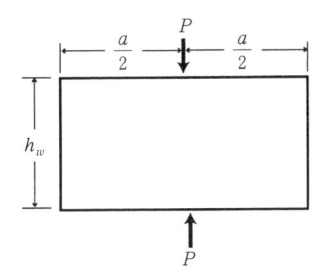

図 10.5.3　集中荷重を受ける周辺単純支持モデル

$$\frac{b}{t}=0.53\sqrt{\frac{E}{F}} \qquad (10.5.1)$$

となり，これに $E=205\,000$（N/mm²），$F=235$（N/mm²）を代入すると，

$$\frac{b}{t}\approx 15$$

となる．本規定においては，この範囲のウェブプレートがスチフナと協力して働くものと考えた．また，ウェブ上下端はフランジに取り付いていることから，両端ピン支持と両端固定支持の間にあると考えられる．したがって，座屈長さは梁せいの 0.7 倍にとることを許容した．

　ところで，本項で規定するウェブプレートの有効幅は，集中荷重を受ける板の座屈耐力から検討することもできる．図 10.5.3 に示すような集中荷重によって圧縮される周辺単純支持の板の座屈荷重 P_{cr} は，板の長さ a を十分に長いとすると，次式となる[1]．

$$P_{cr}=\frac{4\pi D}{h_w} \qquad (10.5.2)$$

　ここに，

　　h_w：ウェブせい

　　$D=\dfrac{Et^3}{12(1-\nu^2)}$

　　ν：ポアソン比

である．一方，ウェブプレートの有効幅を kt としたとき，有効幅内のウェブプレートの面外曲げ座屈耐力は，

$$P_{cr}=\frac{\pi^2 Ekt^4}{12{h_w}^2} \qquad (10.5.3)$$

となる．このとき，(10.5.2)式と(10.5.3)式が等しくなるような k を求めると次式となる．

$$k=\frac{4h_w}{\pi(1-\nu^2)t}\fallingdotseq 1.4\frac{h_w}{t} \qquad (10.5.4)$$

これより，一般的な梁における h_w と t の比率を考慮すると，本規準で規定している $k=15$ をウェブプレートの有効幅とすれば十分安全側となることがわかる．

10.6 梁材の横座屈補剛

梁材の横座屈補剛のために圧縮側フランジに設ける横補剛材に要求される剛性と耐力は，梁材の横座屈を圧縮側フランジの横方向への曲げ座屈と見なすと圧縮材の補剛と同様に取り扱うことができる．

中心圧縮されるまっすぐな材の弾性横座屈荷重と補剛材の剛性との関係は，骨組の剛性を等価な弾性ばねに置換したモデルに対し弾性解析によって求めることができる．圧縮材を種々の位置で補剛したときの必要補剛剛性の最小値と弾性座屈耐力は，図10.6.1に対して(10.6.1)～(10.6.5)式のようになる．

$$(\text{a})\quad K_{\min}=\frac{2}{l_1}N_c, \ N_c=\frac{\pi^2 EI}{l_1^2} \qquad (10.6.1)$$

$$(\text{b})\quad K_{\min}=\frac{3}{l_1}N_c, \ N_c=\frac{\pi^2 EI}{l_1^2} \qquad (10.6.2)$$

$$(\text{c})\quad K_{\min}=\frac{l_1+l_2}{l_1 l_2}N_c\left(\leq\frac{2}{l_1}N_c\right), \ N_c=\frac{\pi^2 EI}{l_2^2}, \ l_1\leq l_2 \qquad (10.6.3)$$

$$(\text{d})\quad K_{\min}=\frac{2l_1+l_2}{l_1 l_2}N_c\left(\leq\frac{3}{l_1}N_c\right), \ N_c=\frac{\pi^2 EI}{l_2^2}, \ l_1\leq l_2 \qquad (10.6.4)$$

$$(\text{e})\quad K_{\min}=\frac{4}{l_1}N_c, \ N_c=\frac{\pi^2 EI}{l_1^2} \qquad (10.6.5)$$

ところが，現実の梁材には元たわみや不可避な偏心があるので，一般には上記の剛性では不足する．元たわみを有する圧縮材の補剛剛性については，補剛点に元たわみを有する圧縮材に対して補剛支点位置に仮想的なヒンジを設けたモデルの解が報告されている[2]．これによれば，元たわみなど不完全さのある圧縮材では，補剛骨組の剛性は中心圧縮材の場合の2倍程度を目安とすべきであることが述べられている．

また，本会『鋼構造座屈設計指針』[3]では，曲げ材の横座屈を圧縮側断面の曲げ座屈と考え，梁材の圧縮側断面だけを取り出して材の中心線を2本の折れ線と仮定した最も単純なモデルに基づいた補剛力と補剛剛性の関係が示されている．図10.6.2は，このモデルに基づき求められた補剛材の補

剛力 F と補剛剛性 $\overline{K_c}$ の関係を初期たわみ δ_0 の大きさごとに示したものである．図中，N_y は降伏軸力，K_{c0} は完全にまっすぐな材の座屈長さを l とするために必要な補剛剛性であり，$2N_y/l$ に対応

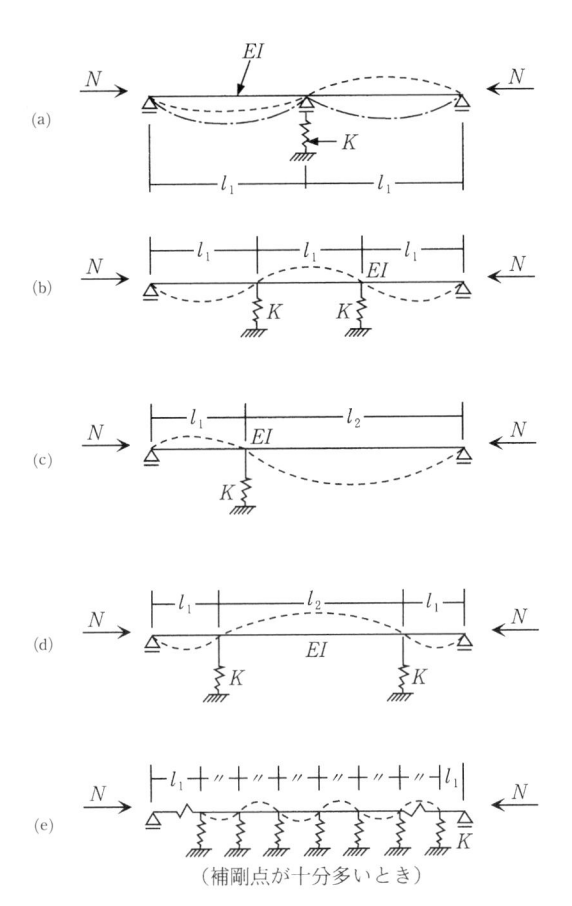

(a)

(b)

(c)

(d)

(e)

（補剛点が十分多いとき）

図 10.6.1　圧縮材の横補剛条件

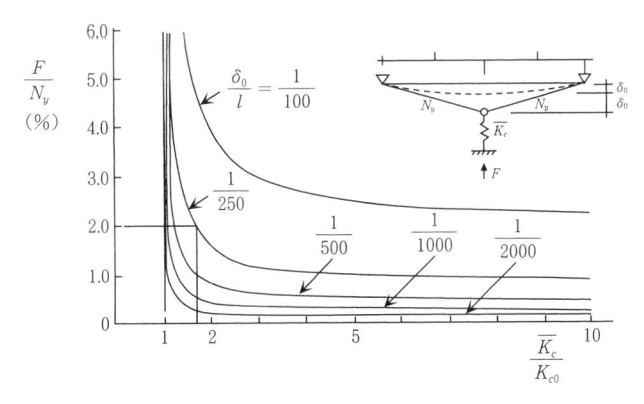

図 10.6.2　補剛材の補剛力と補剛剛性の関係

する．通常の梁材に許される許容製作誤差に伴う初期たわみ $1/500$ に対して，安全側に $1/250$ に対応した曲線を用い，補剛力 $F/N_y = 2.0$％に対応する補剛剛性を読むと，$1.7\,\overline{K_c}/K_{c0}$ 程度であることがわかる．

これらの研究成果を考慮し，圧縮側フランジの必要補剛剛性と耐力としては次式を目安とすることができる．

$$K \geqq 4.0\,\frac{M_c}{l_b h} \tag{10.6.6}$$

$$F \geqq 0.02\,\frac{M_c}{h} \tag{10.6.7}$$

記号

    K：必要補剛剛性

    F：必要補剛力

    M_c：補剛材を設けた曲げ材の許容曲げ耐力 （$= f_b \times Z$）

    Z：断面係数

    h：梁せい

    l_b：横方向補剛材の間隔

圧縮側フランジ位置に横座屈補剛材が設けられない場合には，引張側フランジの横方向変形と材断面のねじれ変形を拘束するように補剛材を配して，圧縮側フランジで規定した横補剛材と同等の剛性および耐力を確保しなければならない．

なお，梁材の上フランジが十分な面内剛性と耐力を持った床板などに緊結されている場合には，補剛効果は十分であると考えられるので，下フランジが全長にわたって圧縮側にならないことが確認できた場合には横補剛材を省略してもよい．

10.7　ウェブに開口を有する梁材

H 形鋼梁の場合，通常用いられるシアスパン比では曲げ耐力とせん断耐力は独立に評価し設計できる．したがって，9 章の幅厚比規定を満足するウェブを有した梁では，5.1（2）および（4）で規定される許容応力度を満足すればよい．しかし，ウェブに開口を有する梁では，開口部付近にフィーレンディールトラス的な作用が生じ，これによる応力の影響のため曲げ耐力とせん断耐力を独立に計算できず，両者の連成を考慮する必要がある．したがって，このことを十分考慮し，開口部に対する補強効果も適切に評価することが必要である．

H 形鋼ウェブに円形孔を有する梁材については，解析や実験による検討結果がいくつか報告されており[4]~[8]，スリーブ管[5],[6]や，リングプレート[8]を用いたウェブ開口部補強の実用的な弾性限耐力式も提案されているので参考にされたい．

参 考 文 献

1）Timoshenko, S.P. and J.M. Gere : Theory of Elastic Stability, McGraw‑Hill, 1936

2）Bleich, F. : Buckling Strength of Metal Structures, McGraw‑Hill, p.268～301, 1952

3）日本建築学会：鋼構造座屈設計指針，1991.4

4）福知保長・土井康生・細川裕司：円形孔を有するはりの耐力と設計法（1．無補強の場合の耐力），日本建築学会論文報告集，第 296 号，pp.27～36，1980.10

5）土井康生・福知保長：円形孔を有するはりの耐力と設計法（3．実用的耐力算定式の提案），日本建築学会論文報告集，第 357 号，pp.44～51，1985.11

6）田中秋水・福知保長・土井康生：スリーブ管補強鉄骨有孔梁の開口位置と破壊性状・変形能力に関する研究，日本建築学会構造系論文集，第 530 号，pp.147～154，2000.4

7）鈴木敏郎・小河利行ほか：円形開口を有する H 形鋼梁の塑性変形性能について　その 1　基本的性状の把握，日本建築学会構造系論文報告集，第 440 号，pp.105～111，1992.10

8）加藤　勉・金子洋文：鉄骨梁貫通孔の梁端からの限界距離について，日本建築学会構造系論文集，第 496 号，pp.105～112，1997.6

11章　圧縮材ならびに柱材

11.1　単一圧縮材の細長比

　単一圧縮材の許容圧縮応力度算定に必要な細長比は（11.1）式によって求める．座屈長さのとり方については11.3~11.5節および11.7節を参照されたい．また，組立圧縮材の細長比については11.6節を参照されたい．なお，幅厚比が8章の規定を超過する場合においても断面二次半径は全断面について求める．

11.2　圧縮材の最大細長比

　耐力上はどんな細長比の大きな材を使用してもさしつかえないわけであるが，λがあまり大きくなると，建方その他に支障をきたしたり，たわみが大きくなったりするので制限を設けた[注]．

11.3　単純な支持条件を持つ材の座屈長さ

　表11.1に単純な支持条件をもつ材の座屈長さが示されているが，実際の構造物では完全な固定やピン支持はまれである．固定度がゆるめば座屈長さは長くなり，逆に回転に対する拘束が存在すれば，ピン支持の場合より座屈長さは短くなる．理想状態との相違は設計者の判断によるべきであるが，参考のため AISC の推奨値[1]を表11.3.1に示す．

11.4　トラスの圧縮部材の座屈長さ

　トラスの弦材の構面内の座屈長さは，正確には剛節トラスとして座屈計算により求めるべきであるが，略算法として図11.4.1(a)のように節点間距離を座屈長さとして計算してよい．

　構面外の座屈長さは，図11.4.1(b)のように横方向の移動に対して補剛された支点間距離とする．しかし，これは弦材の軸力が支点間においてほぼ一定の場合についてであって，図11.4.2,図11.4.3のように支点間が軸力の異なる幾区間かに分かれている場合は，支点間距離を座屈長さとし，最大の軸力に対して設計しては不経済となる．そこで，図11.4.2のようなときは規準の（11.2）式による l_k を用い，N_1 を受ける圧縮材として設計することができる．また，図11.4.3の場合は点線のよ

注）圧縮材の細長比については，諸外国においても，下表に示すようにほぼ似た規定を設けている．

圧縮材の最大細長比

AISC[1]	圧	縮	材	200
	引	張	材	300
EUROCODE3[2]	圧	縮	材	250
	引	張	材	1 000

表 11.3.1　座屈長さ l_k（l：材長）[1]

移動に対する条件	拘　　　　束			自　　　由	
回転に対する条件	両端自由	両端拘束	1端自由 他端拘束	両端拘束	1端自由 他端拘束
座　屈　型					
l_k 理論値	l	$0.5l$	$0.7l$	l	$2l$
l_k 推奨値	l	$0.65l$	$0.8l$	$1.2l$	$2.1l$

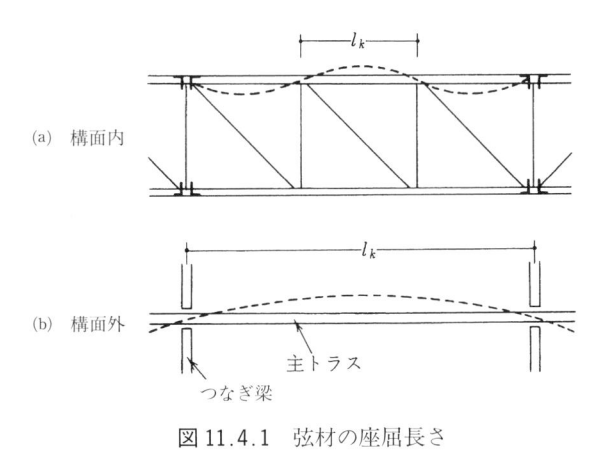

(a)　構面内

(b)　構面外

主トラス

つなぎ梁

図 11.4.1　弦材の座屈長さ

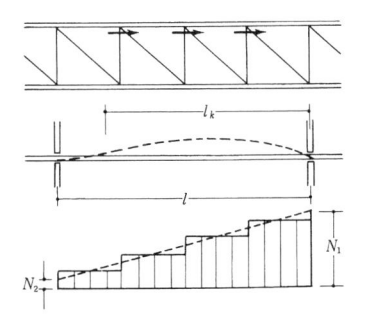

図 11.4.2　支点間で軸力の異なる場合　　**図 11.4.3　支点間で軸力が連続して変わると仮定する場合**

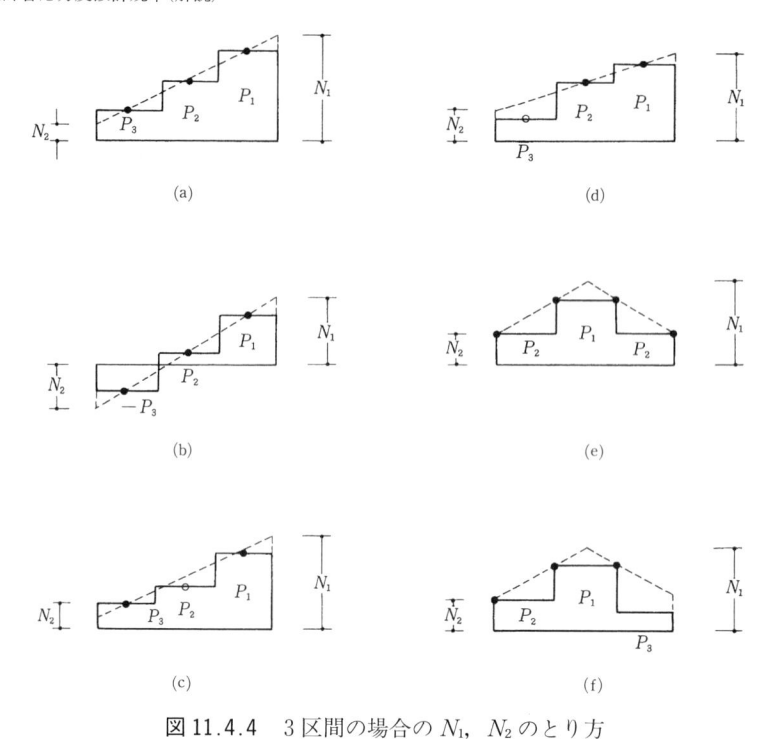

図 11.4.4　3区間の場合の N_1, N_2 のとり方

うに軸力が連続的に変わるものとして，以下に示す略算式によって l_k を近似的に求め，N_1 を受ける圧縮材として設計することができる．ただし，軸力の分布が図 11.4.3 のように規則的でない場合は，いずれの区間の中央の点も破線より低くなるように破線をひいて N_1, N_2 を決めることが必要である．3区間の場合について図 11.4.4(a)〜(d)に N_1, N_2 のとり方が示してある．図 11.4.4(a), (b)において $-1 \leqq P_3/P_1 \leqq 1$ の範囲で10種類の場合について座屈荷重の精算値と比較した結果，ほとんど 3 ％以下の安全側の誤差（$P_3/P_1=0.2$ の場合のみ 9 ％の危険側の誤差）におさまっている．図 11.4.4(e)のような場合は安全側の誤差がやや大きい（$P_2=0.72P_1$ で 16 ％，$P_2=0.25P_1$ で 56 ％）．

軸力が連続的に変化するおもな場合の略算式を以下に示す．なお，これらの式において，N_2 が引張力である場合は N_2 を引張力の大きさとし，負号をつけて代入する．ただし，引張力の大きさが N_1 の 20 ％以上になっても (11.4.1)〜(11.4.2) 式に制限値が設けられているので，l_k が著しく小さくなることはない．

図 11.4.5 の場合

$$l_k = l \sqrt{\frac{1+0.88 \cdot N_2/N_1}{1.88}} \tag{11.4.1}$$

かつ　　$l_k \geqq 0.66 l$

図 11.4.6 の場合

$$l_k = l \sqrt{\frac{1+2.18 \cdot N_2/N_1}{3.18}} \tag{11.4.2}$$

かつ　　　$l_k \geqq 0.42l$

図 11.4.7 の場合

$$l_k = l\sqrt{\frac{1+1.09 \cdot N_2/N_1}{2.09}}$$

(11.4.3)

かつ　　　$l_k \geqq 0.62l$

トラスのウェブ材については図 11.4.8 を参照されたい.

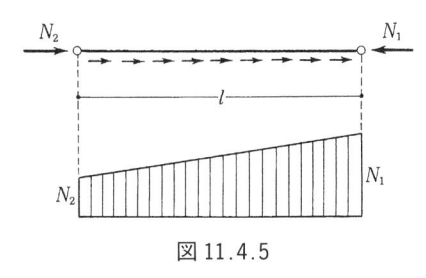

図 11.4.5

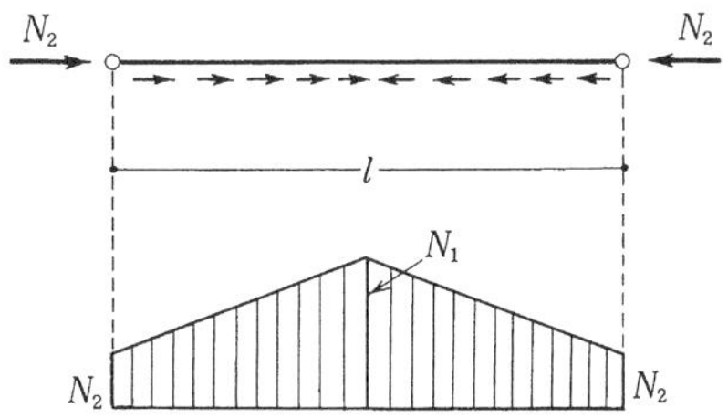

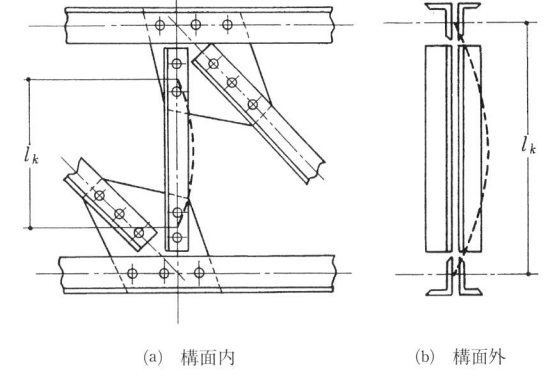

(a) 構面内　　　　　(b) 構面外

図 11.4.8　ウェブ材の座屈長さ

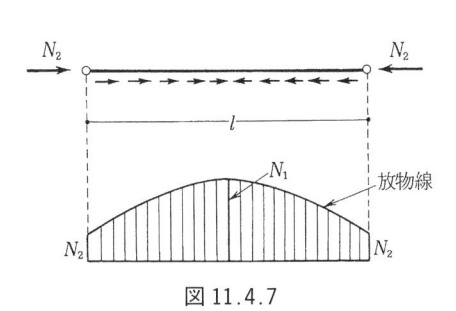

図 11.4.6

図 11.4.7

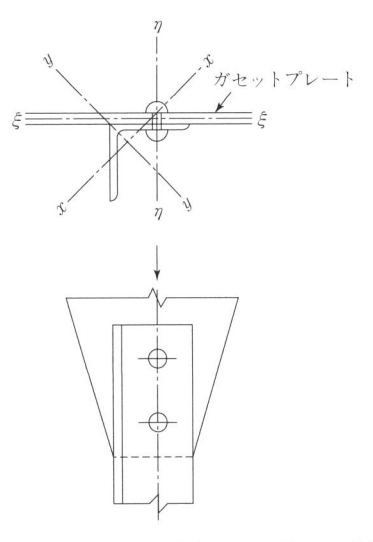

図 11.4.9　片側で接合された単一山形鋼

　図11.4.9のように単一山形鋼からなるウェブ材が,その一方の脚のみによって接合されている場合には,接合高力ボルトの位置に圧縮力が加わるものとすれば,y軸上にわずかな偏心と,x軸上にかなりの偏心をもつことになる.しかし,ガセットプレートによる支持は,ξ軸まわりにはピン支持に近く,η軸まわりには固定に近いので,結局,材端拘束のある偏心圧縮材となる.このような材の曲げねじれ座屈に関する解析とトラスの実験結果から,x軸まわりに座屈をする両端ピン支持の中心圧縮材として計算して安全であることが確かめられている.なお,軽微な組立材のウェブ材などで,1本の高力ボルトで接合される場合は,材端の拘束は非常に小さく,偏心によって耐力は著しく低下するので,偏心を考えないで設計する場合は,許容応力度を1/2に低減する.

　図11.4.10のウェブ材ABの構面外の座屈長さは交差する部材CDの軸力,寸法,交点Oにおける連続性などによって決まる.たとえば,旧DIN[3]によれば座屈長さは次のようになる.

　図11.4.11の場合

$$l_k = l_1 \sqrt{1 - 0.75 \frac{N_2 \cdot l_1}{N_1 \cdot l_2}} \quad かつ \quad \geqq 0.5 l_1 \tag{11.4.4}$$

　図11.4.12の場合

$$l_k = l_1 \sqrt{1 - \frac{N_2 \cdot l_1}{N_1 \cdot l_2} \left(0.75 + \frac{\pi^2 E I_2}{l_2^2 N_2} \right)} \quad かつ \quad \geqq 0.5 l_1 \tag{11.4.5}$$

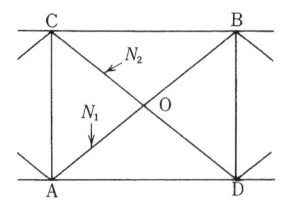

図11.4.10　ウェブ材ABの構面外座屈長さ

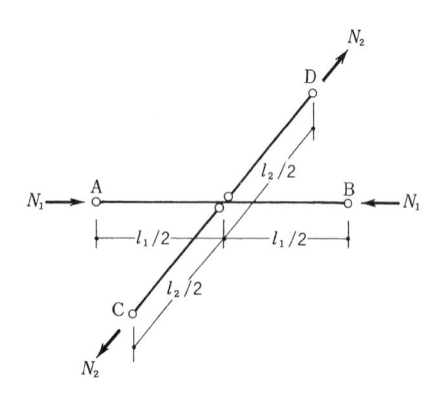

**図11.4.11　補剛材が支点Oでピン支持
　　　　　されている場合**

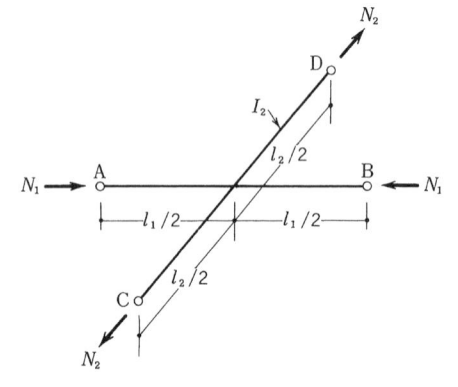

**図11.4.12　補剛材が支点Oで剛接
　　　　　されている場合**

11.5　ラーメンの柱材の座屈長さ

　水平移動が拘束されているラーメンの柱材の座屈長さは，支点間距離より長くはならないので，精算を行わない場合は移動を止められている節点間の距離に等しくとることができる〔図11.5.1〕．水平移動が拘束されていないラーメンの柱材の座屈長さは節点間距離より長くなる〔図11.5.2〕．このようなラーメンでは，地震力・風力などの水平力にラーメン自身で抵抗するように設計するから，柱の細長比はあまり大きくはならないので，座屈長さが耐力に及ぼす影響は小さく，したがって，座屈長さを図表や略算式などによって近似的に求めれば十分である．たとえば本会『鋼構造座屈設計指針』には，均等ラーメン柱の座屈長さが梁の剛比に応じて求められる次のような図表が紹介されている．まず図11.5.3に示すような均等ラーメンの中の1本の柱を考え，この柱には上下端でそ

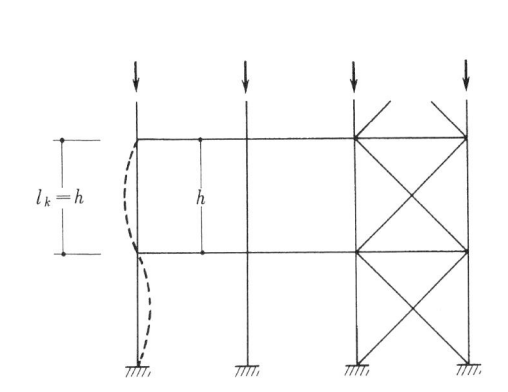

図11.5.1　水平移動が止められているラーメン

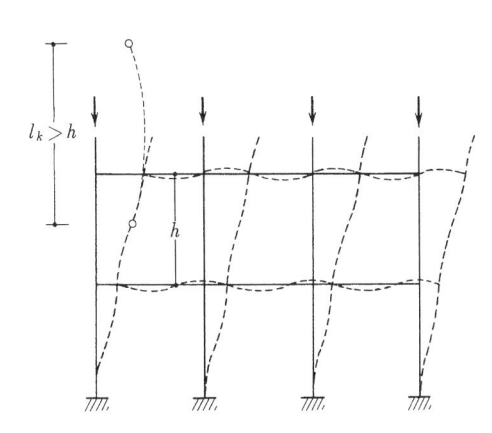

図11.5.2　水平移動が拘束されていないラーメン

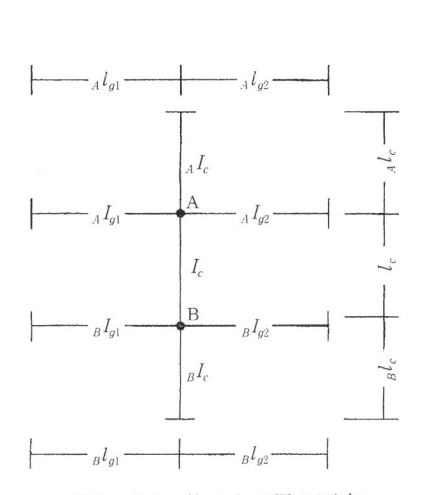

図11.5.3　柱および梁の剛度

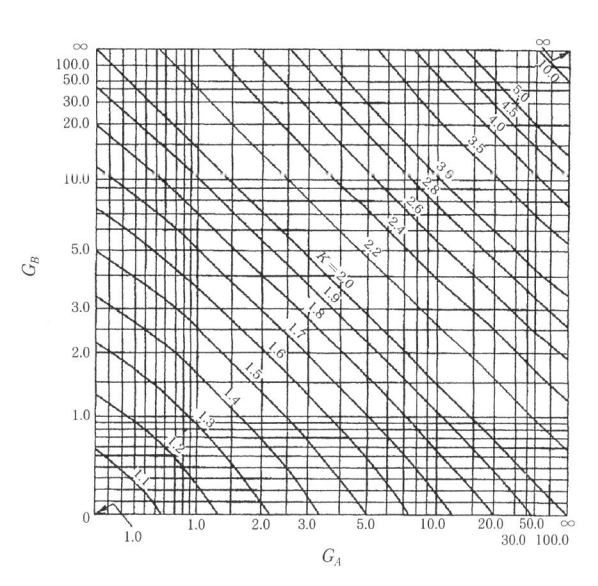

図11.5.4　柱の座屈長さ係数の計算図表

れぞれ梁が接続して柱の材端回転を弾性拘束しているものとする．次に以下の仮定を設ける．

　ⅰ）1本の柱の座屈と同時に，骨組内のすべての柱が座屈する．

　ⅱ）梁の拘束モーメントはその上下の柱の剛度に応じて分配される．

　ⅲ）節点が水平移動する座屈モードでは，拘束する梁の両端の節点回転角は大きさが等しく，か
　　　つ向きが同じとする．

　この場合の柱の座屈長さ l_k は次式で与えられる．

$$l_k = Kl_c \tag{11.5.1}$$

　ただし，l_c は柱の節点間長さであり，K は図 11.5.4 を用いて算定する座屈長さ係数である．同図中の G_A，G_B は（11.5.2）式による．

$$G_A = \frac{(I_c/l_c)+({}_AI_c/{}_Al_c)}{({}_AI_{g1}/{}_Al_{g1})+({}_AI_{g2}/{}_Al_{g2})}, \quad G_B = \frac{(I_c/l_c)+({}_BI_c/{}_Bl_c)}{({}_BI_{g1}/{}_Bl_{g1})+({}_BI_{g2}/{}_Bl_{g2})} \tag{11.5.2}$$

　上式中の G の添字の A，B は図 11.5.3 に示すように柱の両端の節点を表し，I，l はそれぞれ部材の断面二次モーメントと長さ，添字 c，g はそれぞれ柱，梁を表す．なお，柱脚の不完全さを考慮し，旧 SSRC[4] では柱脚固定の場合，理論的には $G=0$ であるが，推奨値として $G=1.0$ を，柱脚ピンの場合でも構成が完全なピンでないときはいくぶんかの抵抗があるので，$G=\infty$ のかわりに $G=10$ を推奨している．

　ラーメンの柱材の計算では，一般の曲げ圧縮材と同様に軸力の二次的影響を考慮しないで応力計算を行い，別に柱に軸力のみが加わるものとして座屈長さを求め，細長比から許容座屈応力度を求め，6.1 節の組合せ応力の式を使って断面算定を行っている．しかし，実際の耐力は柱に作用する軸力による二次的影響を考慮したいわゆる弾塑性安定問題として解かなければ正しくないが，図 11.5.5 の簡単な例で明らかなように，本規準による耐力と，上述の理論耐力とほぼ一致している[4]．なお，AISC2005 年版[1] および SSRC2010 年版[5] には上記の手法に代わり，Direct Analysis Method と呼ばれる初期不整と曲げ・軸剛性を 0.8 倍に低減させた幾何学的非線形解析を行うことによって，水平移動拘束の有無や座屈長さ係数を用いず，直接骨組の安定検定を行う手法が提示されている．

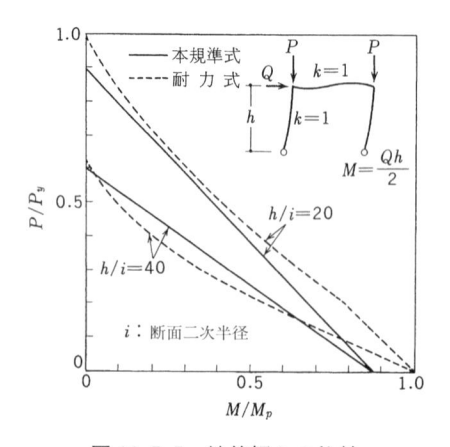

図 11.5.5　精算解との比較

11.6 組立圧縮材

図 11.6.1 のような組立圧縮材の座屈荷重は，組立圧縮材としてのせん断変形の影響で，両弦材が一体となって働く場合より小さくなる．このような材の有効細長比を求める慣用の略算式（11.3）を示した．なお，(11.3)式中の m は結合される弦材または弦材群の数で，図 11.6.2 のようにとる．

ラチス形式の組立圧縮材では，（11.7）式〔図 11.6.3，図 11.6.4 参照〕によって λ_1 を計算することになっているが，弦材に比べて斜材の断面積が極端に小さい場合を除き，(11.7)式の与える λ_1 は 20 以下となる場合が多く，その場合には（11.4）式が使える．

図 11.6.2 (f)をラチス形式の組立圧縮材とすると，x–x 軸に関してはラチス形式として（11.7）式により λ_1 を求め，y–y 軸に関しては格子形式（はさみ板形式）として（11.5）式により λ_1 を求めなければならない．

なお，本来の格子形式の λ_1 は次式で表される．

$$\lambda_1{}^2 = \left(\frac{l_1{}^2}{24EI_c} + \frac{l_1 \cdot e}{12EI_t}\right)\pi^2 EA \tag{11.6}$$

ここに，I_c：弦材の断面二次モーメント，I_t：帯材の断面二次モーメント，A：弦材の断面積の和，e：弦材の間隔である．（11.5）式は（11.6）式の括弧内第 2 項，すなわち帯材の曲げ変形が十分に小さい場合にこれを無視し，以下のように近似したものである．

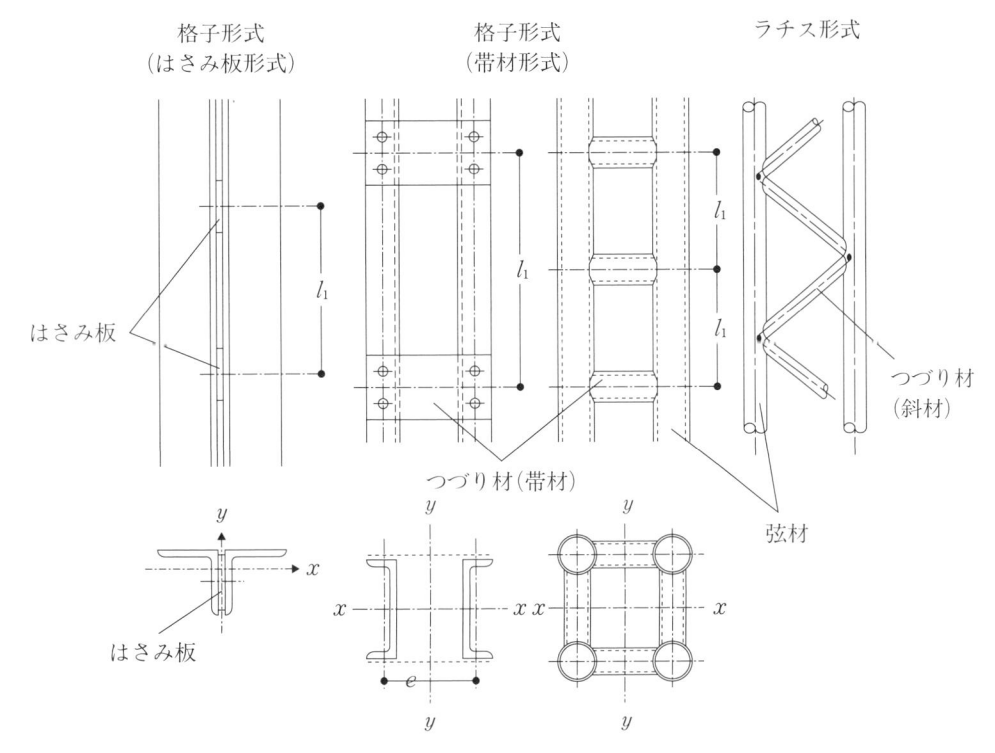

図 11.6.1　組立圧縮材

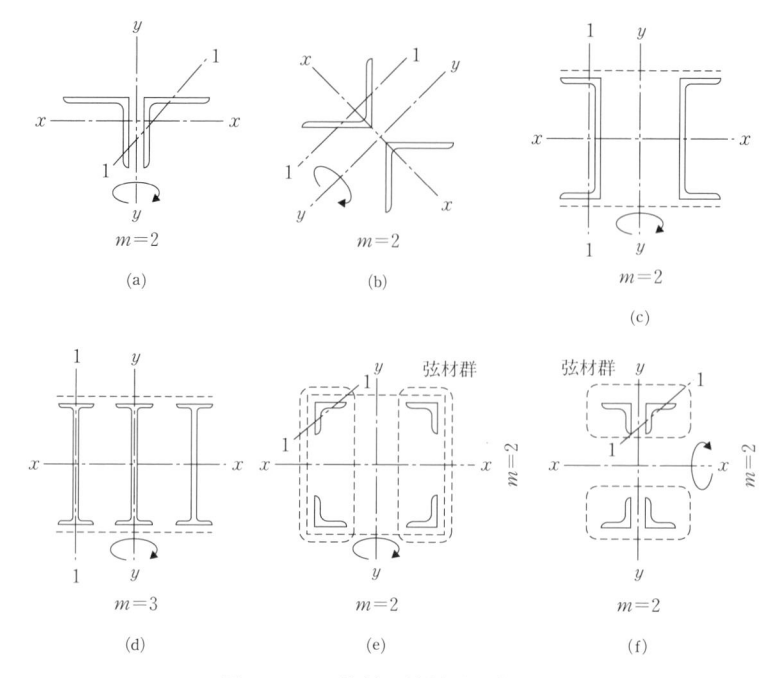

図 11.6.2　弦材・弦材群の数 m

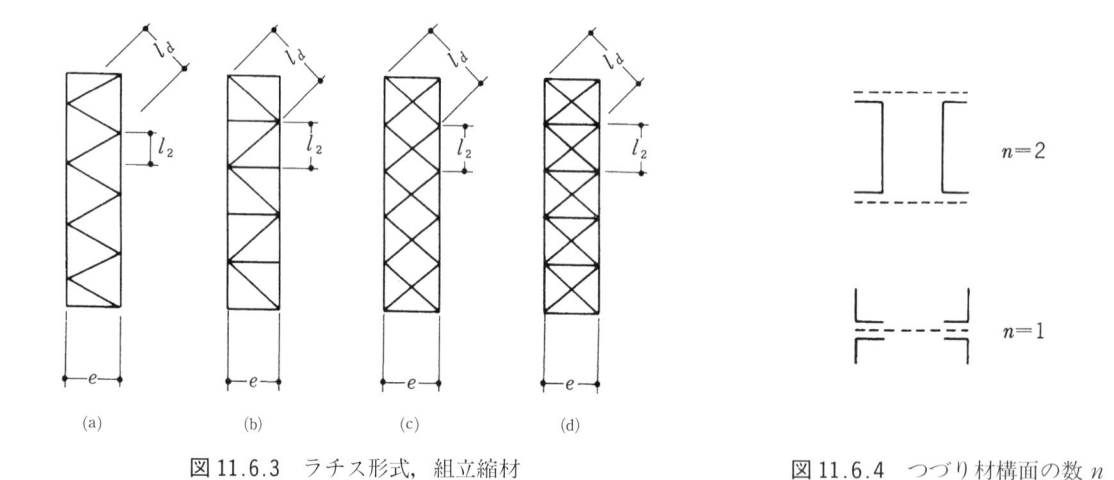

図 11.6.3　ラチス形式，組立縮材

図 11.6.4　つづり材構面の数 n

$$\lambda_1{}^2 = \pi^2 EA \frac{l_1{}^2}{24EI_c} = \frac{\pi^2}{12}\cdot\left(\frac{l_1}{i_1}\right)^2 \leqq \left(\frac{l_1}{i_1}\right)^2 \tag{11.6.1}$$

　したがって，帯材形式の組立柱において帯材の曲げ変形が無視できない場合には，(11.5)式に変わり (11.6) 式を用いて λ_1 を評価する必要がある．

　組立圧縮材の座屈に伴うせん断力の考え方にはいろいろあり，各国の規定もまちまちである．一つは Engesser による考え方[6]で，中心圧縮を受けるまっすぐな組立圧縮材が座屈してわん曲し，圧

縮側の弦材が降伏する状態までつづり材が破壊しないようにしようとするものである．これによると図11.6.5中の点線に示すように，座屈に伴うせん断力 Q_k と軸力 N との比は細長比とともに増大する．また，圧縮材の両端に反対方向の偏心があるものとして，その耐力時までつづり材が健全であるようにするという考え方に従えば，図11.6.5中の破線に示すように Q_k/N は細長比とともに減少する．本規準では，細長比と無関係に Q_k/N を 2 ％としている（図11.6.5中実線）．

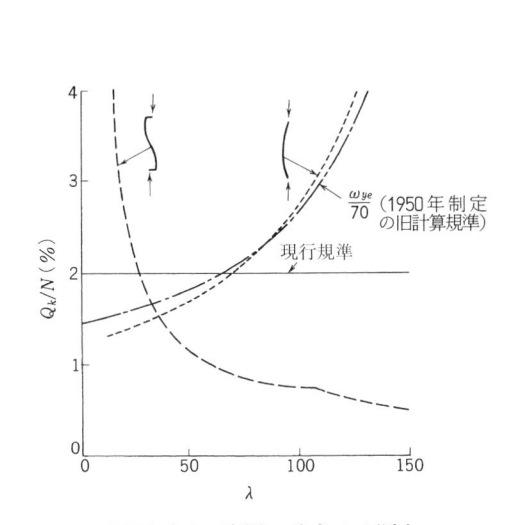

図 11.6.5 座屈に伴うせん断力

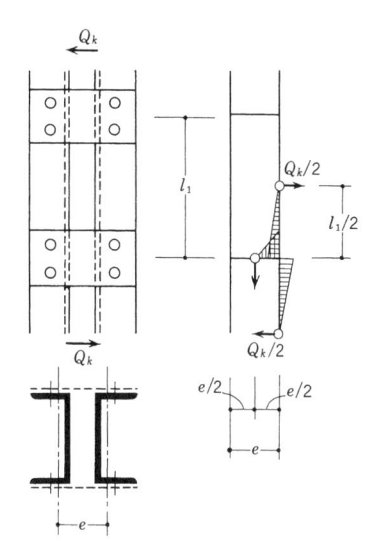

図 11.6.6 格子形式組立材に加わる応力

座屈に伴うせん断力によってつづり材とその接合部あるいは弦材には応力が生じるため，これらに対して安全なように設計する．この場合，格子形式の組立材では図11.6.6のように仮定して定める．

構造細則の11.6(3)a)は，圧縮材を構成する板材が，高力ボルト間で局部座屈を起こさないための規定である．なお，組立圧縮材には，その剛性を確保するため，原則的に普通ボルトは使用しない．11.6(3)b)は本会『鋼構造計算規準』(1950)の規定を残したものである．図11.6.1のような形式の帯材を中間に 1 か所設けても耐力上昇が期待できないことは明らかである[7]．

11.6(3)c)では格子形式の弦材の細長比が 50 を超えると，(11.3)式が与える危険側の誤差が無視できなくなるため，本会『鋼構造計算規準』(1950)の規定をそのまま残した．また，ラチス形式の場合は弦材が先に座屈しないよう，弦材の細長比を組立材の細長比より小さくするよう規定した．11.6(3)d)において，斜材の細長比は本規準で160以下としているが，これは本会『鋼構造計算規準』(1950)当時の AISC および BS における 140 以下を緩和したものである．11.6(3)e)の制限は図11.6.2(c)～(f)のように弦材間隔の広い場合に材端で弦材間にずれが生じないようにするためであり，図11.6.2(a)，(b)のような場合には除外される[8]．

11.7 変断面圧縮材

図 11.7.1 のような断面の変化する圧縮材の座屈耐力は

$$N_k = \frac{\pi^2 E(\mu I_{max})}{l^2} = \frac{\pi^2 E I_{max}}{(\gamma l)^2} = \frac{\pi^2 E I_{max}}{l_{ke}^2} \tag{11.7.1}$$

のように表される．したがって，I_{max} の点の断面をもち，

$$l_{ke} = \gamma \cdot l = \frac{l}{\sqrt{\mu}}$$

なる長さをもつ一定断面の圧縮材として細長比を求め，許容圧縮応力度を求めることができる．

ただし，断面積の変化がはなはだしい場合には，その小さい断面において圧縮応力度が過大にならないように注意を要する．

種々の変断面圧縮材の μ あるいは γ に関しては多くの文献[9]などがあるのでそれらを参照されたい．

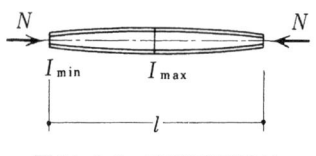

図 11.7.1　変断面圧縮材

11.8 圧縮材の支点の補剛

図 11.8.1(a)のような圧縮材の座屈長さ l_k が長すぎる場合，(b)図のように中間に補剛骨組を設けて l_k を減少させることが多い．このような補剛骨組には剛性と強さとが必要である．補剛骨組の剛性が小さい場合には補剛骨組が変形して座屈形は(a)図のようになり，圧縮材の耐力も(b)図のようにはあがらない．また，一般に材には元たわみがあって ABC が一直線上にならないから，補剛骨組は図示のような力を受ける．また，補剛骨組の剛性が小さいと補剛骨組に加わる力も大きくなり，さらに圧縮材の座屈耐力も小さくなる．このように補剛材の剛性と耐力ならびに圧縮材の耐力は相互に関連し，また補剛骨組の形式やその取付け方などの種類も多く，簡単でしかも正確な計算法はない．

本会『鋼構造計算規準』(1950) では，補剛材に必要な耐力として，図 11.8.1(b)の ν の値に 1 ％ が規定されていたが，本会『鋼構造設計規準』(1970) では内外の研究成果に基づいて 2 ％に改定された．補剛材の剛性については，実験と解析に基づき，ある程度の変形性能を確保するために必要な剛性 k が次式のように与えられている[10]．

$$k \geq 4.0 \frac{N}{l_k} \tag{11.8.1}$$

記号

　　N：圧縮材に生じる圧縮応力

　　l_k：圧縮材の座屈長さ

　上式の値はある程度の変形性能を確保するために必要とされる補剛剛性であるので，許容圧縮軸力を確保するための補剛剛性としては，これより小さな値でも良いと考えられる．圧縮材の補剛材に必要な剛性と耐力の関係はいくつかの報告がなされている[11)～14)]ので，(11.8.1)式以下の補剛剛性とする場合にはこれらの報告を参照した上で適切な検討をすべきである．

　なお，図11.8.2のような骨組では図示のような横力を与えて筋かいを設計する．

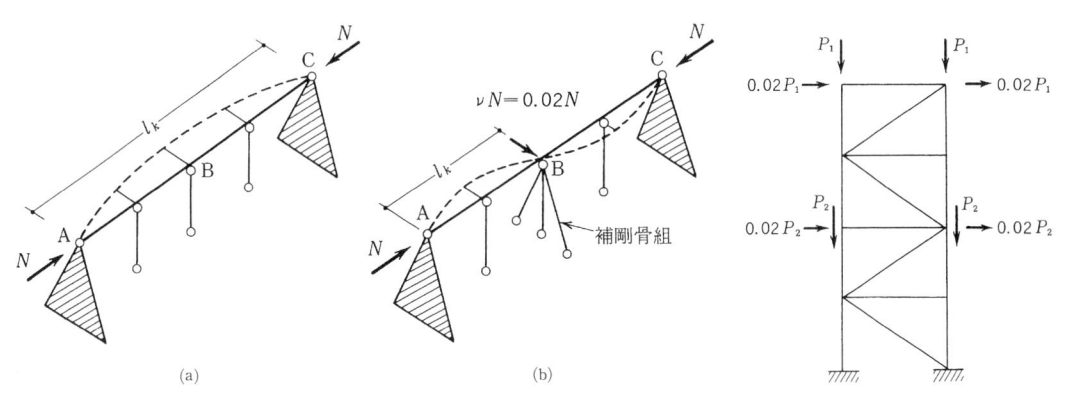

(a)　　　　　　　　　　　(b)

図11.8.1　圧縮材の支点補剛　　　　　　図11.8.2　骨組の筋かい設計

11.9　充腹形の柱

　本項は，単一材の柱や充腹形の柱などを対象として規定したものであり，9章の充腹形の梁に準じて規定している．一方向が充腹で，それと直角方向が充腹でない柱の充腹軸に関する算定も本項による．

　圧縮力と曲げモーメントとを受ける柱材の応力検定は（6.1）式および（6.2）式による．また，引張力と曲げモーメントとを受ける柱材は（6.3）式および（6.4）式によって検定する．この際，断面係数は9.1(1)に準じて引張側のボルトや高力ボルトの孔を控除して算定し，平均圧縮応力度は全断面について求める．また，平均引張応力度は13.1節による有効断面積について求める．

11.10　組　立　柱

　本項は主としてラチス柱を対象として規定したものである．ハニカムビームや有孔カバープレートをもつ材を柱材として使用する場合もラチス柱と同様に取り扱う．ラチス柱は，組立圧縮材として取り扱うことによって充腹柱とほぼ同様に単材としての取扱いができる．しかし，横座屈に対しては断面が変形し，むしろトラスに近い挙動を示すので，トラスの圧縮弦材と同様な扱い方をすることにした．

　たとえば，図11.10.1(a)のような軸力と曲げモーメントとを受ける柱の圧縮縁の応力検定は組合せ応力の（6.1）式によるが，同式中の許容圧縮応力度 f_c および許容曲げ応力度 f_b は次のようにして求める．図11.10.1の断面は x，y 軸ともに組立材となっている軸（x 軸はラチス形式，y 軸ははさみ板形式）であるから，11.6(1)b)によって求めた有効細長比 λ_{ye} および λ_{xe} のうちの大きいほ

うの値を長柱の許容圧縮応力度の (5.3) 式または (5.4) 式に入れて f_c を求める．次に横座屈については，柱材の圧縮側弦材をトラスの面外座屈と考えて座屈長さを求めて，細長比 λ_x' を算出する．この場合，図 11.10.1 のような曲げモーメントの変化を考慮すれば座屈長さは支点間距離より小さくとることができる．柱せいが材長に沿って一定であるから，曲げモーメントによる弦材の軸力分布は曲げモーメント分布に比例する．したがって，l_k は (11.4.1) 式の N_1，N_2 の代わりに，M_1，M_2 を入れて求めればよい．圧縮弦材の y 軸は充腹でないから，組立圧縮材と考えて 11.6(1)b)によって λ_{xe} を求める．λ_{xe} を (5.3) 式または (5.4) 式に入れて求めた f_c を許容曲げ応力度 f_b とすればよい．

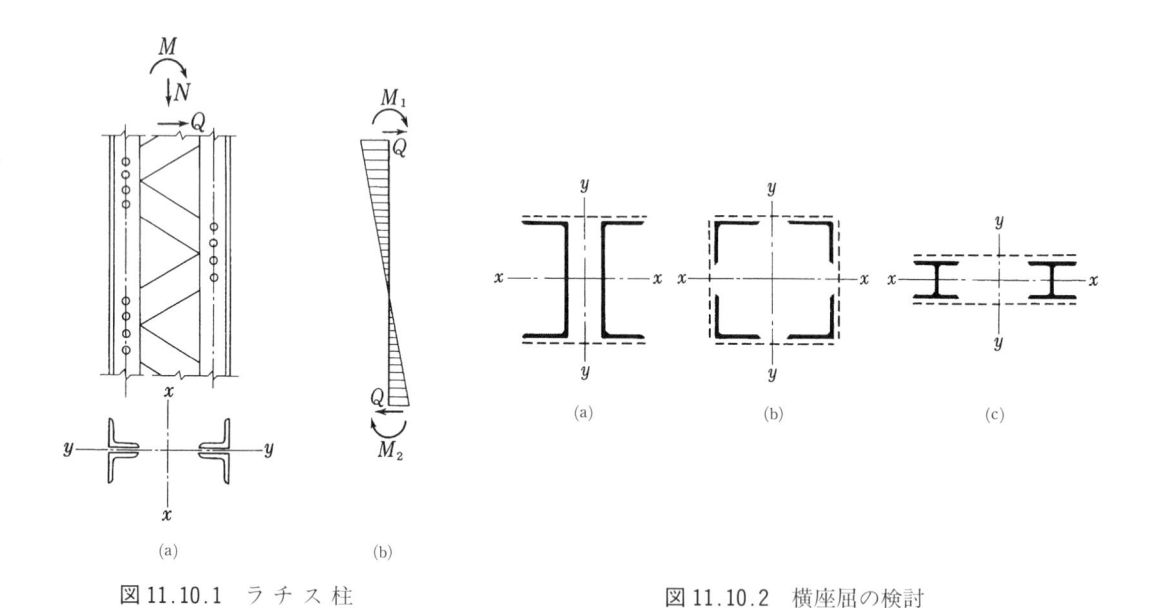

図 11.10.1　ラ チ ス 柱　　　　　図 11.10.2　横座屈の検討

　いうまでもなく，図 11.10.1 のような断面の y 軸まわりのモーメントに対しては横座屈は起こらないから $f_b=f_t$ となる．また，図 11.10.2(a)，(b)のような場合も，横座屈のおそれはまずなく，5.1(4)b)に規定される箱形断面であると考えてよい．ただ，図 11.10.2(c)のように x 方向の弦材間隔が y 方向のせいに比べて極端に大きいようなときは，当然 y 軸まわりのモーメントに対して横座屈を考える必要がある．

　ラチス柱のせいが大きく，等価な単材として取り扱うことが不適切な場合には，弦材・斜材を独立した部材としたトラスとして取り扱い，個々の応力算定を行ってもよい．この場合，弦材間隔が十分広くない場合には組立柱全体としての座屈検定を別途行う必要がある．

　引張力と曲げモーメントとを同時に受ける柱材に対しては (6.3) 式および (6.4) 式によって，それぞれ曲げ引張縁ならびに曲げ圧縮縁の応力検定を行う．ここに，f_b は上述の圧縮力と曲げモーメントを受ける柱と同様な方法によって求める．

参 考 文 献

1) ANSI/AISC 360-16, Specification for Structural Steel Buildings, AISC 2016

2) EUROCODE 3 Design of Steel Structure, 1993

3) DIN 4114 : Blatt 2, Ri 6.4（鋼構造設計規準制定当時のドイツ規格）

4) Ronald Ziemian : Guide to Stability Design Criteria for Metal Structures, 3rd edition, Wiley, 1976

5) Ronald Ziemian : Guide to Stability Design Criteria for Metal Structures, 6th edition, Wiley, 2010

6) 藤本盛久編：構造物の技術史，構造物の資料集種・辞典，pp.861〜864，市ヶ谷出版，2001.10

7) 若林　実・野中泰二郎・小城　修：組立圧縮材の座屈に関する実験的研究，日本建築学会大会学術講演梗概集，pp.967〜968，1968.10

8) DIN 4114 : Blat 1, 8・3・6（鋼構造設計規準制定当時のドイツ規格）

9) 日本建築学会：鋼構造座屈設計指針，2018

10) 日本建築学会：鋼構造限界状態設計指針・同解説，1998

11) 小野徹郎・石田交広・下野耕一：限界状態を考慮した鋼構造圧縮材及び曲げ材の補剛に関する研究，日本建築学会構造系論文集，No. 469，pp.117〜125，1995.3

12) 西野孝仁・辻　文三：圧縮材の挙動と補剛材の剛性・強度，日本建築学会構造系論文集，No. 483，pp.157〜163，1996.5

13) 西野孝仁・辻　文三：二点補剛された圧縮材の耐力と補剛材の剛性・強度，日本建築学会構造系論文集，No. 502，pp.119〜126，1997.12

14) 深尾英邦・森野捷輔：中間に座屈補剛支点を有する圧縮材の弾塑性挙動と必要補剛性能，日本建築学会構造系論文集，No. 528，pp.151〜157，2000.2

12章 引 張 材

12.1 偏心の影響

　簡単な引張材に山形鋼や溝形鋼をガセットプレートの片側のみに用いる場合がある．このときは，他の部材との接合が偏心となる．これを曲げも伴う引張材として計算するのは繁雑であるので，突出脚の$1/2$を無視した断面で略算してよいこととした．

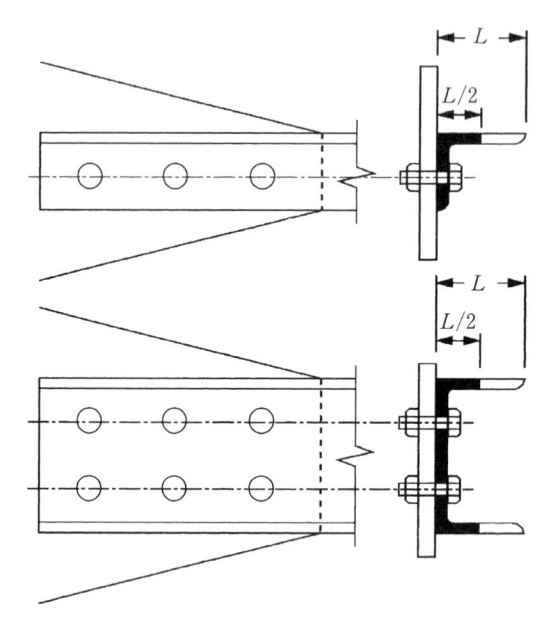

図 12.1.1　偏心を受ける引張材の有効断面積

12.2 丸鋼を用いた引張材

　軽微な構造物の引張筋かいとして丸鋼が使用されることが多い．この場合，市販の丸鋼にねじを切削して市販のターンバックルに組み合わせて使用すると，丸鋼の降伏比とねじ部の有効断面積と軸断面積との比率の関係から地震時に早期にねじ部で破断が生じる可能性が高い．したがって，丸鋼を引張筋かいとして使用する場合には，特別に設計製作されるターンバックルを除いて，JIS A 5540-*2008*(建築用ターンバックル)の規格品を用いることが望ましい．十分な耐力を有した丸鋼を引張筋かいとして剛性の確保のために用いる場合でも，建築用ターンバックルを用いることを推奨する．

　この規格は，ターンバックル胴(JIS A 5541-*2008*，通常，ターンバックルと呼ばれているもの)とセットで構成されており，これによれば表12.2.1に掲げるようにボルトの保証荷重で永久変形が0.5％以下となるようターンバックル胴の伸びが制限されている．また，ボルトの寸法に応じた端部の詳細および寸法，たとえば羽子板ボルトの場合は，羽子板の厚さ，ボルトの溶接長さ，取付けボ

ルトの寸法などが規定されている〔表 12.2.2 参照〕．したがって，この規定によるターンバックル
ボルト（取付けボルトを含む）は，耐力・変形に関して保証されることになる．なお，表 12.2.2 は
ターンバックル羽子板ボルトの規格の抜粋であり，そのほかの詳細については規格本文を参照され
たい．

表 12.2.1　ターンバックルボルトの保証荷重

（単位：kN）

ねじの呼び	M6	M8	M10	M12	M14	M16	M18
引張荷重（最小）	8.5	15.5	24.5	35.8	49.0	66.0	81.9
保　証　荷　重*	5.0	9.1	14.3	21.0	28.7	38.6	48.0

ねじの呼び	M20	M22	M24	M27	M30	M33
引張荷重（最小）	104	128	150	194	238	292
保　証　荷　重*	60.6	74.7	87.7	114	139	172

　［注］　＊：保証荷重は短期許容力に相当する荷重

表12.2.2 羽子板ボルトの規格

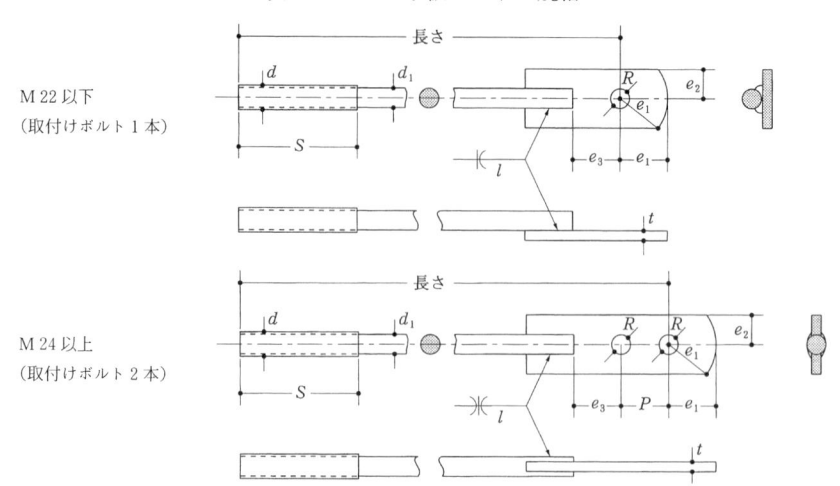

M22 以下
（取付けボルト 1 本）

M24 以上
（取付けボルト 2 本）

（単位：mm）

ねじの呼び d		M6	M8	M10	M12	M14	M16	M18	M20	M22	M24	M27	M30	M33
軸径 d_1	最　　大	5.32	7.16	8.99	10.83	12.66	14.66	16.33	18.33	20.33	22.00	25.00	27.67	30.67
	最　　小	5.14	6.97	8.78	10.59	12.41	14.41	16.07	18.07	20.07	21.69	24.69	27.34	30.34
調整ねじの長さ S 許容差 +25, − 8		50	63	75	100	115	125	140	150	165	175	200	200	225
取付けボルト孔径 R 許容差 ＋0, −0.5		13	13	13	17	17	17	21.5	21.5	23.5	21.5	21.5	23.5	23.5
孔ピッチ P		—	—	—	—	—	—	—	—	—	60	60	60	60
端あき e_1[1] 許容差 ＋5, − 0		30	30	30	40	40	45	50	50	55	50	50	55	55
切板製	へりあき e_2[1] 許容差+10, − 0	22	22	22	28	28	28	34	34	38	38	45	45	50
	板　　厚 t	3.2	3.2	3.2	6	6	6	9	9	9	9	9	12	12
平鋼製	へりあき e_2[1] 許容差+10, − 0	19	19	19	25	25	25	32.5	32.5	37.5	37.5	45	45	50
	板　　厚 t	3	3	4.5	6	6	6	9	9	9	9	9	12	12
ボルト端から取付けボルト孔心のあき（最小）e_3		35	38	40	52	52	59	66	66	73	70	72	83	90
溶接長さ（最小）l		30	30	35	40	50	55	60	75	85	85	90	95	110
取付けボルト[2]	種　　類	JIS B 1186 に規定する 2 種高力ボルト（F10T）．JIS B 1180 の附属書に規定する呼び径六角ボルトの機械的性質 10.9[3]												
	ねじの呼び	M12	M12	M12	M16	M16	M16	M20	M20	M22	M20	M20	M22	M22
	本　　数	1	1	1	1	1	1	1	1	1	2	2	2	2

［注］　1）e_1, e_2 が確保されていれば形状は自由でよい.

　　　2）羽子板とガゼットプレートの接合は表に示す取付けボルトを使用し，一面せん断（支圧）接合とする.

　　　3）JIS B 1186 に代るものとして，日本鋼構造協会規格 JIS II 09-2015 構造用トルシア形高力ボルト・六角ナット・平座金のセットを用いることができる.

12.3　組立引張材

　組立引張材を接合するボルト，高力ボルト，断続溶接は集結した各個材が一体として働かなければならないことから，その軸方向の適切な間隔は 1 000 mm 程度以下とする．

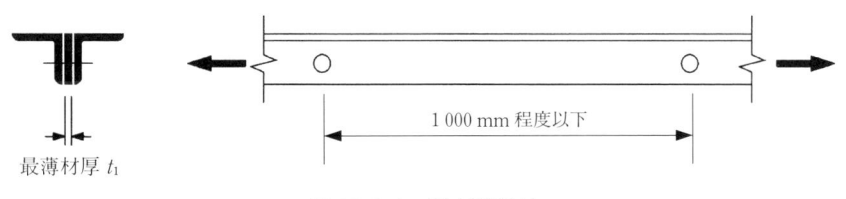

図 12.3.1　組立引張材

13章　有効断面積

13.1　孔欠損を有する材の有効断面積

孔欠損を有する材の有効断面積 A_n は，ボルト，高力ボルトの孔が図 13.1.1 のように碁盤目状に配置されている場合には明らかに次式で表せる．

$$A_n = A_g - ndt = (b - nd)t \tag{13.1.1}$$

記号

　　$A_g = bt$：全断面積

　　　　　n：応力方向に直角な断面内にあるボルト，高力ボルト孔の数

しかし，ボルト，高力ボルト孔が千鳥あるいは不規則に配置されている場合には斜めに破断する可能性があり，その孔による欠損断面積をいかに控除するかが問題になる．鋼材のせん断すべりを基として理論式を誘導すると図 13.1.2 の記号を用いて次式が得られる．

$$g \geqq b \text{ の場合} \qquad d = \frac{g}{\sqrt{b^2 + g^2}} d_0 \tag{13.1.2}$$

$$g < b \text{ の場合} \qquad \left.\begin{array}{l} d = \dfrac{d_0 \sqrt{b^2 + g^2 - (b - g)^2}}{2b} \\[2mm] \text{かつ 0 以上} \end{array}\right\} \tag{13.1.3}$$

上式は実用上複雑なので，これを直線的に修正して本規準の略算式を得たものである．

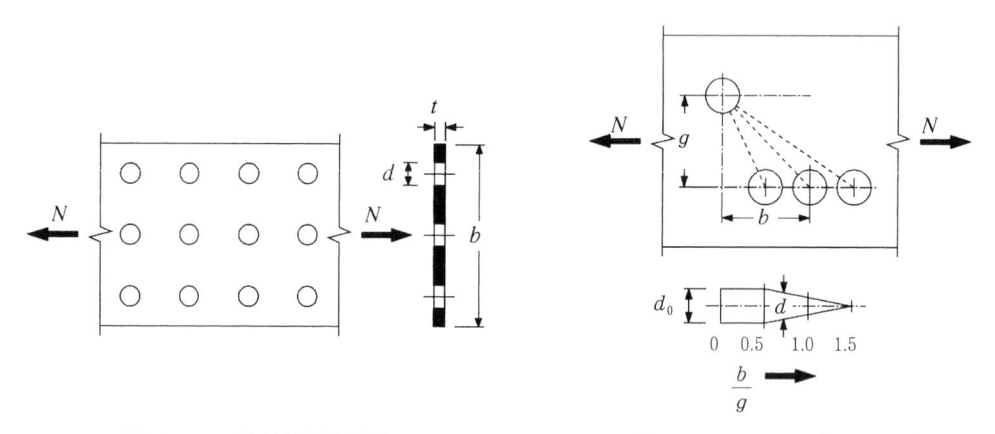

図 13.1.1　碁盤目状孔配置　　　　　　図 13.1.2　せん断すべり理論

13.2　溶接継目の有効面積

突合せ継目として完全溶込み溶接と部分溶込み溶接がある．継目の設計については 16 章の規定ならびに同解説を参照されたい．完全溶込み溶接の有効のど厚は図 13.2.1 で示すように接合される母材の薄い方の板厚とする．部分溶込み溶接の継目がレ形あるいは K 形開先で被覆アーク溶接（被覆

アーク溶接棒を用いる手溶接）による場合は，開先底部まで十分に溶込みが期待できないので，有効のど厚はグルーブ深さ（開先せい）から 3 mm を減ずることとした．一方，ガスシールドアーク溶接やサブマージアーク自動溶接では有効のど厚をグルーブ深さとしている．これは溶接方法の違いによる電流密度の差が主要因である．ガスシールドアーク溶接やサブマージアーク自動溶接は，細径のワイヤに高電流を流すことができるので電流密度が高く，被覆アーク溶接に比べて溶着速度が大きく溶込みが深くなる．被覆アーク溶接は，機動性はあるが，電流密度が低く溶着量が少なく溶込みが比較的浅くなる．

　隅肉溶接の有効のど厚は，接合する要素が直交する場合，図 13.2.2 で示すように隅肉サイズに 0.7 を乗じたものとする．また，接合する要素の交角が 90° を超えると，有効のど厚が隅肉サイズに 0.7 を乗じた値を下回ることがある．接合する要素の交角 α が 60° 以上 120° 以下の範囲では図 13.2.3 に示す a/s の値を隅肉サイズに乗じた値を有効のど厚としている．

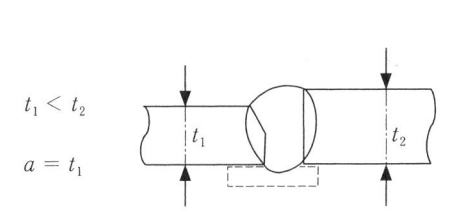

図 13.2.1　完全溶込み溶接の有効のど厚

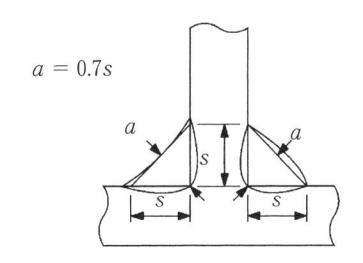

図 13.2.2　隅肉溶接の有効のど厚

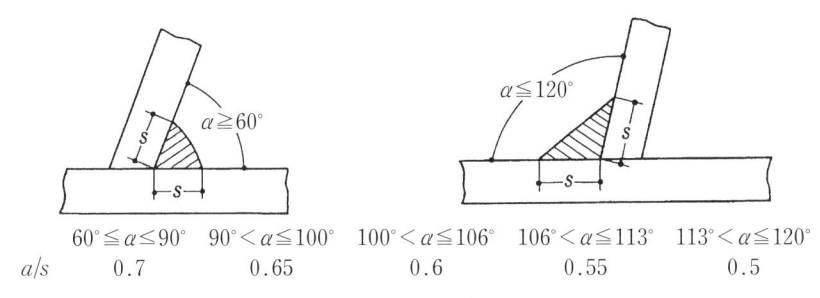

	$60° \leqq \alpha \leqq 90°$	$90° < \alpha \leqq 100°$	$100° < \alpha \leqq 106°$	$106° < \alpha \leqq 113°$	$113° < \alpha \leqq 120°$
a/s	0.7	0.65	0.6	0.55	0.5

図 13.2.3　隅肉溶接の有効のど厚（交角が 60° 以上 120° 以下の範囲）

　隅肉溶接の断面設計においては有効長さを用いるが，JIS の溶接記号による表記法では溶接長さ（実長）で示すことになっていることから，設計図などでは実長を表記しなければならない．したがって，設計図などにおける隅肉溶接の長さは，全周隅肉溶接を除き有効長さに隅肉サイズの 2 倍を足した値で表記しなければならない．

　鋼管分岐継手の溶接継目長さを正確に算出することは困難で，かつ，のど厚が連続的に変化する．(13.2) および (13.3) 式は，旧来の本会『鋼管構造計算規準』(1962)[1] に規定されて継手効率 ϕ の算出基盤となったものと同じである．有効のど厚の最大値 $1.4t$ を用いれば，同規準の許容耐力と等しい値が得られる．しかし，鋼管分岐継手では主管の局部変形による破壊が継手耐力を決定する場

合が生じやすいので，本規準では継手許容力としての表現を避けて，溶接継目の許容耐力検定のみを本項に従って行い，局部変形を含めた分岐継手の挙動は他の形鋼と同様に個別に考慮するものとした．種々の鋼管分岐継手の許容力については，本会『鋼管トラス構造設計施工指針・同解説』(2002)[2]に示されている．

なお，(13.2) 式で与えられる継目長さ L の値を表 13.2.1 に示す．

表 13.2.1 鋼管分岐継手の有効溶接長さ（L）

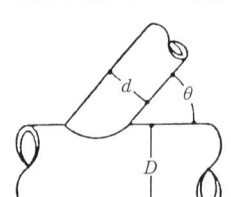

D/d \ θ	L/d												
	90°	85°	80°	75°	70°	65°	60°	55°	50°	45°	40°	35°	30°
1.0	3.67	3.67	3.69	3.72	3.76	3.81	3.89	3.99	4.12	4.29	4.52	4.83	5.27
1.1	3.50	3.51	3.52	3.55	3.59	3.65	3.73	3.83	3.97	4.14	4.37	4.69	5.14
1.2	3.41	3.41	3.43	3.46	3.50	3.56	3.64	3.74	3.88	4.06	4.29	4.62	5.07
1.3	3.34	3.35	3.37	3.40	3.44	3.50	3.58	3.69	3.82	4.00	4.24	4.57	5.02
1.4	3.30	3.31	3.33	3.36	3.40	3.46	3.54	3.65	3.78	3.96	4.21	4.53	4.99
1.5	3.27	3.28	3.30	3.33	3.37	3.43	3.51	3.62	3.76	3.94	4.18	4.51	4.97
2.0	3.20	3.20	3.22	3.25	3.30	3.36	3.44	3.55	3.69	3.87	4.12	4.45	4.91
3.0	3.15	3.16	3.18	3.21	3.25	3.32	3.40	3.51	3.65	3.83	4.08	4.41	4.88
4.0	3.14	3.14	3.16	3.19	3.24	3.30	3.38	3.49	3.63	3.82	4.07	4.40	4.87

参 考 文 献

1）日本建築学会：鋼管構造計算規準，1962.6
2）日本建築学会：鋼管トラス構造設計施工指針・同解説，2002.12

14章　接　　合

　14章から16章はボルト，高力ボルト，および溶接に関する規定を示しているが，本改定において，リベット接合は新規の建物には用いられなくなっているため，本文から関連規定はすべて削除した．なお，既存建物の増・改築などの際，必要のある場合の記述は解説に残したが，詳細は旧設計規準を参照するとよい．

14.2　最小接合

　存在応力が非常に小さい場合，これに基づいて設計すると，接合部の剛性が不足して不都合が生じるので，ピン接合の場合を除いて最小接合の規定を設けた．なお，ターンバックル（JIS A 5540：建築用ターンバックル）端部の接合に高力ボルト1本のものがあるが，これは特別な調査研究に基づいているので本規定は適用されない．

14.5　フィラー

（1）　添板を用いた接合部においては，同厚の母材を用いることを原則とするが，接合される母材に板厚差がある場合は，肌すきをなくすためにフィラーを用いる．フィラーを何枚も重ねると接合部の組立精度が悪くなり，他の弊害も生じるので，フィラーの枚数を制限した．また，あまり厚いフィラーを設けることは好ましくない．

（2）　高力ボルト摩擦接合で，通常の板厚の添板を使用する場合，板厚差が1mmまでは板どうしの密着が確保できるため，フィラーを挿入しなくてよい．しかし，板厚差が1mmを超える場合には，母材や添板と同等の表面処理を両面に施したフィラーを挿入する．なお，曲げ剛性の大きい極厚の添板を用いる場合には，実験や解析によってすべり耐力を確認する必要がある．高力ボルト摩擦接合におけるフィラーは，材間圧縮力および摩擦力を伝達する役割があるので，フィラーの材質は母材の材質にかかわらず，引張強さが400 N/mm²級の鋼材でよい．

（3）　ボルト接合部では，フィラーを挿入する場合，フィラーが母材と一体化していないとボルトにはせん断力のほかに二次的な曲げが生じる．この曲げはフィラーの板厚が大きくなれば無視できなくなるので，厚さ（母材の表裏面にかかわらず2枚以上フィラーを用いる場合はその板厚の総和）が6mm以上のフィラーを設ける場合は，ボルトの許容せん断応力度を低減する必要がある．

　　本会『鋼構造設計規準』（2005）[1]の解説では，母材とフィラーからなる断面に均等に応力を分布させるのに必要な追加ボルト本数を計算する式が記載されていたが，フィラーを用いた場合ボルト孔のクリアランスの影響で均等に応力を分布させることができないことが実験により示されている[2]．しかし，この式と同様な考え方により導いた二次曲げによる許容せん断

応力度の低下率 r が，実験結果を安全側に評価できることが報告されている[3]．本会『鋼構造設計規準(2005)』解説の必要ボルト本数を求める式を許容せん断応力度の低減率 r に換算すると次式のようになる．なお，フィラーを添板の範囲内に納めるなどフィラーと母材を一体化させない場合には，フィラーに大きな力が伝達されないので，フィラーの材質は母材の材質にかかわらず，引張強さが 400 N/mm² 級の鋼材でよい．

$$r=\frac{1+(A_F/A)}{1+2(A_F/A)} \tag{14.5.1}$$

記号

A_F：フィラーの断面積（母材の両面にフィラーを用いる場合はそれらの断面積の合計）

A：薄い方の母材の断面積または母材の両面の添板の断面積の合計のうちの小さい方

（4） 溶接継手の場合，母材の板厚が 6 mm 以上異なる場合は，図14.5.1のように削り仕上げで，完全溶込み溶接するが，当て金継手のように添板を用いて隅肉溶接する場合はフィラーが必要となる．このとき，フィラーを添板の縁より大きくして，溶接ビードの場所を確保し，母材とフィラーおよびフィラーと添板との溶接ビードが重ならないようにする．

フィラーが 6 mm 未満の場合は添板とフィラーの縁をそろえて隅肉溶接してよいが，この隅肉のサイズは添板を溶接するのに必要なサイズにフィラーの板厚を加えたものとする．フィラーの厚さが 6 mm 以上の場合は，この隅肉のサイズが大きくなりすぎるので，別々の隅肉溶接継目で存在応力を伝達するようにする．

この形式の溶接接合では，フィラーにも母材と同等の大きさの力を伝達させるため，フィラーの材質は母材と同等以上のものとする．

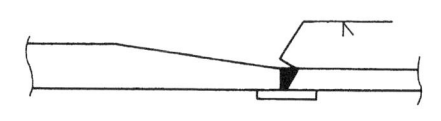

図14.5.1　板厚の異なる溶接継手

14.6　溶接継目の組合せ

14.6〜14.8節でいう継手とは，1枚の板またはひとつの形鋼のように一体となって変形する材，または材の構成要素の材軸が直線となるような接合部を意味し，併用される各種のファスナーまたは溶接が同量の変形を受ける場合を原則としている．

完全溶込み溶接，部分溶込み溶接と隅肉溶接とでは，それらの剛性・変形能力はそれぞれ異なるから，これらをひとつの継手に併用するときは変形が適合するように負担応力を分配するのが合理的であるが，解析が著しく繁雑となる場合が多いので，慣行に従って各継目の許容力に応じて応力を分担させてよいことにした．したがって，それぞれの溶接継目の剛性が著しく異なる場合には，

その影響を考慮しなければならない．隅肉溶接でも側面隅肉溶接と前面隅肉溶接とでは，剛性・変形能力に差異がある．すなわち，前面隅肉溶接は，側面隅肉溶接に比べて剛性は高いが変形能力は小さい．現段階ではこれらの差異，前面・側面が併用されたときの耐荷機構について定量的な算式が確立されていないが，前面隅肉と側面隅肉の併用継手において，いずれか一方ののど断面積が他方に比べて著しく大きいときは，大きいほうのみを有効として許容力を定めるのがよいとされている．

14.7　ボルトまたは高力ボルトと溶接の併用

（1）　ひとつの継手の中に高力ボルトと溶接とを併用する場合，先に溶接を行うと溶接熱によって板が曲がり，高力ボルトを締め付けても接合面が密着しないことや，板に所定の材間圧縮力を与えることができないことがあるので，両方の耐力を加算することはできないが，先に高力ボルトを締め付けた場合には溶接による板の変形は拘束されるので，両方の許容力を加算してよい．ただし，高力ボルトにあまり接近して溶接を行うと高力ボルトが熱によって悪影響を受けるので，注意しなければならない．

また，ボルトと溶接とを併用する場合は，ボルトには初期すべりがあるので，全応力を溶接で負担させなければならない．

（2）　継手にリベットを使用した建築物を増築または改築する場合は，既存時の使用中の応力によって，起こりえたかもしれないリベットのすべりは，すでに起こってしまっていると考えられるので，これらのリベットはそのまま残存建物の固定荷重を負担し，それ以外の荷重による応力を溶接によって伝えるよう継手を設計してよい．

高力ボルトを用いた既存建物を増改築する場合も，同様の方法で溶接との併用継手を設計してよい．

14.9　ボルトの使用範囲

（1）　接合部にボルトを使用すると，あまり大きくない作用力によって接合部にすべりを生じ，その力が繰り返されると接合部はしだいにゆるんで，構造物の変形，異常な振動などの原因となるので，ここでは振動・衝撃または繰返し応力を受ける接合部にはボルトを使用しないことにした．

（2）　ボルト接合では（1）で述べたようなすべり変形が生じるので，重層建築物または大スパン構造などある一定規模を超える構造の場合には，このすべり変形が集積して大きなたわみが生じ，場合によってはこれによる二次的応力が付加されるため，ボルト接合としてはならないことを規定している．なお，15.1節の規定および建築基準法施行令第67条の規定により，その規模以下（軒の高さが9 m以下，梁間が13 m以下，かつ延べ床面積3 000 m²以下）であってもボルトに戻止めを施すよう規定されていることに注意しなければならない．

（3）　この項は（2）に定める規模制限の理由であるすべり変形を小さくする措置を施した場合には，規模制限を緩和して，実害の起きないところにはボルトを使用できるようにした規定で

ある.

　ここでは変形を小さくする措置として，孔のクリアランスを 0.2 mm 以下にすることを規定しているが，従来から本規準では孔のクリアランスは 0.5 mm 以下にすると定めてあるのにかかわらず，実施例では建築基準法施行令第 68 条による 1.0 mm 以下(ボルトのねじの呼び径 20 mm 以上では 1.5 mm 以下)が多く用いられていたのは，建方に際して孔が一致せずボルトが挿入できないということがいちばん大きな理由であった．しかし，

　　　JIS B 1180 に規定するボルトの許容差 (mm) は

　　　ねじの呼び　　M12〜M18：＋0，−0.27

　　　　　　　　　　M20〜M24：＋0，−0.33

　　　JIS B 4302 に規定するドリルの許容差 (mm) は

　　　公称径　　　　10.2〜18 mm：＋0，−0.027

　　　　　　　　　　18.5〜24 mm：＋0，−0.033

であり，通常の製品ではボルトの径の実際の値は，ねじの呼び径の −0.15〜−0.20 mm 程度であるから，ボルトと同径のドリルを用いれば，孔のクリアランスは比較的容易に 0.2 mm 以下にすることができる．

　このように現場でボルトのねじの呼び径と同径のドリルを使用するなど施工法の工夫を行えば，ボルト孔のクリアランスを減らし，接合部のすべり変形を小さくすることができ，規模が大きい場合のすべり変形の集積を小さくすることが可能である．

14.11　曲げモーメントを伝える接合部

　曲げモーメントを伝える接合部のボルト，高力ボルトならびに溶接継目の応力は回転中心からの距離に比例するものと見なして算定する．

　これらの接合にせん断応力を生じさせるような曲げモーメントが作用する場合には回転中心はこれらの群の図心位置とし，ボルトに対するせん断応力の方向は回転中心とボルト中心を結ぶ線に対して直角に作用するものと仮定する〔図 14.11.1 参照〕．

　図 14.11.2 に示すようなエンドプレート形式による高力ボルト引張接合部は加工，建方に対する逃げがなく，したがって高い精度が要求されるという欠点はあるが，一方接合部分が小さくてすみ，

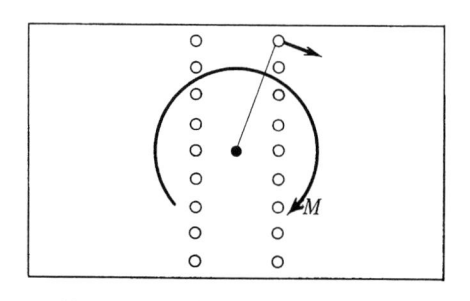

図 14.11.1　曲げモーメントの伝達

梁スパンが短いときなどに適した接合方法である．

　このエンドプレート形式の接合部の設計には二つの方法がある．ひとつはエンドプレートの引張側フランジ周辺だけを対象に，これをスプリットティとみなし，スプリットティ形式の引張接合部の設計式を適用する方法と，もうひとつは，エンドプレートの板厚を十分厚くして，てこ反力の影響を除去し，平面保持の仮定により，ボルトにかかる力を単純化して鉄筋コンクリート断面の設計と同様の方法で設計する方法である．

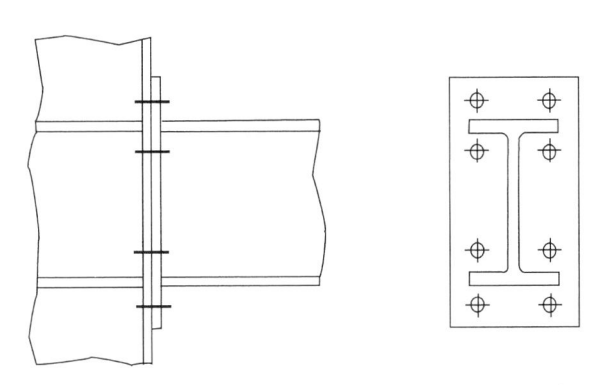

図 14.11.2　エンドプレート形式高力ボルト引張接合部

　スプリットティ形式の接合部は，図 14.11.3 に示すように，梁端に作用する曲げモーメントを，上下のティウェブ板厚中心間の距離で除して偶力に分け，その力をスプリットティに作用する引張力として設計する．さらにこの場合，引張力はティフランジおよび柱フランジの面外曲げ抵抗によって柱に伝達されるので，スプリットティ接合部の検討に加えて，柱フランジの面外曲げの検討が必要である．

　曲げモーメントを伝える接合部の溶接継目の応力は，各溶接継目の許容力に基づいて算定することができる．したがって，たとえば，図 14.11.4 に示したような隅肉溶接と完全溶込み溶接などを

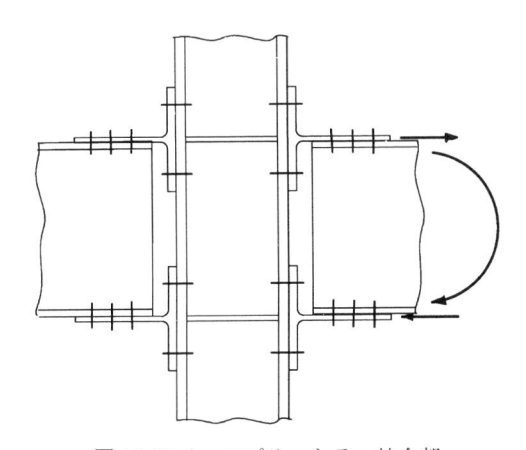

図 14.11.3　スプリットティ接合部

混用している溶接継目の断面係数は，隅肉溶接継目については，のど断面を柱のフランジ面に転写した断面を用い，完全溶込み溶接継目については，継目の有効面積を許容応力度比によって隅肉溶接継目に換算した有効面積を用いて算定することができる．

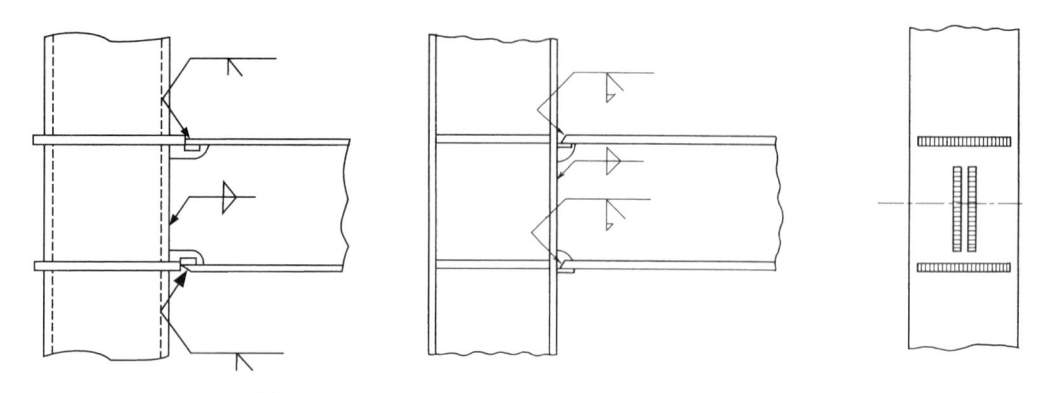

図14.11.4　隅肉溶接と完全溶込み溶接の混用溶接継目

14.12　剛接合柱梁接合部

　曲げモーメント・せん断力および軸力を伝える柱梁接合部においては，これらの力を十分に伝えうる材端接合とする．柱に水平スチフナやダイアフラムを設けた場合，梁端接合部を剛接合と見なすことができるが，柱が箱形断面形で柱の板厚が薄い場合，梁ウェブ接合部の部分の柱の面外変形の影響で剛性や耐力が低下する．また，外ダイアフラム形式やノンダイアフラム形式の場合も柱の面外変形の影響を考慮する必要がある．これらの設計方法については，本会『鋼構造接合部設計指針』にまとめられているので参照するとよい[4]．

　剛接合柱梁接合部の柱と梁に囲まれた部分（接合部パネル）は，地震・暴風時など水平荷重時には大きなせん断力が生じ，接合される梁や柱の曲げ降伏に先行してせん断降伏する場合がある．

　本会『鋼構造設計規準』(2002)[5]では，接合部パネルがせん断降伏してもその後の荷重上昇が期待でき変形能力も十分あること，ならびに接合部パネルに生じるせん断力の評価の際に柱のせん断力を無視し安全側の評価を行っていることを理由にし，接合部パネルの短期許容せん断応力度を$1.5f_s$とするべきところを$2f_s$としていた．

　ここでは，接合部パネルの若干の塑性化を許容するが，骨組全体についてはある適切な塑性変形の範囲内に制限し，梁または柱の降伏を保障するという立場をとった接合部パネルの検定式を示す．

$$\frac{{}_bM_1+{}_bM_2}{V_e}\leqq\frac{4}{3}\times1.5\times f_s=2f_s \tag{14.12.1}$$

　記号

　　V_e：パネル有効体積で，柱の断面形状に応じ下記の値をとる．

　　a）H形断面（強軸方向）のとき，

　　$V_e=h_bh_ct_w$　　　　〔図14.12.1参照〕

ｂ）矩形中空断面のとき，

$$V_e = \frac{16}{9} h_b h_c t_w \qquad 〔図 14.12.2 参照〕$$

ｃ）円形鋼管断面のとき，

$$V_e = \frac{\pi}{2} h_b h_c t_w \qquad 〔図 14.12.2 参照〕$$

h_b：梁の上下フランジの板厚中心間距離

h_c：Ｈ形断面柱の左右フランジの板厚中心間距離，矩形中空断面柱の左右柱板 厚中心間距離または円形鋼管断面柱の板厚中心における直径

t_w：Ｈ形断面柱のウェブ厚さまたは矩形中空断面柱・円形鋼管柱の板厚

$_bM_1,\ _bM_2$：地震時・暴風時（短期）にそれぞれ左右の梁端部（柱との接触面）に作用 する曲げモーメント

f_s：(5.2) 式に定める材料の長期許容せん断応力度

　なお，柱梁接合部は，原則として梁の上下フランジ位置でダイアフラムまたは水平スチフナなど により柱フランジの局部的な曲げ変形に対して適切な補剛がなされているものとする．

　また，柱に作用する軸力が柱の降伏軸力の 40 ％を超えるような場合には，軸力の影響で接合部パ ネルの降伏耐力が低下するので，そのような場合には本会『鋼構造接合部設計指針』に柱軸力の影 響を取り入れた設計式が提示されているので参照するとよい[6]．

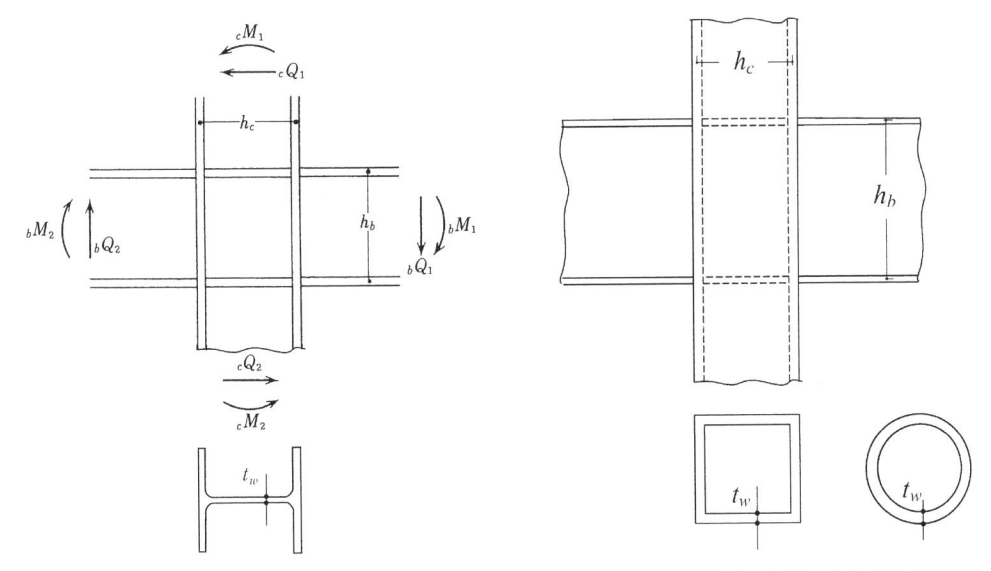

図 14.12.1　Ｈ形断面柱の接合部パネル　　　　図 14.12.2　鋼管柱の接合部パネル

　この接合部パネルの検定式は，本会『鋼構造設計規準』(2002) の検定式と同様な表現になってい るが，その考え方は異なり，接合部パネルの変形量が骨組全体の変形量に占める割合は小さく，接 合部パネルの降伏がただちに骨組の剛性低下につながらないことから，接合部パネルの降伏を認め

るが，あまり大きく接合部パネルの塑性化を許容すると骨組に大変形が生じる可能性があるので，その塑性化の限界値を本会『鋼構造接合部設計指針』の全塑性耐力に設定している．図14.12.3(a)は，既往の逆対称荷重を受ける接合部部分架構実験における骨組の降伏耐力の実験値（$_bM_{Ry}$）と本会『鋼構造設計規準』(2002)の接合部パネルの検定式による計算耐力（$_pM_{sd}/2$）の比を示している[7]．柱の断面形状により実験値と計算耐力の比に差があり，角形鋼管の場合に過大評価になっている．これは本会『鋼構造設計規準』(2002)の検定式において，円形鋼管ではパネルのせん断応力分布に関する形状係数が考慮されているが，角形鋼管には考慮されていないことが主な理由である．

　このことを考慮して，本会『鋼管構造設計施工指針』およびその後刊行された本会『限界状態設計指針』では角形鋼管にも形状係数を考慮した式となっている．

　(14.12.1) 式もそのことに配慮して，本会『鋼構造限界状態設計指針』の式を踏襲している．ただし，H形断面柱の場合も形状係数を考慮することが望ましいが，ウェブ厚がフランジ厚より薄い通常のH形断面では形状係数を1.0と見なすことができるので(14.12.1)式では形状係数を特に考慮していない．ウェブ厚がフランジ厚に近い場合や厚くなる場合は，本会『鋼構造接合部設計指針』を参照として形状係数を考慮する必要がある．

　図14.12.3(b), (c)に，骨組の降伏耐力の実験値（$_bM_{Ry}$）と (14.12.1) 式による計算耐力（$_pM_{sd2}/2$）の比および本会『鋼構造接合部設計指針』の全塑性耐力（$_bM_{pp}$）の比を示す[7]．(14.12.1) 式による値は，本会『鋼構造接合部設計指針』の全塑性耐力による値と概ね同様な評価となっている．

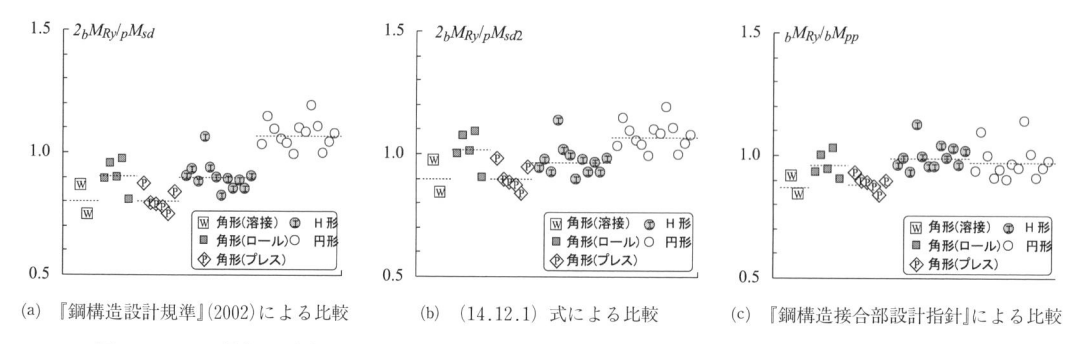

(a) 『鋼構造設計規準』(2002)による比較　　(b) (14.12.1) 式による比較　　(c) 『鋼構造接合部設計指針』による比較

図 14.12.3　骨組の降伏耐力の実験値（$_bM_{Ry}$）と接合部パネル設計式による計算値の比較[5]

　建物外周の柱の場合によく見られる箱形断面形の柱に梁が偏心して接合される場合，接合部パネルの初期剛性や降伏耐力が低下することが知られている．詳細は，本会『鋼構造接合部設計指針』を参照するとよい．

　梁の上下フランジが柱に接合される位置では，梁の曲げモーメントを構成する上下フランジの応力が柱に集中力として作用するので，この部分の局部応力の検討が必要である．

　この点に関して，AISC の仕様書(1969)[8]にはH形断面構成の柱梁接合部に対して次のような規定がある．

　接合部が次の条件下にあるときは柱ウェブに，梁フランジ線上にダイアフラム（スチフナ）を設けなければならない．

1）梁の圧縮側フランジ位置において

$$t_w < \frac{C_1 \cdot {}_bA_f}{{}_bt_f + 5t_0} \tag{14.12.2}$$

または

$$t_w \leqq \frac{h_c\sqrt{F}}{190} \tag{14.12.3}$$

のとき

2）梁の引張側フランジ位置において

$$t_f < 0.4\sqrt{C_1 \cdot {}_bA_f} \tag{14.12.4}$$

のとき

スチフナの所要断面積は次式による．

$$A_{st} \geqq [C_1 \cdot {}_bA_f - t_w({}_bt_f + 5t_0)]C_2 \tag{14.12.5}$$

記号

${}_bA_f$：梁フランジの断面積

${}_bt_f$：梁フランジ厚さ

t_0：柱フランジ外縁からウェブフィレット先端までの距離

C_1：梁フランジの降伏点の柱材の降伏点に対する比

C_2：柱材の降伏点のスチフナ材の降伏点に対する比

A_{st}：スチフナの断面積

上の諸式は主として鉛直荷重を対象として導かれたものであるが，水平荷重時に対しても適用してよい．上式によるとスチフナ不要の場合も生じるが，スチフナ無しの接合部パネルが水平荷重を受けたときの挙動に関しては研究成果が十分得られていないので，前述の接合部パネルの設計式の条件にも記されているように，適当なダイアフラム（スチフナ）を配しておくことが安全側の対応処置である．

また，柱が矩形中空断面で通しダイアフラム形式および内ダイアフラム形式の場合については，梁フランジからの集中力によって生じるダイアフラムのせん断応力度が許容せん断応力度に達しないようにダイアフラムの板厚を選定しなければならない．通常は製作上の理由から，梁フランジ厚より1～2サイズ厚い板厚のダイアフラムが用いられているので，前述の条件を満たす場合が多いが，ダイアフラムのせん断断面積が小さい場合，例えば角形鋼管柱においてダイアフラムのスカラップによる断面欠損がある場合などには注意が必要である．

14.14　柱の継手

骨組を構成する柱は，応力計算の際1本の連続材として取り扱われる．したがって，継手の設計にあたっては，その箇所に生じる応力に対して安全であるばかりでなく，材の連続性が考慮される必要がある．このため継手位置における存在応力（たとえば曲げモーメント）が小さい場合でも，

設計応力としては少なくとも材断面の各応力に対する許容力の1/2以上をとるよう規定した.

　なお，存在応力は各種の荷重条件のもとに算定されるが，荷重組合せによっては柱に引張応力を生じる場合があるので，その注意が追加されている.

参 考 文 献

1) 日本建築学会：鋼構造設計規準　―許容応力度設計法―，2005.9

2) 皆川賢太・瓜生貴大・山田丈富：フィラープレートを用いたボルト接合部の力学挙動に関する実験的研究，日本建築学会大会学術講演梗概集 構造Ⅲ，pp.1119〜1120，2016.8

3) Firas I. Sheikh-Ibrahim: Design Method for the Bolts in Bearing-Type Connections with Fillers, Engineering Journal, American Institute of Steel Construction, Vol. 39, pp.189〜195, 2002

4) 日本建築学会：鋼構造接合部設計指針，4.2.5〜4.2.6，pp.172〜188，2012.3

5) 日本建築学会：鋼構造設計規準，2002.2

6) 日本建築学会：鋼構造接合部設計指針，5章，p.225，2012.3

7) 難波　尚・田渕基嗣・田中　剛：鋼構造柱梁接合部パネルの設計式に関する一考察，日本建築学会近畿支部研究報告集，構造系，No. 45，pp.345〜348，2005.6

8) AISC: Specification for the Design, Fabrication & Erection of Structural Steel for Buildings, pp.5.39〜5.40, 1969.2

15章　ボルトおよび高力ボルト

15.1　ボ ル ト

　ボルトの締付けの際，締付け力の具体的な数値による管理の規定が通常ないため，戻止めの処置をしなかった場合，建物の使用期間中にボルトのゆるみが生じるおそれがあることから，建築基準法施行令第67条と同様に，ボルトを使用する際には戻止めを施すよう規定した．さらに，接合部の力学性状を適正に保つため，ボルト頭下およびナット下に座金を各1枚ずつ用いるよう規定した．なお，スプリングワッシャー（JIS B 1251：ばね座金）は平座金（JIS B 1256）に比べ，内径および外径がやや小さいがその差はあまり大きいものではないので，ここでいう座金として扱っても構わない．

15.2　孔　　　　径

　ボルトの孔径は，ボルトのねじの呼び径に0.5 mm以下の値を加えたものと規定しているが，一方，建築基準法施行令第68条では「ボルト孔の径は，ボルトの径より1 mmを超えて大きくしてはならない．ただし，ボルトの径が20 mm以上であり，かつ，構造耐力上支障がない場合においては，ボルトの孔径をボルトの径より1.5 mmまで大きくすることができる.」と規定され，本規定と異なっている．ボルト接合部では荷重が作用するとすぐにクリアランス分のずれが生じるので，ボルトの孔のクリアランスの影響は直接構造体の変形となって現れる．ボルトを使用できる構造物は14.9節に示されるように規模の小さいものが多く，使用される部材のせいも小さいことから，0.5 mmのクリアランスであっても，そのずれ変形による構造体の変形はかなり大きなものとなる．

　したがって，ボルトの使用にあたっては，建築基準法施行令の規定値とは関係なく，ボルトの孔のクリアランスの上限として0.5 mmを守るべきである．部材加工上や施工上の理由などでそれが守れない場合は，ボルトではなく高力ボルトを使用すべきである．

15.3　締付け長さの長いボルト

　高力ボルトの場合，許容力は初期ボルト張力と摩擦面におけるすべり係数によって決まるため，これらが確保できれば締付け長さが大きくても許容力は低下しないことから，本文では本項の制限を受けないとした．高力ボルトの長さは，JASS 6により，締付け長さにボルトの呼びごとに与えられた数値を加えた値を，2捨3入あるいは7捨8入をして得られた値とすることが標準となっている．この長さより短い場合は，ボルト遊びねじ長さ（ナットの座裏からボルト頭側に残されたボルトねじ部の長さ）が短くなりボルトの延性を低下させ，長い場合は，ねじ抜けを起こすおそれがある．また，JIS B 1186の付表1に示されているボルトの長さの基準寸法には上限と下限があり，この範囲内のボルトを使用するのが標準であるので，ボルト長さがこの範囲を超えないよう注意する必要がある．さらに，ナット回転法で締め付ける場合に，ボルト長さ（締付け長さではない）がボ

ルト径の5倍を超える場合，本締めの際に所定のナット回転量を与えても締付け不足となる場合が生じるので，実際の条件に基づいた実験を行って1次締めを含めて施工条件を決める必要があることに注意する必要がある．

15.6 応力方向の縁端距離

　材厚が小さい引張材の継手において，応力方向に並ぶボルトなどの数が少ない場合は，15.5節に示す最小縁端距離では材の縁端部が，早期に破壊または大きい変形を起こし，5.2節に規定する許容力を安全に伝達できないことがある．本項の規定はこれを防止するためのもので，応力方向に並ぶボルトなどの数が1および2の場合に対し，応力方向の最小縁端距離を与えている．

　引張材の継手における必要縁端距離の決定には複雑な問題が伴っていて理論的に扱いにくい面がある．そのため，各国とも経験的事実に基づいてこれを定めているわけであるが，それぞれ多少とも異なった取扱いになっている．本項の規定は主に支圧力を生じる板の変形を考慮して定めたものである．

15.7 最大縁端距離

　縁端距離があまり大きすぎると，この部分の板が，反ったりして不体裁となったり，さびたりするので，その値に制限を設けた．

16章 溶 接

16.1 適用範囲

建築物の主要な構造部分に使用される溶接方法としては，被覆アーク溶接（被覆アーク溶接棒を用いる手溶接），ガスシールドアーク溶接（CO_2ガスや混合ガスを用いる半自動溶接）とサブマージアーク自動溶接が多い．

このほかにも各種の自動および半自動溶接が使用されているが，これらの溶接法については JASS 6 または本会『鉄骨工事技術指針』に従って必要な試験を行い，本章の規定に準じればよいことにしている．

16.3 溶接継目の形式

部分溶込み溶接とは，完全溶込み溶接と同様に開先を設けるが溶接後板厚内に不溶着部分が残る溶接をいう．これは溶込みが不完全であったり，また欠陥のあるような溶接を認めているのではない．ルート部まで完全に溶け込んだことが認められる溶接継目でなければならない．

T継手の交角が 60°未満の場合は，隅肉溶接のルート部の溶込みを完全に施工することが困難であるので，隅肉溶接を用いてはならないことにしている．また，交角が 120°を超える場合も溶接継目の形状や施工の点から見て好ましくないので，隅肉溶接を禁止している．T継手で交角が 60°未満あるいは 120°を超える場合は，完全溶込み溶接にすればよい．交角が 60°より 120°までの状況を図 16.3.1 に示す．

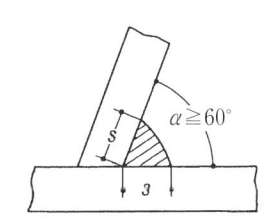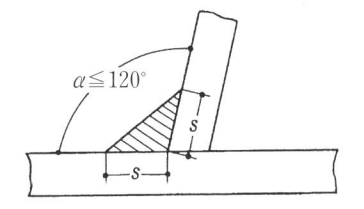

図 16.3.1 T継手の交角

旧設計規準では，交角が 60°以下は隅肉溶接を用いてはならないとしていたが，交角が 60°の場合種々の実験により溶込み不足や耐力低下が認められていないことや，本会『溶接工作基準Ⅰ』(1975) をはじめ，本会『鉄骨工事技術指針・工場製作編』では，交角が 60°の場合の隅肉溶接を認めてこれまで運用されていることから，ルート部の溶込みなど施工上や強度上の問題は無いと判断するとともに，AISC でも 60°〜135°の隅肉溶接を認めていることから，今回の改定で隅肉溶接が適用できない交角の限度を 60°以下，120°以上を，60°未満，120°を超える場合に変更した．また，鋼管の分岐継手の場合も同様に交角の限度を緩和した．

　片面溶接による部分溶込み溶接は，のど断面にほぼ均等に引張応力が作用する場合には使用できるが，その継目のルート部に，曲げまたは荷重の偏心による付加曲げによって生じる引張応力が作用する箇所に使用してはならない．

16.4　開 先 形 状

　各溶接継目の溶接法による開先形状は JASS 6 に示すものを標準とする．

16.5　隅肉溶接のサイズ

　隅肉溶接のサイズは，隅肉溶接の溶接金属の大きさを表わすもので，図 16.5.1 の S，S_1，S_2 で示される．図 16.5.1(c)のような不等脚隅肉溶接の場合，のど厚 a を求める際に用いるサイズは，S_1 と S_2 の小さいほうをとる．

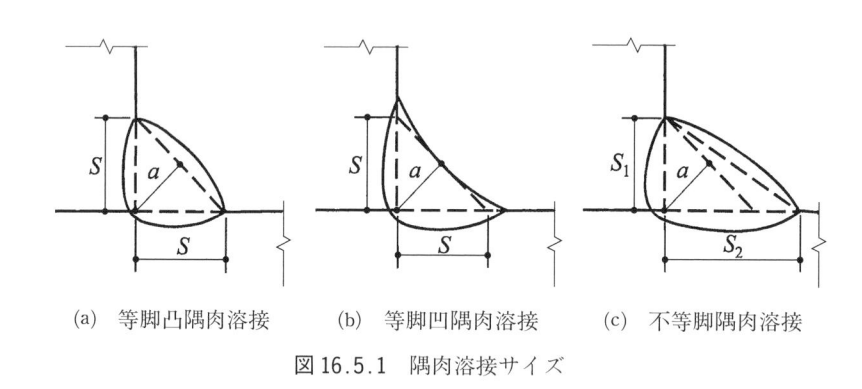

(a)　等脚凸隅肉溶接　　　(b)　等脚凹隅肉溶接　　　(c)　不等脚隅肉溶接

図 16.5.1　隅肉溶接サイズ

　隅肉溶接サイズの上限を設けたのは，母材の板厚に比べてサイズを大きくすると次のような諸点が問題となるからである．

（1）　溶接部の強さが，のど厚に比例して大きくならない．

（2）　母材に対する熱影響が大きくなる．

　板厚が 6 mm を超えるものについては，母材の厚さに比較して不均衡に小さいサイズの隅肉溶接を用いると，応力の伝達上また熱的条件からみて不適切であるため，最小のサイズを規定した．4 mm 以上かつ $1.3\sqrt{t}$（mm）以上としたのは，AISC，DIN，BS などの海外規格を参考にして決めたものである．

16.6　隅肉溶接の有効長さ

　側面隅肉溶接の溶接継目の場合，溶接長さが長くなるとシャーラグによって溶接継目の長さ方向の応力分布が不均一になり溶接始終端に応力が集中するものの，応力の再配分により応力集中が緩和されることが知られている[1]~[3]．一方，Eurocode では，隅肉溶接の有効長さが有効のど厚の 150 倍を超える場合に応力の不均等分布の影響を考慮し許容応力度を低減するようにしており，有効長さが有効のど厚の 150 倍を超えた場合は，有効長さが有効のど厚の 900 倍で耐力が 0 となる直線式

で耐力低下を考慮している[4]．しかしながら，本規準は許容応力度設計に基づいていることや，剛性の異なる前面隅肉溶接と側面隅肉溶接の各耐力の単純和を隅肉溶接の耐力として与えていることなどを考慮し，安全側の処置として隅肉溶接の有効長さが隅肉サイズの30倍を超えるときは，応力の不均等分布を考慮して許容応力度を低減するように規定している．

16.8　重ね継手

重ね継手では，溶接継目にせん断力のみを作用させるために，2列以上の隅肉溶接を用いることを原則とする．2列とした例として，図16.8.1(a)に側面隅肉溶接の例，同図(b)に前面隅肉溶接の例を示す．

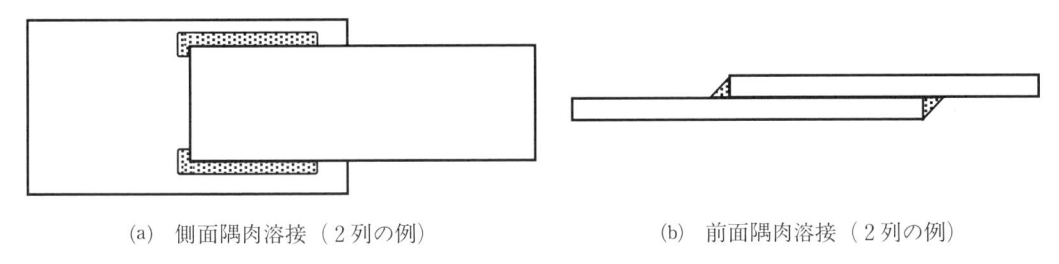

(a)　側面隅肉溶接（2列の例）　　　　　　　(b)　前面隅肉溶接（2列の例）

図16.8.1　重 ね 継 手

参 考 文 献

1）F.K. Ligtenberg : International Test Series, Final Report, Doc. XV-242-68, IIW, 1968
2）鷲尾健三・滝沢章三：側面隅肉溶接々合部の変形と耐力に関する研究(その2)，日本建築学会大会学術講演梗概集，構造系，pp.1247〜1248，1969.8
3）加藤　勉・森田耕次・橋本健一：隅肉溶接継目の終局強度，日本建築学会大会学術講演梗概集，構造系，pp.1249〜1250，1969.8
4）European Committee for Standardization (CEN)：EN1993 Eurocode 3-Design of Steel Structures Part1-8, Design of joints, p.48, 2005

17章　柱　　　脚

17.1　柱脚の種類と領域

　柱脚について，本会『鋼構造設計規準』(2002)[1]までは柱脚を剛接と仮定する場合と柱脚をピンと仮定する場合について述べられていたが，本会『鋼構造設計規準』(2005)[2]から，現在一般に多く用いられている露出柱脚，根巻き柱脚，埋込み柱脚の3種類について記述している．これら柱脚の設計法はこれまで本会の『鋼管構造設計指針・同解説』[3]，『鋼構造限界状態設計指針・同解説』[4]，『鋼構造接合部設計指針』[5]にまとめられている．また，柱脚の設計および施工に関して本会『鋼構造柱脚設計施工ガイドブック』[6]にまとめられている．本書は許容応力度設計法として位置づけられているため，設計体系に異なる点はあるが，上記の指針における柱脚の力学性状に関する解説や柱脚の降伏耐力に関する基本的な考え方は本書とほぼ同様であるので参考にされたい．

　上記3種類の柱脚と力学性状が異なる柱脚の設計例として，柱脚を完全なピンとして挙動させる場合や鋼柱をコンクリート部分に接合しない場合などがある．柱脚を完全なピンとする例として露出柱脚のアンカーボルトに皿ばね等を用いる場合があり，ピン柱脚として設計ができる．このような曲げモーメントを伝達しない柱脚は，原則として，軸方向力およびせん断力に対して設計すればよいが，十分な回転能力を有するように設計しなければならない．鋼柱をコンクリート部分に接合しない例として基礎梁を鉄骨とする場合がある．この場合の柱脚の設計は一般の柱梁接合部の設計と同様に考えることができる．

17.2　露　出　柱　脚

　露出柱脚は，特殊な補強方法を考えない限り，ピンと仮定して設計することがかつては多く行われてきた．しかし，実際には完全なピンでないため柱脚に曲げモーメントが生じ，1階柱頭の作用モーメントは想定より小さくなる．この仮定は上部構造の部材設計については安全側の仮定といえるが，柱脚の設計としては危険側の仮定となる．このような仮定が過去の地震においてアンカーボルト破断の被害が多数生じたひとつの原因である．ピン柱脚と呼ばれている代表的な例は図17.2.1のような柱脚であり，このような柱脚の設計も露出柱脚として設計ができる．ピン柱脚では十分な回転能力を保証するために伸び能力を有するアンカーボルトを使用する必要がある．一方，露出柱脚をある程度の固定度を期待した柱脚として設計とすることも多い．図17.2.2のような柱脚はそのような設計の例であるが，ベースプレートの剛性・アンカーボルトの伸びなどの影響で実際の剛性は柱脚を固定とした場合より低下するのが実状である．したがって，本規準では図17.2.2のような露出柱脚は半剛接として設計することを基本としている．曲げを負担する露出柱脚は，アンカーボルトを引張鉄筋とし，ベースプレートの大きさを断面とする鉄筋コンクリートとして設計する．アンカーボルトに引張力が生じる場合，平面保持の仮定より中立軸の位置 x_n は下式によって求められる．式中の記号を図17.2.3に示す．また，図17.2.4は下式をグラフで示したものである．

$$x_n{}^3+3\Big(e-\frac{D}{2}\Big)x_n{}^2-\frac{6na_t}{B}(e+d_t)\Big(\frac{D}{2}+d_t-x_n\Big)=0 \qquad (17.2.1)$$

記号

　e：偏心距離

　B：構面直交方向ベースプレートの幅

　D：構面方向ベースプレートの幅

　n：ヤング係数比

　a_t：引張側アンカーボルト群の総断面積

　なお，露出柱脚を設計する際には柱脚を塑性化させる考え方と鋼柱を塑性化させる考え方がある．鋼柱を塑性化させる場合の設計方法については本会の『鋼構造接合部設計指針』[5]および『鋼構造柱脚設計施工ガイドブック』[6]を参考にされたい．

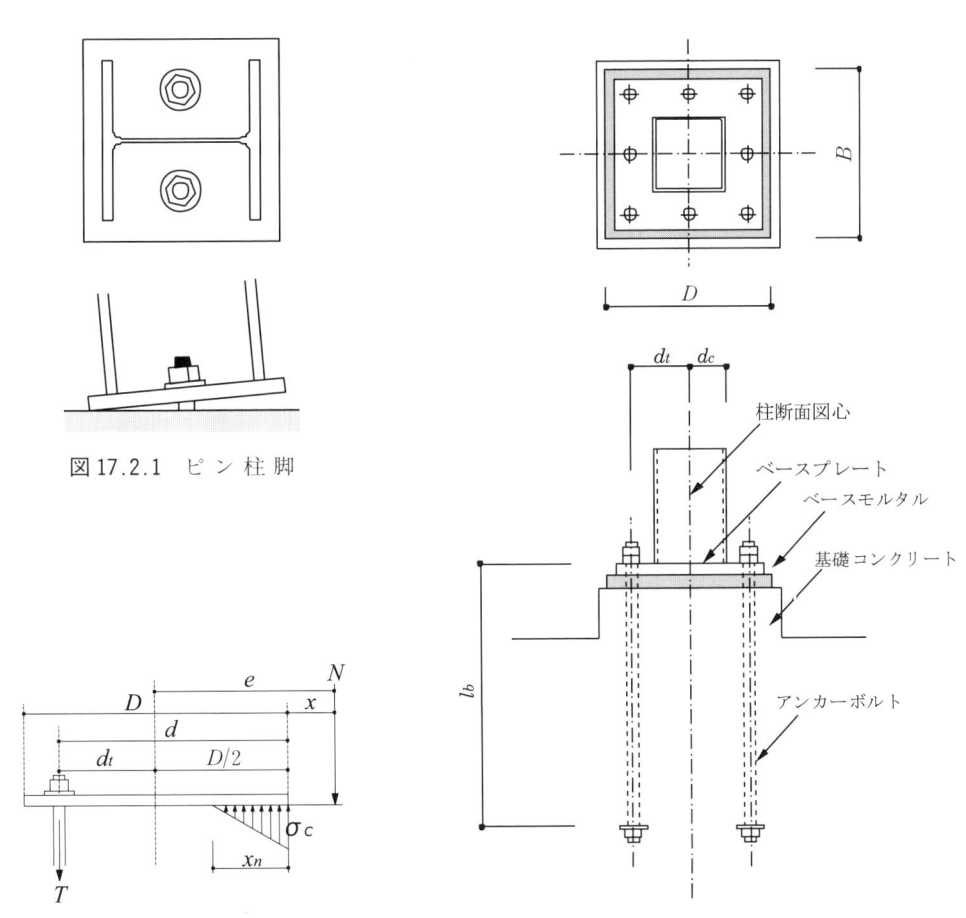

図 17.2.1　ピ ン 柱 脚

図 17.2.3　中立軸位置計算図表における記号

図 17.2.2　固定度を期待した露出柱脚

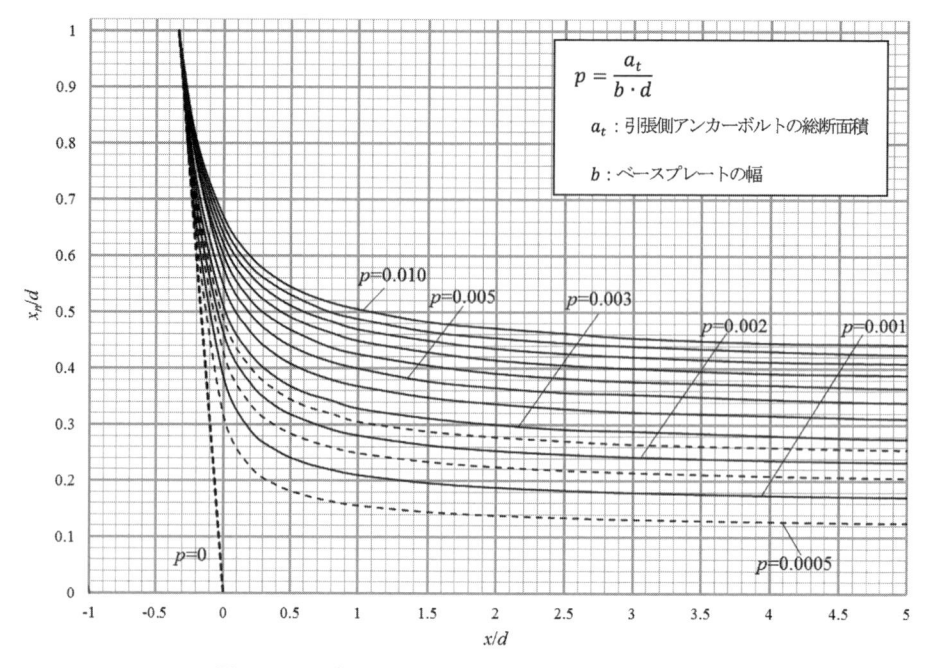

$$p = \frac{a_t}{b \cdot d}$$

a_t : 引張側アンカーボルトの総断面積

b : ベースプレートの幅

図 17.2.4　中立軸位置の計算図表（$n=15$ の場合）

　本規準で対象としている許容応力度設計は弾性設計に基づくものであるが，前述のような被害が確認されているように実際には大地震時に柱脚部にかなりの塑性化が生じる可能性があるため，建物の安全性を考慮するとアンカーボルトは軸部の降伏に先立ってねじ部で破断が生じないものを使用するべきである．このことは条件としてアンカーボルトの有効断面率（ねじ部の有効断面積/軸部断面積）がアンカーボルト材の降伏比よりも大きければよいことになる．このようなことから軸部の降伏を保証したアンカーボルトセットの規格として，日本鋼構造協会の ABR400・ABR490（JSS II 13-2004），ABM400・ABM490（JSS II 14-2004）が制定され，JIS 規格の構造用両ねじアンカーボルトセット（JIS B 1220-2015）として引き継がれている．アンカーボルトのねじは製作手法の違いから，切削ねじと転造ねじがある．一般に切削ねじ部の有効断面積は軸部断面積の 75 ％程度となるため，応力度の検討はねじ部有効断面について行う必要がある．なお，上記の ABR として規定された転造ねじアンカーボルトはボルト軸部をほぼ有効径になるように精密圧延した SNR 材の棒鋼を用いて，そのままねじ部を転造しているため，軸部断面積とねじ部断面積はほぼ同じであり，軸部の塑性化が充分に保証されたものである．図 17.2.5 はこのアンカーボルトセットの引張実験結果である．縦軸の値は引張力をねじ部有効断面積で除した応力度であり，横軸の値は有効長さに対応する平均ひずみである．ABR400 の転造ねじボルトではねじ部の降伏とほぼ同時に軸部が降伏し，ねじ部が破断することなく伸び 15 ％以上の十分な変形能力を発揮している．ABM400 の切削ねじボルトでは始めにねじ部が降伏するが，その後，ねじ部がひずみ硬化することによって耐力上昇し，軸部が降伏することにより伸び 8 ％程度の変形能力を有していることが分かる．

　アンカーボルトの許容応力度は，表 5.2 の値を用いる．許容力はねじ部有効断面について算出す

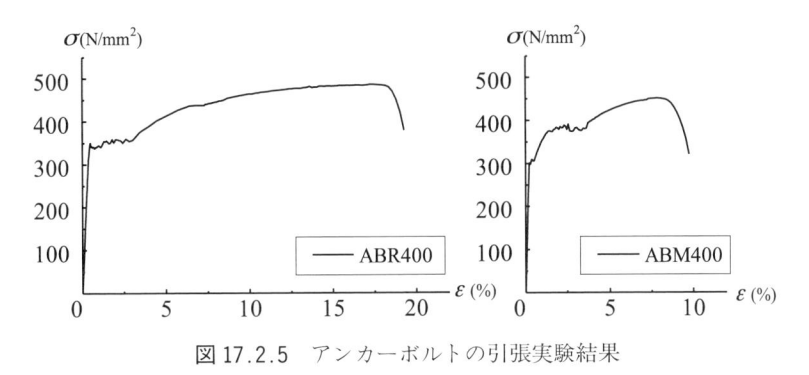

図 17.2.5　アンカーボルトの引張実験結果

る．ABR400 および ABM400 に用いられている鋼材は SNR400 であり，ABR490 および ABM490 に用いられている鋼材は SNR490 である．SNR400 および SNR490 の F 値は表 5.1 に示されている．SNR の F 値も呼び径を鋼板の厚さと同様に考えて，40 mm 以下の場合と 40 mm を超え 100 mm 以下の場合と異なる値を用いる．

アンカーボルトの定着方法としては，先端に設けた定着金物の支圧によって固定する場合と異形鉄筋をアンカー筋として用いて付着によって固定する場合がある．定着金物による場合はコーン状破壊を防ぐためにアンカーボルトの埋込み長さとして $20d$（d：アンカーボルトの径）以上を目安とすればよい．ただし，基礎コンクリートの形状によっては，コーン状破壊を左右する投影面積が不足するのでこの点を計算により確認する必要がある．計算方法については本会『各種合成構造設計指針・同解説』[7] を参考にされたい．アンカー筋の付着によって固定する場合は本会『鉄筋コンクリート造配筋指針・同解説』[8] 等を参照して $35d$ 程度以上の埋込み長さを確保する必要がある．

露出柱脚に作用するせん断力を，ベースプレート下面とモルタルまたはコンクリートの摩擦力によって負担させる場合は，摩擦係数は 0.4 の値が用いられている．

露出柱脚を半剛接とすると骨組の応力を解析する際に柱脚の回転剛性の影響を考慮する必要がある．露出柱脚の回転剛性 K_{BS} は，アンカーボルトの軸部降伏がベースプレートの降伏に先行し，アンカーボルトに大きな初期張力を導入しない場合について，下式で近似的に評価できることがこれまでの研究により明らかとなっているので，一般にこの値を使用して差し支えない[9),10)]．アンカーボルトの有効長さは l_b は埋込み長さにベースプレート上のナット下端までの長さを加えた長さとする．

$$K_{BS} = \frac{E \cdot n_t \cdot A_b \cdot (d_t + d_c)^2}{2l_b} \qquad (17.2.2)$$

記号

　K_{BS}：回転剛性

　　E：アンカーボルトのヤング係数

　　n_t：引張側アンカーボルトの本数

　　A_b：アンカーボルト軸部の断面積

d_t：柱断面図心より引張側アンカーボルト群図心までの距離

d_c：柱断面図心より圧縮側の柱フランジ外縁までの距離

l_b：アンカーボルトの有効長さ

17.3 根巻き柱脚

図 17.3.1 のような根巻き柱脚は根巻き鉄筋コンクリート部の設計が適切である場合には剛接とみなせる．根巻き柱脚の剛性および耐力を確保するために，根巻き高さは柱せいの 3 倍程度を目安として設計することが望ましい．また，柱に対する根巻き鉄筋コンクリートのかぶり厚さは図 17.3.2 の有効断面の曲げ耐力を確保するとともに，立上がり主筋の納まりを配慮して設計する．

　根巻き鉄筋コンクリートの破壊は曲げひび割れ，支圧ひび割れ，斜めひび割れ，付着ひび割れが想定される．支圧ひび割れは根巻き柱の上端に生じる支圧力によるコンクリートの割裂破壊であり，頂部補強筋が少ない場合に生じやすい破壊である．斜めひび割れは根巻き鉄筋コンクリート側面に斜めひび割れを生じるせん断破壊である．付着ひび割れは曲げによる引張側主筋の付着破壊である．これらの破壊は変形能力に乏しいため，このような破壊を防ぐための条件が基本事項として記述されている．曲げモーメントおよびせん断力については図 17.3.2 のように根巻きコンクリート部の有効断面を対象として本会『鉄筋コンクリート構造計算規準・同解説』[11]に準拠して設計すればよい．

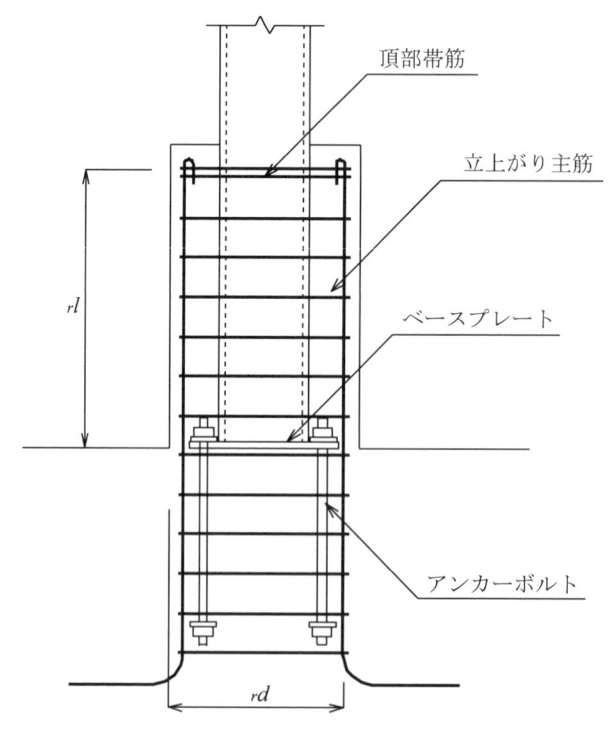

図 17.3.1　根巻き柱脚

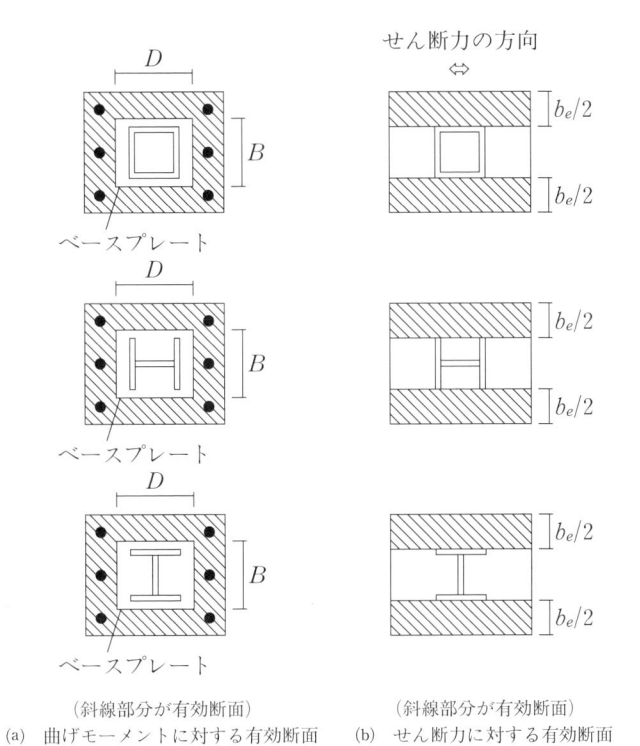

（a）　曲げモーメントに対する有効断面　　　（b）　せん断力に対する有効断面

図 17.3.2　根巻き鉄筋コンクリートの有効断面

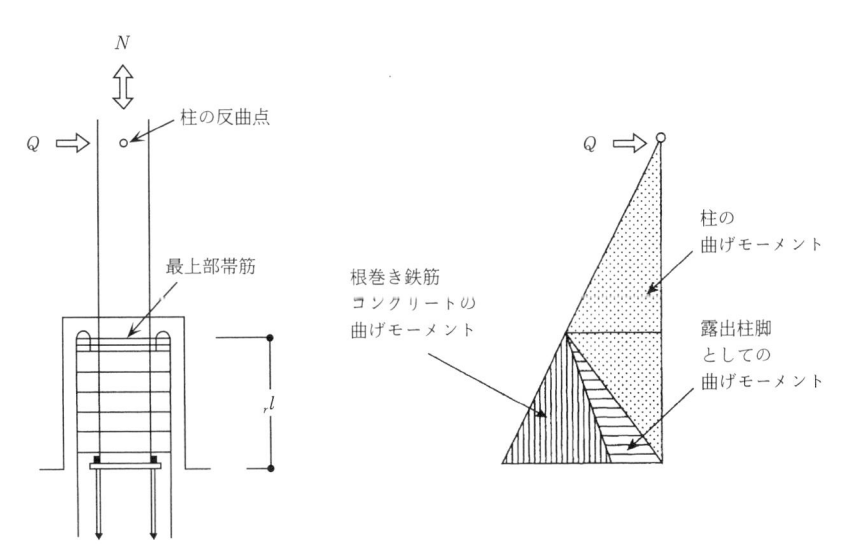

図 17.3.3　根巻き柱脚の曲げモーメント分担

17.4 埋込み柱脚

　埋込み柱脚では，鋼柱柱の埋込み探さ，埋め込まれた鋼柱から基礎コンクリート端までの距離 e〔図 17.4.2 参照〕，埋込み鉄骨部周辺の補強筋の配置などが適切である場合には剛接と見なせる．そのため本規準では基本事項として図 17.4.1 に示すように鋼柱の埋込み深さ d を柱の断面せい D_c の 2 倍以上とすることを規定している．埋込み柱脚では図 17.4.2 のような破壊が生じる可能性があるが，そのなかで特に着目すべきものは基礎コンクリートのパンチングシヤー破壊である[12]．この破壊形式は，埋込み部基礎コンクリートの支圧によって生じる基礎コンクリートの割裂破壊であり，埋込みが浅い場合や側柱・隅柱において鋼柱から基礎梁のない側の基礎コンクリート端までの距離 e が小さい場合に生じやすく，これらの破壊を防ぐ条件が基本事項に示されている．補強筋の効果を無視したパンチングシヤー破壊耐力についてはこれまでの研究によりいくつか提案されている．この破壊については埋込み鉄骨部まわりの補強筋の効果を含めた一般性のある算定法は確立されていないが，本会『鋼構造接合部設計指針』[5] には降伏耐力の算定方法の例が示されているので，これを参照されたい．

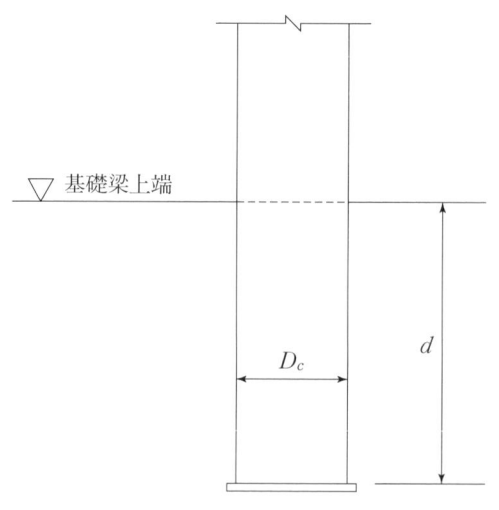

図 17.4.1　埋込み柱脚

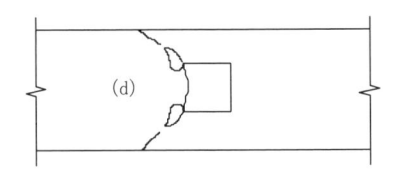

(a)　：柱の曲げ降伏
(b)　：基礎梁の曲げ降伏
(c)　：コンクリートの支圧破壊
(d)　：局部的なコンクリートの支圧破壊
(e)　：パンチングシヤー破壊
(f)　：前面コンクリートのパンチングシヤー破壊

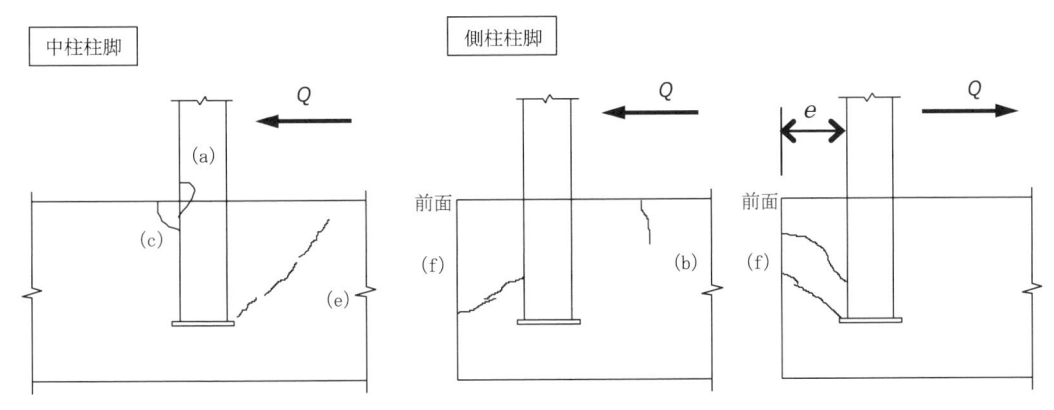

図 17.4.2　基礎コンクリートの破壊モード

参 考 文 献

1）日本建築学会：鋼構造設計規準（SI 単位版），2002.2

2）日本建築学会：鋼構造設計規準　―許容応力度設計法―，2005.9

3）日本建築学会：鋼管構造設計指針・同解説，1990.1

4）日本建築学会：鋼構造限界状態設計指針・同解説，2010.2

5）日本建築学会：鋼構造接合部設計指針，2012.3

6）日本建築学会：鋼構造柱脚設計施工ガイドブック，2017.2

7）日本建築学会：各種合成構造設計指針・同解説，2010.11

8）日本建築学会：鉄筋コンクリート造配筋指針・同解説，2010.11

9）秋山　宏：鉄骨柱脚の耐震設計，技報堂出版，1985

10）佐藤邦昭・坂本光雄・松尾英成ほか：鋳鋼製柱脚金物 HIBASE を用いた柱脚の定着に関する研究，（その 2 ～ 3），日本建築学会大会学術講演梗概集，pp.2031～2035，1981

11）日本建築学会：鉄筋コンクリート構造計算規準・同解説，2018.12

12）森田耕次・加藤　勉・田中淳夫・藤田典正：埋込み形式柱脚の最大耐力に関する実験的研究，日本建築学会構造系論文報告集，第 347 号，pp.65～74，1985.1

付．ウェブプレートの座屈検定とスチフナの設計

プレートガーダーの設計において，材軸に直角方向の中間スチフナだけでなく，材軸に平行に配する水平スチフナまたは縦スチフナを中間スチフナと併用する場合にも使用できるような設計式を与えた．設計の考え方は座屈応力度に基づきウェブプレートの許容耐力を決めるものであって，座屈後の新しい釣合状態を考慮した終局強度的な考え方は導入されていない．

１．ウェブプレートの座屈検定

1.1 板の座屈耐力相関関係は，最大圧縮応力度 σ，せん断応力度 τ，圧縮板座屈応力度 σ_{cr}，せん断板座屈応力度 τ_{cr} を用いて，一様圧縮とせん断を受ける場合には次式で表わすことができる．

$$\frac{\sigma}{\sigma_{cr}}+\left(\frac{\tau}{\tau_{cr}}\right)^2 \leqq 1$$

また，曲げとせん断を受ける場合には次式となる．

$$\left(\frac{\sigma}{\sigma_{cr}}\right)^2+\left(\frac{\tau}{\tau_{cr}}\right)^2 \leqq 1$$

圧縮・曲げ・せん断の組合せに対してはこの中間の関係となるが，プレートガーダーのウェブプレートではスチフナやフランジで囲まれた領域の応力状態は圧縮よりも曲げが卓越するとして，曲げとせん断を受ける場合の式に安全率を考慮した本文（付1）式として適用することにした．ただし，板座屈係数 k_1 により圧縮の影響を考慮している．

本文（付2），（付3）式は圧縮または曲げを受ける板の許容座屈応力度，本文（付5），（付6）式はせん断を受ける板の許容座屈応力度で，次のような考え方で導かれている．

1.1(1) 板の弾性座屈値を与える式

$$\sigma_{cr}=k_1\frac{\pi^2 E}{12(1-\nu^2)}\left(\frac{t}{d}\right)^2$$

k_1：板座屈係数（曲げ・圧縮）

に $\nu=0.3$ を代入すると，

$$\left.\begin{aligned}\sigma_{cr}&=\frac{0.90}{\left(C_1\cdot\dfrac{d}{t}\right)^2}F\\[2ex]C_1&=\sqrt{\frac{F}{k_1 E}}\end{aligned}\right\} \tag{付1.1}$$

となる．本文5.1(3)の単一圧縮材の場合と同様，弾性限度を $0.6F$ とすると，この応力度に達するまで座屈を起こさない限界幅厚比は $\sigma_{cr}=0.6F$ として，

$$\frac{d}{t}=\frac{1.22}{C_1} \tag{付1.2}$$

となる.

一様圧縮を受ける板が降伏点に達するまで座屈を起こさない限度は本文 (9.3) 式より $d/t=1.6$ $\sqrt{E/F}$ である. k_1 は非弾性域に入っても変化しないものと仮定すれば, $k_1=4$ として, この制限式はより一般的に

$$\frac{d}{t}\leqq\frac{0.81}{C_1} \tag{付1.3}$$

となる.

非弾性域の座屈値として, (付1.2) 式と (付1.3) 式の与える値を直線で結んだもので, 近似すると

$$\sigma_{cr}=\left(1.79-0.98C_1\cdot\frac{d}{t}\right)F \tag{付1.4}$$

となる.

薄板の場合は, 一般に座屈後耐力が期待できるので, 全域にわたって安全率を引張りに対する安全率 $F/f_t=1.5$ にとると, (付1.1) 式, (付1.4) 式はそれぞれ本文の (付2), (付3) 式となる.

軸方向力の作用しない梁のウェブプレートで, $\sigma_{cr}=F$ となる限界の幅厚比は (付1.3) 式中の C_1 の k_1 が, $\alpha=2$ とした場合の 32 に相当することから,

$$\frac{d}{t}\leqq4.6\sqrt{\frac{E}{F}}$$

となる. つまり, d/t がこの限界内にあるときは $\sigma_0=f_t$ としてよい.

1.1(2) 板の弾性せん断座屈応力度も (付1.1) 式と同形で与えられる.

$$\tau_{cr}=\frac{0.90}{\left(C_2\cdot\frac{d}{t}\right)^2}F \tag{付1.5}$$

これを設計に便利な形に書き変えると,

$$\left.\begin{array}{l}\tau_{cr}=\dfrac{0.90\times\sqrt{3}}{\left(C_2\cdot\frac{d}{t}\right)^2}\cdot\dfrac{F}{\sqrt{3}}=\dfrac{1.6}{\left(C_2\cdot\frac{d}{t}\right)^2}\cdot\dfrac{F}{\sqrt{3}}\\[4mm]C_2=\sqrt{\dfrac{F}{k_2E}}\end{array}\right\} \tag{付1.6}$$

となる.

(1)の場合と同様, 弾性限界を $0.6F/\sqrt{3}$ とすると, この応力度に達するまで座屈を起こさない限界幅厚比は,

$$\frac{d}{t}=\frac{1.61}{C_2} \tag{付1.7}$$

となる.

$\tau_{cr}=F/\sqrt{3}$ となる限界幅厚比の値は本文 (9.5) 式より $d/t=2.4\sqrt{E/F}$ であり, 安全側の値として $k_2=5.34$ をとって書き替えると,

$$\frac{d}{t} \leq \frac{1.04}{C_2} \tag{付1.8}$$

となる.

非弾性域のせん断座屈値として（付1.7）式と（付1.8）式の与える値を直線で結んだもので近似すると，

$$\tau_{cr} = \left(1.73 - 0.70 C_2 \cdot \frac{d}{t}\right) \frac{F}{\sqrt{3}} \tag{付1.9}$$

となる.

（1）の場合と同じく安全率を1.5にとると，（付1.6）式，（付1.9）式はそれぞれ本文の（付5），（付6）式となる.

1.2 本来曲げとせん断は相互に連成して作用するが，スチフナやフランジで囲まれた辺長比の小さい板要素では曲げモーメント勾配の影響は小さく，純曲げ，純せん断が作用しているとして，本文の（付1）式で座屈耐力を算定してよい．文献1)には，不均等曲げと圧縮を受ける場合，本文の（付1）式で座屈耐力を算定することの限界にふれ，各種境界条件における新たな座屈耐力相関関係式を提示している.

1.3 本規定で扱う水平スチフナまたは縦スチフナは，せん断座屈に対しては，そのスチフナの位置でせん断座屈波を完全に止めてしまうものではないが，ウェブプレート全体のせん断座屈強さは水平スチフナまたは縦スチフナの存在によって増大する．（付7）式はその補強効果を算定する式であって2)，$C_2 = \sqrt{F/k_2' \cdot E}$ として（付5），（付6）式を計算することにより，水平または縦スチフナで補強されたウェブプレートの許容せん断板座屈応力度を求めることができる.

便法として，水平または縦スチフナの存在を無視してウェブプレートのせん断座屈検定を行う場合があるが，これは当然安全側の結果を与えるものであるから，本規定にかかわらず，これを行うことは差し支えない.

付図1.1，付図1.2はそれぞれ C_1，C_2 の計算図表であり，付図1.3は σ_0，τ_0 の計算図表である．なお，付図1.1，付図1.2には上部に参考として F の値を示している.

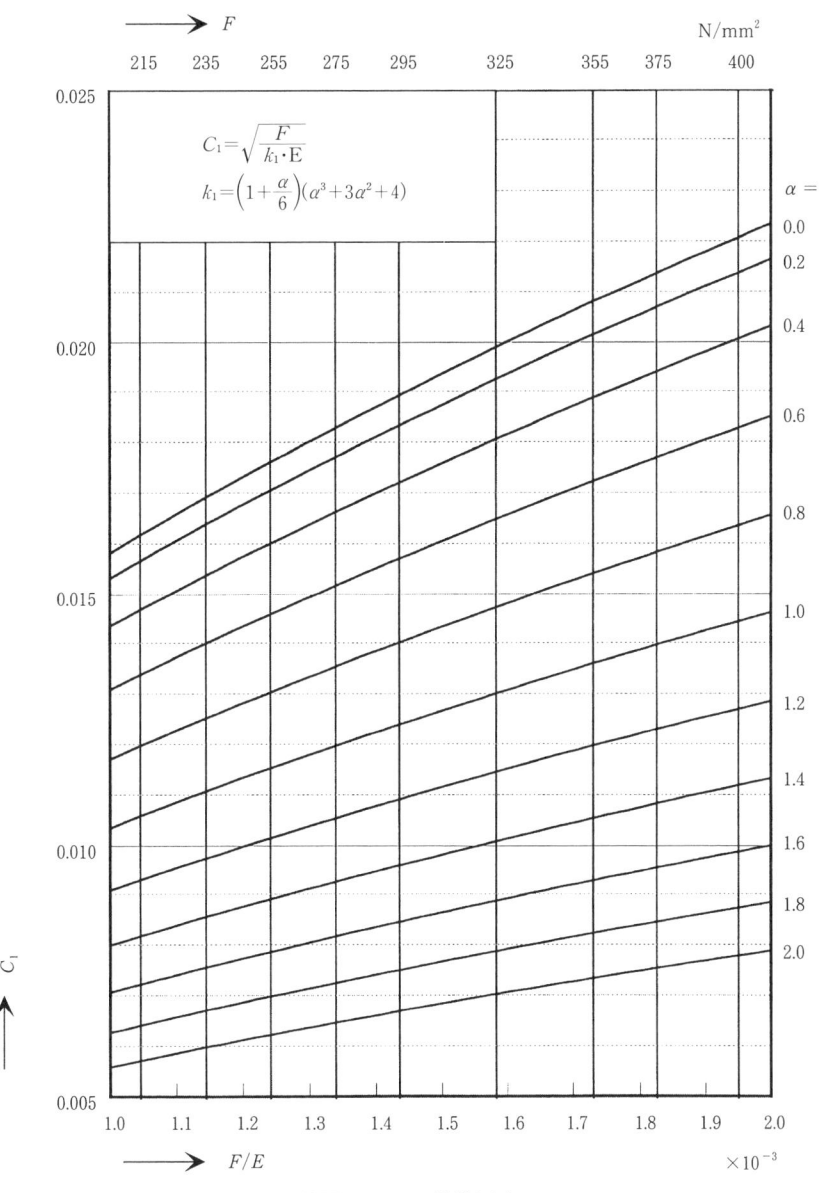

$$C_1 = \sqrt{\frac{F}{k_1 \cdot E}}$$

$$k_1 = \left(1 + \frac{\alpha}{6}\right)(\alpha^3 + 3\alpha^2 + 4)$$

付図 1.1　C_1 計算図表

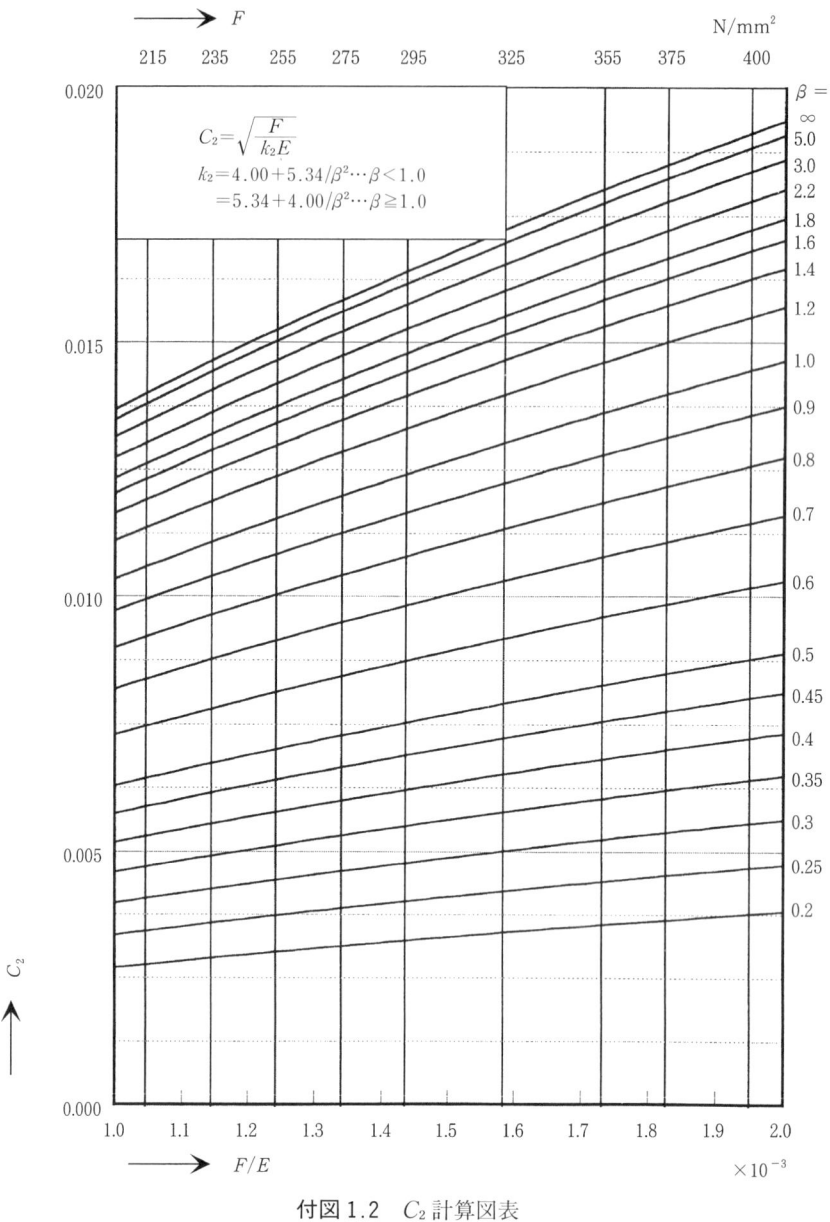

付図 1.2　C_2 計算図表

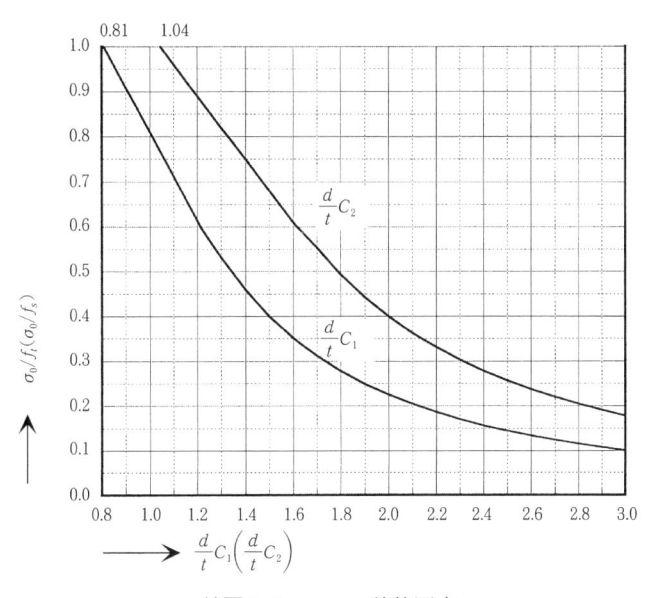

付図 1.3 　σ_0, τ_0 計算図表

2．スチフナの設計

2.1 　水平または縦スチフナと中間スチフナを併用し，圧縮・曲げせん断を受けるウェブプレートを設計する場合，中間スチフナは付 2.1(1)の場合よりも高い剛性を有しなければならない．これは，付 1.3 に規定される水平または縦スチフナが，ウェブのせん断座屈に対して補強効果を持つように，中間スチフナがそれらの支点として作用する必要があるためである．この場合の中間スチフナの評価方法は以下のとおりとする．まず，水平または縦スチフナと中間スチフナで補強された当該ウェブプレートのせん断座屈耐力に等しい座屈耐力を中間スチフナのみによって確保するに必要なウェブ板幅に対する中間スチフナ間隔の比 β' を求める．次に，この β' に対応する中間スチフナの所要断面二次モーメントを計算する．

2.2，2.3 　縦スチフナはもちろん，水平スチフナも一般には圧縮側に配されるので，スチフナ自体が圧縮材となり，スチフナの断面積がウェブプレートの補剛として必要な剛性に大きな影響をもつ．δ が大きいスチフナは同一目的に対して大きい断面二次モーメントを必要とする．

与えた算式は理論式を近似化したものであるが，K. Kloppel, J. Scheer[3]の求めた精算値に比べて安全側の値となっている．

（付 10），（付 11)式は，C_m を消去すればひとつの式にまとまるが，計算の便宜上二つの式に分けてある．スチフナの断面算定には，最初 $C_m=1$ と仮定し，（付 10)式より i/t を求め，これよりスチフナの断面形を仮定する．この断面形の i/t，δ を（付 11）式に代入し C_m を求める．$C_m \leqq 1$ であれば，この断面で安全である．$C_m>1$ のとき，あるいは C_m が 1 よりかなり小さいときは，この C_m の値を（付 10）式に代入して再度スチフナ断面を算定しなおす．通常，この程度で十分な数値が得られる．

なお，本会『鋼構造設計規準』(2005）には，ウェブプレートの座屈検定とスチフナの設計のため

の計算例が示されている．

2.4　ウェブプレートに取り付くスチフナの断面二次モーメントは，両側配置，片側配置ごとに付図2.1に示す一点鎖線まわりに算定するものとする．

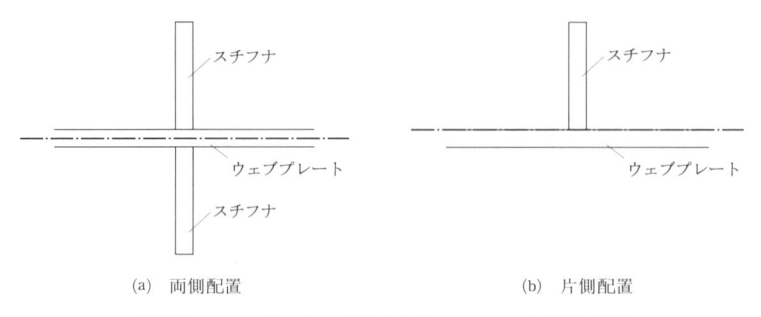

(a)　両側配置　　　　　　　　　　　　　　　(b)　片側配置

付図2.1　スチフナの断面二次モーメント算定位置

参 考 文 献

1）五十嵐規矩夫・鈴木琢也：曲げせん断力および軸力を受ける平板の弾性座屈耐力評価法，日本建築学会構造系論文集，No. 573，pp.209～216，2003.11

2）望月力雄：剪断を受ける矩形ウェブ板縦方向スチフナの実用算式について，日本建築学会論文報告集，No. 75，pp.25～30，1962.8

3）K. Kloppel, J. Scheer：Beulwere ausgesteifer Rechteckplatten, Verlag von Wilhelm Ernct & Sohn, Berlin, 1960

付　　　録

付1. 各種鋼材の許容応力度と板要素の幅厚比

（1） $F＝215\,\mathrm{N/mm^2}$鋼材の許容応力度と板要素の幅厚比

長期応力に対する許容応力度（5章）

＜構造用鋼材（5.1）＞

（1） 許容引張応力度 $f_t＝143\,\mathrm{N/mm^2}$

（2） 許容せん断応力度 $f_s＝82.7\,\mathrm{N/mm^2}$

（3） 許容圧縮応力度

　a） 一　般 付表1.1

　　　限界細長比 $\varLambda＝125$

　b） 圧延形鋼，溶接H形断面のウェブフィレット先端部 $f_c'＝165\,\mathrm{N/mm^2}$

（4） 許容曲げ応力度

　a） 強軸まわりに曲げを受ける材（矩形中空断面を除く） （5.7）～（5.9）式による

　b） 円形鋼管，矩形中空断面材および荷重面内に対称軸を有し，かつ

　　　弱軸まわりに曲げを受ける材 $f_b＝143\,\mathrm{N/mm^2}$

　c） ベアリングプレート $f_b＝165\,\mathrm{N/mm^2}$

　d） 曲げを受けるピン $f_b＝195\,\mathrm{N/mm^2}$

（5） 許容支圧応力度

　a） ピンおよび荷重点スチフナの接触部，その他仕上面一般 $f_{p1}＝195\,\mathrm{N/mm^2}$

　b） すべり支承またはローラー支承部 $f_{b2}＝408\,\mathrm{N/mm^2}$

＜ボルト，高力ボルトおよびアンカーボルト（5.2）＞

（2） 継手板の許容支圧応力度 $f_t＝268\,\mathrm{N/mm^2}$

板要素の幅厚比（9章）

＜平板要素の幅厚比（9.1）＞

（1） 1縁支持，他縁自由の板突出部分

　a） 柱および圧縮材一般の突出フランジ，梁の圧縮部分から突出して

　　　いる板および山形鋼，梁の圧縮フランジ $b/t≦16$

　b） 単一山形鋼，はさみ板を有する複山形鋼 $b/t≦14$

（2） 2縁支持の板

　a） 柱または圧縮材一般のウェブプレート，矩形の中空断面のフラン

　　　ジプレートおよび補剛縁つきの圧縮フランジ $d/t≦49$

　b） 梁のウェブプレート $d/t≦74$

＜円形鋼管の径厚比（9.2）＞ $D/t≦109$

付表 1.1　$F=215\,\text{N/mm}^2$鋼材の長期応力に対する許容圧縮応力度 f_c（N/mm²）〔(5.3)，(5.4)式による〕

λ	f_c	λ	f_c	λ	f_c	λ	f_c	λ	f_c
1	143	51	124	101	82.2	151	40.9	201	23.1
2	143	52	123	102	81.3	152	40.4	202	22.8
3	143	53	123	103	80.3	153	39.9	203	22.6
4	143	54	122	104	79.4	154	39.3	204	22.4
5	143	55	121	105	78.5	155	38.8	205	22.2
6	143	56	121	106	77.5	156	38.3	206	22.0
7	142	57	120	107	76.6	157	37.8	207	21.7
8	142	58	119	108	75.6	158	37.4	208	21.5
9	142	59	118	109	74.7	159	36.9	209	21.3
10	142	60	118	110	73.7	160	36.4	210	21.1
11	142	61	117	111	72.8	161	36.0	211	20.9
12	142	62	116	112	71.9	162	35.5	212	20.7
13	142	63	115	113	70.9	163	35.1	213	20.5
14	141	64	115	114	70.0	164	34.7	214	20.3
15	141	65	114	115	69.0	165	34.3	215	20.2
16	141	66	113	116	68.1	166	33.8	216	20.0
17	141	67	112	117	67.2	167	33.4	217	19.8
18	140	68	111	118	66.2	168	33.0	218	19.6
19	140	69	110	119	65.3	169	32.7	219	19.4
20	140	70	110	120	64.4	170	32.3	220	19.2
21	139	71	109	121	63.4	171	31.9	221	19.1
22	139	72	108	122	62.5	172	31.5	222	18.9
23	139	73	107	123	61.6	173	31.2	223	18.7
24	138	74	106	124	60.6	174	30.8	224	18.6
25	138	75	105	125	59.7	175	30.5	225	18.4
26	138	76	105	126	58.8	176	30.1	226	18.2
27	137	77	104	127	57.9	177	29.8	227	18.1
28	137	78	103	128	57.0	178	29.4	228	17.9
29	136	79	102	129	56.1	179	29.1	229	17.8
30	136	80	101	130	55.2	180	28.8	230	17.6
31	136	81	100	131	54.4	181	28.5	231	17.5
32	135	82	99.7	132	53.6	182	28.1	232	17.3
33	135	83	98.8	133	52.8	183	27.8	233	17.2
34	134	84	97.9	134	52.0	184	27.5	234	17.0
35	134	85	97.0	135	51.2	185	27.2	235	16.9
36	133	86	96.1	136	50.5	186	26.9	236	16.7
37	133	87	95.2	137	49.7	187	26.7	237	16.6
38	132	88	94.3	138	49.0	188	26.4	238	16.4
39	132	89	93.4	139	48.3	189	26.1	239	16.3
40	131	90	92.4	140	47.6	190	25.8	240	16.2
41	130	91	91.5	141	46.9	191	25.6	241	16.0
42	130	92	90.6	142	46.3	192	25.3	242	15.9
43	129	93	89.7	143	45.6	193	25.0	243	15.8
44	129	94	88.7	144	45.0	194	24.8	244	15.6
45	128	95	87.8	145	44.4	195	24.5	245	15.5
46	127	96	86.9	146	43.8	196	24.3	246	15.4
47	127	97	86.0	147	43.2	197	24.0	247	15.3
48	126	98	85.0	148	42.6	198	23.8	248	15.1
49	125	99	84.1	149	42.0	199	23.5	249	15.0
50	125	100	83.2	150	41.5	200	23.3	250	14.9

（2）　F＝235 N/mm²鋼材の許容応力度と板要素の幅厚比

長期応力に対する許容応力度（5章）

＜構造用鋼材（5.1）＞

（1）　許容引張応力度　　　　　　　　　　　　　　　　　　　f_t＝156 N/mm²

（2）　許容せん断応力度　　　　　　　　　　　　　　　　　　f_s＝90.4 N/mm²

（3）　許容圧縮応力度

　a）　一　般　　　　　　　　　　　　　　　　　　　　　付表1.2

　　　　限界細長比　　　　　　　　　　　　　　　　　　　$\varLambda$＝120

　b）　圧延形鋼，溶接 H 形断面のウェブフィレット先端部　f_c'＝180 N/mm²

（4）　許容曲げ応力度

　a）　強軸まわりに曲げを受ける材（矩形中空断面を除く）　（5.7）～（5.9）式による

　b）　円形鋼管，矩形中空断面材および荷重面内に対称軸を有し，かつ

　　　弱軸まわりに曲げを受ける材　　　　　　　　　　　　f_b＝156 N/mm²

　c）　ベアリングプレート　　　　　　　　　　　　　　　f_b＝180 N/mm²

　d）　曲げを受けるピン　　　　　　　　　　　　　　　　f_b＝213 N/mm²

（5）　許容支圧応力度

　a）　ピンおよび荷重点スチフナの接触部，その他仕上面一般　f_{p1}＝213 N/mm²

　b）　すべり支承またはローラー支承部　　　　　　　　　f_{b2}＝446 N/mm²

＜ボルト，高力ボルトおよびアンカーボルト（5.2）＞

（2）　継手板の許容支圧応力度　　　　　　　　　　　　　f_t＝293 N/mm²

板要素の幅厚比（9章）

＜平板要素の幅厚比（9.1）＞

（1）　1縁支持，他縁自由の板突出部分

　a）　柱および圧縮材一般の突出フランジ，梁の圧縮部分から突出して

　　　いる板および山形鋼，梁の圧縮フランジ　　　　　　$b/t \leqq 16$

　b）　単一山形鋼，はさみ板を有する複山形鋼　　　　　　$b/t \leqq 13$

（2）　2縁支持の板

　a）　柱または圧縮材一般のウェブプレート，矩形の中空断面のフラン

　　　ジプレートおよび補剛縁つきの圧縮フランジ　　　　$d/t \leqq 47$

　b）　梁のウェブプレート　　　　　　　　　　　　　　　$d/t \leqq 71$

＜円形鋼管の径厚比（9.2）＞　　　　　　　　　　　　　　$D/t \leqq 99$

付表 1.2　$F=235\,\mathrm{N/mm^2}$鋼材の長期応力に対する許容圧縮応力度 f_c（$\mathrm{N/mm^2}$）〔(5.3), (5.4)式による〕

λ	f_c	λ	f_c	λ	f_c	λ	f_c	λ	f_c
1	156	51	134	101	85.1	151	40.9	201	23.1
2	156	52	133	102	84.1	152	40.4	202	22.8
3	156	53	132	103	83.0	153	39.9	203	22.6
4	156	54	132	104	81.9	154	39.3	204	22.4
5	156	55	131	105	80.8	155	38.8	205	22.2
6	156	56	130	106	79.8	156	38.3	206	22.0
7	156	57	129	107	78.7	157	37.8	207	21.7
8	156	58	128	108	77.6	158	37.4	208	21.5
9	155	59	127	109	76.5	159	36.9	209	21.3
10	155	60	126	110	75.5	160	36.4	210	21.1
11	155	61	125	111	74.4	161	36.0	211	20.9
12	155	62	124	112	73.3	162	35.5	212	20.7
13	155	63	124	113	72.3	163	35.1	213	20.5
14	154	64	123	114	71.2	164	34.7	214	20.3
15	154	65	122	115	70.1	165	34.3	215	20.2
16	154	66	121	116	69.1	166	33.8	216	20.0
17	154	67	120	117	68.0	167	33.4	217	19.8
18	153	68	119	118	66.9	168	33.0	218	19.6
19	153	69	118	119	65.9	169	32.7	219	19.4
20	153	70	117	120	64.8	170	32.3	220	19.2
21	152	71	116	121	63.7	171	31.9	221	19.1
22	152	72	115	122	62.7	172	31.5	222	18.9
23	151	73	114	123	61.7	173	31.2	223	18.7
24	151	74	113	124	60.7	174	30.8	224	18.6
25	151	75	112	125	59.7	175	30.5	225	18.4
26	150	76	111	126	58.8	176	30.1	226	18.2
27	150	77	110	127	57.9	177	29.8	227	18.1
28	149	78	109	128	57.0	178	29.4	228	17.9
29	149	79	108	129	56.1	179	29.1	229	17.8
30	148	80	107	130	55.2	180	28.8	230	17.6
31	148	81	106	131	54.4	181	28.5	231	17.5
32	147	82	105	132	53.6	182	28.1	232	17.3
33	146	83	104	133	52.8	183	27.8	233	17.2
34	146	84	103	134	52.0	184	27.5	234	17.0
35	145	85	102	135	51.2	185	27.2	235	16.9
36	145	86	101	136	50.5	186	26.9	236	16.7
37	144	87	100	137	49.7	187	26.7	237	16.6
38	143	88	99.0	138	49.0	188	26.4	238	16.4
39	143	89	98.0	139	48.3	189	26.1	239	16.3
40	142	90	96.9	140	47.6	190	25.8	240	16.2
41	141	91	95.9	141	46.9	191	25.6	241	16.0
42	141	92	94.8	142	46.3	192	25.3	242	15.9
43	140	93	93.7	143	45.6	193	25.0	243	15.8
44	139	94	92.7	144	45.0	194	24.8	244	15.6
45	139	95	91.5	145	44.4	195	24.5	245	15.5
46	138	96	90.5	146	43.8	196	24.3	246	15.4
47	137	97	89.4	147	43.2	197	24.0	247	15.3
48	136	98	88.4	148	42.6	198	23.8	248	15.1
49	136	99	87.3	149	42.0	199	23.5	249	15.0
50	135	100	86.2	150	41.5	200	23.3	250	14.9

（3）　$F=255\,\mathrm{N/mm^2}$鋼材の許容応力度と板要素の幅厚比

長期応力に対する許容応力度（5章）

＜構造用鋼材（5.1）＞

（1）　許容引張応力度　　　　　　　　　　　　　　　　　　　　　　　$f_t=170\,\mathrm{N/mm^2}$

（2）　許容せん断応力度　　　　　　　　　　　　　　　　　　　　　　$f_s=98.1\,\mathrm{N/mm^2}$

（3）　許容圧縮応力度

　a）一　　般　　　　　　　　　　　　　　　　　　　　　　　　付表 1.3

　　　　限界細長比　　　　　　　　　　　　　　　　　　　　　　$\varLambda=115$

　b）圧延形鋼，溶接 H 形断面のウェブフィレット先端部　　　　$f_c'=196\,\mathrm{N/mm^2}$

（4）　許容曲げ応力度

　a）強軸まわりに曲げを受ける材（矩形中空断面を除く）　　（5.7）～（5.9）式による

　b）円形鋼管，矩形中空断面材および荷重面内に対称軸を有し，かつ

　　　弱軸まわりに曲げを受ける材　　　　　　　　　　　　　　$f_b=170\,\mathrm{N/mm^2}$

　c）ベアリングプレート　　　　　　　　　　　　　　　　　　$f_b=196\,\mathrm{N/mm^2}$

　d）曲げを受けるピン　　　　　　　　　　　　　　　　　　　$f_b=231\,\mathrm{N/mm^2}$

（5）　許容支圧応力度

　a）ピンおよび荷重点スチフナの接触部，その他仕上面一般　　$f_{p1}=231\,\mathrm{N/mm^2}$

　b）すべり支承またはローラー支承部　　　　　　　　　　　　$f_{b2}=484\,\mathrm{N/mm^2}$

＜ボルト，高力ボルトおよびアンカーボルト（5.2）＞

（2）　継手板の許容支圧応力度　　　　　　　　　　　　　　　　　　$f_t=318\,\mathrm{N/mm^2}$

板要素の幅厚比（9章）

＜平板要素の幅厚比（9.1）＞

（1）　1 縁支持，他縁自由の板突出部分

　a）柱および圧縮材一般の突出フランジ，梁の圧縮部分から突出して

　　　いる板および山形鋼，梁の圧縮フランジ　　　　　　　　　$b/t\leqq15$

　b）単一山形鋼，はさみ板を有する複山形鋼　　　　　　　　　$b/t\leqq12$

（2）　2 縁支持の板

　a）柱または圧縮材一般のウェブプレート，矩形の中空断面のフラン

　　　ジプレートおよび補剛縁つきの圧縮フランジ　　　　　　　$d/t\leqq45$

　b）梁のウェブプレート　　　　　　　　　　　　　　　　　　$d/t\leqq68$

＜円形鋼管の径厚比（9.2）＞　　　　　　　　　　　　　　　　　　$D/t\leqq92$

付表 1.3　$F = 255\,\mathrm{N/mm^2}$鋼材の長期応力に対する許容圧縮応力度 f_c（$\mathrm{N/mm^2}$）〔(5.3)，(5.4)式による〕

λ	f_c	λ	f_c	λ	f_c	λ	f_c	λ	f_c
1	169	51	144	101	87.5	151	40.9	201	23.1
2	169	52	143	102	86.3	152	40.4	202	22.8
3	169	53	142	103	85.1	153	39.9	203	22.6
4	169	54	141	104	83.8	154	39.3	204	22.4
5	169	55	140	105	82.5	155	38.8	205	22.2
6	169	56	139	106	81.4	156	38.3	206	22.0
7	169	57	138	107	80.2	157	37.8	207	21.7
8	169	58	137	108	79.0	158	37.4	208	21.5
9	169	59	136	109	77.8	159	36.9	209	21.3
10	168	60	135	110	76.6	160	36.4	210	21.1
11	168	61	134	111	75.4	161	36.0	211	20.9
12	168	62	133	112	74.2	162	35.5	212	20.7
13	168	63	131	113	73.0	163	35.1	213	20.5
14	167	64	130	114	71.8	164	34.7	214	20.3
15	167	65	129	115	70.6	165	34.3	215	20.2
16	167	66	128	116	69.4	166	33.8	216	20.0
17	166	67	127	117	68.2	167	33.4	217	19.8
18	166	68	126	118	67.0	168	33.0	218	19.6
19	166	69	125	119	65.9	169	32.7	219	19.4
20	165	70	124	120	64.8	170	32.3	220	19.2
21	165	71	123	121	63.7	171	31.9	221	19.1
22	164	72	122	122	62.7	172	31.5	222	18.9
23	164	73	120	123	61.7	173	31.2	223	18.7
24	163	74	119	124	60.7	174	30.8	224	18.6
25	163	75	118	125	59.7	175	30.5	225	18.4
26	162	76	117	126	58.8	176	30.1	226	18.2
27	162	77	116	127	57.9	177	29.8	227	18.1
28	161	78	115	128	57.0	178	29.4	228	17.9
29	161	79	113	129	56.1	179	29.1	229	17.8
30	160	80	112	130	55.2	180	28.8	230	17.6
31	159	81	111	131	54.4	181	28.5	231	17.5
32	159	82	110	132	53.6	182	28.1	232	17.3
33	158	83	109	133	52.8	183	27.8	233	17.2
34	157	84	108	134	52.0	184	27.5	234	17.0
35	157	85	106	135	51.2	185	27.2	235	16.9
36	156	86	105	136	50.5	186	26.9	236	16.7
37	155	87	104	137	49.7	187	26.7	237	16.6
38	155	88	103	138	49.0	188	26.4	238	16.4
39	154	89	102	139	48.3	189	26.1	239	16.3
40	153	90	100	140	47.6	190	25.8	240	16.2
41	152	91	99.6	141	46.9	191	25.6	241	16.0
42	151	92	98.4	142	46.3	192	25.3	242	15.9
43	151	93	97.2	143	45.6	193	25.0	243	15.8
44	150	94	96.0	144	45.0	194	24.8	244	15.6
45	149	95	94.8	145	44.4	195	24.5	245	15.5
46	148	96	93.6	146	43.8	196	24.3	246	15.4
47	147	97	92.3	147	43.2	197	24.0	247	15.3
48	146	98	91.1	148	42.6	198	23.8	248	15.1
49	145	99	89.9	149	42.0	199	23.5	249	15.0
50	144	100	88.7	150	41.5	200	23.3	250	14.9

（4） $F=275\,\text{N/mm}^2$鋼材の許容応力度と板要素の幅厚比

長期応力に対する許容応力度（5章）

＜構造用鋼材（5.1）＞

（1） 許容引張応力度 　　　　　　　　　　　　　　　　　　　$f_t=183\,\text{N/mm}^2$

（2） 許容せん断応力度 　　　　　　　　　　　　　　　　　　$f_s=105\,\text{N/mm}^2$

（3） 許容圧縮応力度

　a） 一　般 　　　　　　　　　　　　　　　　　　　　　　付表1.4

　　　限界細長比 　　　　　　　　　　　　　　　　　　　　$\Lambda=111$

　b） 圧延形鋼，溶接 H 形断面のウェブフィレット先端部 　$f'_c=211\,\text{N/mm}^2$

（4） 許容曲げ応力度

　a） 強軸まわりに曲げを受ける材（矩形中空断面を除く） 　(5.7)〜(5.9)式による

　b） 円形鋼管，矩形中空断面材および荷重面内に対称軸を有し，かつ

　　　弱軸まわりに曲げを受ける材 　　　　　　　　　　　　$f_b=183\,\text{N/mm}^2$

　c） ベアリングプレート 　　　　　　　　　　　　　　　　$f_b=211\,\text{N/mm}^2$

　d） 曲げを受けるピン 　　　　　　　　　　　　　　　　　$f_b=250\,\text{N/mm}^2$

（5） 許容支圧応力度

　a） ピンおよび荷重点スチフナの接触部，その他仕上面一般 　$f_{p1}=250\,\text{N/mm}^2$

　b） すべり支承またはローラー支承部 　　　　　　　　　　$f_{b2}=522\,\text{N/mm}^2$

＜ボルト，高力ボルトおよびアンカーボルト（5.2）＞

（2） 継手板の許容支圧応力度 　　　　　　　　　　　　　　$f_l=347\,\text{N/mm}^2$

板要素の幅厚比（9章）

＜平板要素の幅厚比（9.1）＞

（1） 1縁支持，他縁自由の板突出部分

　a） 柱および圧縮材一般の突出フランジ，梁の圧縮部分から突出して

　　　いる板および山形鋼，梁の圧縮フランジ 　　　　　　　$b/t\leqq14$

　b） 単一山形鋼，はさみ板を有する複山形鋼 　　　　　　　$b/t\leqq12$

（2） 2縁支持の板

　a） 柱または圧縮材一般のウェブプレート，矩形の中空断面のフラン

　　　ジプレートおよび補剛縁つきの圧縮フランジ 　　　　　$d/t\leqq44$

　b） 梁のウェブプレート 　　　　　　　　　　　　　　　　$d/t\leqq66$

＜円形鋼管の径厚比（9.2）＞ 　　　　　　　　　　　　　　$D/t\leqq85$

付表1.4　$F＝275\,\text{N/mm}^2$鋼材の長期応力に対する許容圧縮応力度 f_c（N/mm²）〔(5.3)，(5.4)式による〕

λ	f_c	λ	f_c	λ	f_c	λ	f_c	λ	f_c
1	183	51	153	101	89.3	151	40.9	201	23.1
2	183	52	152	102	87.9	152	40.4	202	22.8
3	183	53	151	103	86.5	153	39.9	203	22.6
4	183	54	150	104	85.2	154	39.3	204	22.4
5	183	55	148	105	83.8	155	38.8	205	22.2
6	182	56	147	106	82.5	156	38.3	206	22.0
7	182	57	146	107	81.1	157	37.8	207	21.7
8	182	58	145	108	79.8	158	37.4	208	21.5
9	182	59	144	109	78.4	159	36.9	209	21.3
10	182	60	143	110	77.1	160	36.4	210	21.1
11	181	61	141	111	75.8	161	36.0	211	20.9
12	181	62	140	112	74.4	162	35.5	212	20.7
13	181	63	139	113	73.1	163	35.1	213	20.5
14	180	64	138	114	71.8	164	34.7	214	20.3
15	180	65	137	115	70.6	165	34.3	215	20.2
16	180	66	135	116	69.4	166	33.8	216	20.0
17	179	67	134	117	68.2	167	33.4	217	19.8
18	179	68	133	118	67.0	168	33.0	218	19.6
19	178	69	132	119	65.9	169	32.7	219	19.4
20	178	70	130	120	64.8	170	32.3	220	19.2
21	177	71	129	121	63.7	171	31.9	221	19.1
22	177	72	128	122	62.7	172	31.5	222	18.9
23	176	73	126	123	61.7	173	31.2	223	18.7
24	176	74	125	124	60.7	174	30.8	224	18.6
25	175	75	124	125	59.7	175	30.5	225	18.4
26	175	76	123	126	58.8	176	30.1	226	18.2
27	174	77	121	127	57.9	177	29.8	227	18.1
28	173	78	120	128	57.0	178	29.4	228	17.9
29	173	79	119	129	56.1	179	29.1	229	17.8
30	172	80	117	130	55.2	180	28.8	230	17.6
31	171	81	116	131	54.4	181	28.5	231	17.5
32	170	82	115	132	53.6	182	28.1	232	17.3
33	170	83	113	133	52.8	183	27.8	233	17.2
34	169	84	112	134	52.0	184	27.5	234	17.0
35	168	85	111	135	51.2	185	27.2	235	16.9
36	167	86	109	136	50.5	186	26.9	236	16.7
37	166	87	108	137	49.7	187	26.7	237	16.6
38	166	88	106	138	49.0	188	26.4	238	16.4
39	165	89	105	139	48.3	189	26.1	239	16.3
40	164	90	104	140	47.6	190	25.8	240	16.2
41	163	91	102	141	46.9	191	25.6	241	16.0
42	162	92	101	142	46.3	192	25.3	242	15.9
43	161	93	100	143	45.6	193	25.0	243	15.8
44	160	94	98.8	144	45.0	194	24.8	244	15.6
45	159	95	97.4	145	44.4	195	24.5	245	15.5
46	158	96	96.1	146	43.8	196	24.3	246	15.4
47	157	97	94.7	147	43.2	197	24.0	247	15.3
48	156	98	93.3	148	42.6	198	23.8	248	15.1
49	155	99	92.0	149	42.0	199	23.5	249	15.0
50	154	100	90.6	150	41.5	200	23.3	250	14.9

（5） $F=295\,\mathrm{N/mm^2}$ 鋼材の許容応力度と板要素の幅厚比

長期応力に対する許容応力度（5章）

＜構造用鋼材（5.1）＞

（1）　許容引張応力度　　　　　　　　　　　　　　　　　　　　　$f_t=196\,\mathrm{N/mm^2}$

（2）　許容せん断応力度　　　　　　　　　　　　　　　　　　　　$f_s=113\,\mathrm{N/mm^2}$

（3）　許容圧縮応力度

　　a）一　　般　　　　　　　　　　　　　　　　　　　　　　　付表1.5

　　　　限界細長比　　　　　　　　　　　　　　　　　　　　　　$\varLambda=107$

　　b）圧延形鋼，溶接 H 形断面のウェブフィレット先端部　　　　$f'_c=226\,\mathrm{N/mm^2}$

（4）　許容曲げ応力度

　　a）強軸まわりに曲げを受ける材（矩形中空断面を除く）　　　(5.7)～(5.9)式による

　　b）円形鋼管，矩形中空断面材および荷重面内に対称軸を有し，かつ

　　　　弱軸まわりに曲げを受ける材　　　　　　　　　　　　　　$f_b=196\,\mathrm{N/mm^2}$

　　c）ベアリングプレート　　　　　　　　　　　　　　　　　　$f_b=226\,\mathrm{N/mm^2}$

　　d）曲げを受けるピン　　　　　　　　　　　　　　　　　　　$f_b=268\,\mathrm{N/mm^2}$

（5）　許容支圧応力度

　　a）ピンおよび荷重点スチフナの接触部，その他仕上面一般　　$f_{p1}=268\,\mathrm{N/mm^2}$

　　b）すべり支承またはローラー支承部　　　　　　　　　　　　$f_{b2}=560\,\mathrm{N/mm^2}$

＜ボルト，高力ボルトおよびアンカーボルト（5.2）＞

（2）　継手板の許容支圧応力度　　　　　　　　　　　　　　　　$f_l=368\,\mathrm{N/mm^2}$

板要素の幅厚比（9章）

＜平板要素の幅厚比（9.1）＞

（1）　1縁支持，他縁自由の板突出部分

　　a）柱および圧縮材一般の突出フランジ，梁の圧縮部分から突出して

　　　　いる板および山形鋼，梁の圧縮フランジ　　　　　　　　$b/t\leqq14$

　　b）単一山形鋼，はさみ板を有する複山形鋼　　　　　　　　$b/t\leqq12$

（2）　2縁支持の板

　　a）柱または圧縮材一般のウェブプレート，矩形の中空断面のフラン

　　　　ジプレートおよび補剛縁つきの圧縮フランジ　　　　　　$d/t\leqq42$

　　b）梁のウェブプレート　　　　　　　　　　　　　　　　　$d/t\leqq63$

＜円形鋼管の径厚比（9.2）＞　　　　　　　　　　　　　　　$D/t\leqq79$

付表 1.5　$F=295\,\mathrm{N/mm^2}$鋼材の長期応力に対する許容圧縮応力度 f_c（$\mathrm{N/mm^2}$）〔(5.3), (5.4)式による〕

λ	f_c	λ	f_c	λ	f_c	λ	f_c	λ	f_c
1	196	51	162	101	90.5	151	40.9	201	23.1
2	196	52	161	102	89.0	152	40.4	202	22.8
3	196	53	159	103	87.5	153	39.9	203	22.6
4	196	54	158	104	86.0	154	39.3	204	22.4
5	196	55	157	105	84.5	155	38.8	205	22.2
6	196	56	156	106	83.0	156	38.3	206	22.0
7	195	57	154	107	81.5	157	37.8	207	21.7
8	195	58	153	108	80.0	158	37.4	208	21.5
9	195	59	152	109	78.6	159	36.9	209	21.3
10	195	60	150	110	77.1	160	36.4	210	21.1
11	194	61	149	111	75.8	161	36.0	211	20.9
12	194	62	148	112	74.4	162	35.5	212	20.7
13	194	63	146	113	73.1	163	35.1	213	20.5
14	193	64	145	114	71.8	164	34.7	214	20.3
15	193	65	143	115	70.6	165	34.3	215	20.2
16	192	66	142	116	69.4	166	33.8	216	20.0
17	192	67	141	117	68.2	167	33.4	217	19.8
18	192	68	139	118	67.0	168	33.0	218	19.6
19	191	69	138	119	65.9	169	32.7	219	19.4
20	190	70	136	120	64.8	170	32.3	220	19.2
21	190	71	135	121	63.7	171	31.9	221	19.1
22	189	72	133	122	62.7	172	31.5	222	18.9
23	189	73	132	123	61.7	173	31.2	223	18.7
24	188	74	131	124	60.7	174	30.8	224	18.6
25	187	75	129	125	59.7	175	30.5	225	18.4
26	187	76	128	126	58.8	176	30.1	226	18.2
27	186	77	126	127	57.9	177	29.8	227	18.1
28	185	78	125	128	57.0	178	29.4	228	17.9
29	184	79	123	129	56.1	179	29.1	229	17.8
30	184	80	122	130	55.2	180	28.8	230	17.6
31	183	81	120	131	54.4	181	28.5	231	17.5
32	182	82	119	132	53.6	182	28.1	232	17.3
33	181	83	117	133	52.8	183	27.8	233	17.2
34	180	84	116	134	52.0	184	27.5	234	17.0
35	179	85	114	135	51.2	185	27.2	235	16.9
36	178	86	113	136	50.5	186	26.9	236	16.7
37	177	87	111	137	49.7	187	26.7	237	16.6
38	176	88	110	138	49.0	188	26.4	238	16.4
39	175	89	108	139	48.3	189	26.1	239	16.3
40	174	90	107	140	47.6	190	25.8	240	16.2
41	173	91	105	141	46.9	191	25.6	241	16.0
42	172	92	104	142	46.3	192	25.3	242	15.9
43	171	93	102	143	45.6	193	25.0	243	15.8
44	170	94	101	144	45.0	194	24.8	244	15.6
45	169	95	100	145	44.4	195	24.5	245	15.5
46	168	96	98.0	146	43.8	196	24.3	246	15.4
47	167	97	96.5	147	43.2	197	24.0	247	15.3
48	165	98	95.0	148	42.6	198	23.8	248	15.1
49	164	99	93.5	149	42.0	199	23.5	249	15.0
50	163	100	92.0	150	41.5	200	23.3	250	14.9

（6）　$F=325\,\mathrm{N/mm^2}$鋼材の許容応力度と板要素の幅厚比

長期応力に対する許容応力度（5章）

＜構造用鋼材（5.1）＞

（1）　許容引張応力度　　　　　　　　　　　　　　　　　　　　$f_t=216\,\mathrm{N/mm^2}$

（2）　許容せん断応力度　　　　　　　　　　　　　　　　　　　$f_s=125\,\mathrm{N/mm^2}$

（3）　許容圧縮応力度

　a）一　般　　　　　　　　　　　　　　　　　　　　　　　付表1.6

　　　　限界細長比　　　　　　　　　　　　　　　　　　　　$\varLambda=102$

　b）圧延形鋼，溶接 H 形断面のウェブフィレット先端部　　$f'_c=250\,\mathrm{N/mm^2}$

（4）　許容曲げ応力度

　a）強軸まわりに曲げを受ける材（矩形中空断面を除く）　（5.7）～（5.9）式による

　b）円形鋼管，矩形中空断面材および荷重面内に対称軸を有し，かつ

　　　弱軸まわりに曲げを受ける材　　　　　　　　　　　　$f_b=216\,\mathrm{N/mm^2}$

　c）ベアリングプレート　　　　　　　　　　　　　　　　$f_b=250\,\mathrm{N/mm^2}$

　d）曲げを受けるピン　　　　　　　　　　　　　　　　　$f_b=295\,\mathrm{N/mm^2}$

（5）　許容支圧応力度

　a）ピンおよび荷重点スチフナの接触部，その他仕上面一般　$f_{p1}=295\,\mathrm{N/mm^2}$

　b）すべり支承またはローラー支承部　　　　　　　　　　$f_{b2}=617\,\mathrm{N/mm^2}$

＜ボルト，高力ボルトおよびアンカーボルト（5.2）＞

（2）　継手板の許容支圧応力度　　　　　　　　　　　　　　　$f_t=406\,\mathrm{N/mm^2}$

板要素の幅厚比（9章）

＜平板要素の幅厚比（9.1）＞

（1）　1 縁支持，他縁自由の板突出部分

　a）柱および圧縮材一般の突出フランジ，梁の圧縮部分から突出して

　　　いる板および山形鋼，梁の圧縮フランジ　　　　　　　$b/t\leqq13$

　b）単一山形鋼，はさみ板を有する複山形鋼　　　　　　　$b/t\leqq11$

（2）　2 縁支持の板

　a）柱または圧縮材一般のウェブプレート，矩形の中空断面のフラン

　　　ジプレートおよび補剛縁つきの圧縮フランジ　　　　　$d/t\leqq40$

　b）梁のウェブプレート　　　　　　　　　　　　　　　　$d/t\leqq60$

＜円形鋼管の径厚比（9.2）＞　　　　　　　　　　　　　　　　$D/t\leqq72$

付表 1.6　$F=325\,\text{N/mm}^2$鋼材の長期応力に対する許容圧縮応力度 f_c（N/mm²）〔(5.3)，(5.4)式による〕

λ	f_c	λ	f_c	λ	f_c	λ	f_c	λ	f_c
1	216	51	175	101	91.4	151	40.9	201	23.1
2	216	52	173	102	89.7	152	40.4	202	22.8
3	216	53	172	103	88.0	153	39.9	203	22.6
4	216	54	170	104	86.3	154	39.3	204	22.4
5	216	55	169	105	84.7	155	38.8	205	22.2
6	216	56	167	106	83.1	156	38.3	206	22.0
7	215	57	166	107	81.5	157	37.8	207	21.7
8	215	58	164	108	80.0	158	37.4	208	21.5
9	215	59	163	109	78.6	159	36.9	209	21.3
10	214	60	161	110	77.1	160	36.4	210	21.1
11	214	61	160	111	75.8	161	36.0	211	20.9
12	214	62	158	112	74.4	162	35.5	212	20.7
13	213	63	156	113	73.1	163	35.1	213	20.5
14	213	64	155	114	71.8	164	34.7	214	20.3
15	212	65	153	115	70.6	165	34.3	215	20.2
16	212	66	151	116	69.4	166	33.8	216	20.0
17	211	67	150	117	68.2	167	33.4	217	19.8
18	211	68	148	118	67.0	168	33.0	218	19.6
19	210	69	146	119	65.9	169	32.7	219	19.4
20	209	70	145	120	64.8	170	32.3	220	19.2
21	209	71	143	121	63.7	171	31.9	221	19.1
22	208	72	141	122	62.7	172	31.5	222	18.9
23	207	73	140	123	61.7	173	31.2	223	18.7
24	206	74	138	124	60.7	174	30.8	224	18.6
25	205	75	136	125	59.7	175	30.5	225	18.4
26	205	76	135	126	58.8	176	30.1	226	18.2
27	204	77	133	127	57.9	177	29.8	227	18.1
28	203	78	131	128	57.0	178	29.4	228	17.9
29	202	79	129	129	56.1	179	29.1	229	17.8
30	201	80	128	130	55.2	180	28.8	230	17.6
31	200	81	126	131	54.4	181	28.5	231	17.5
32	199	82	124	132	53.5	182	28.1	232	17.3
33	198	83	122	133	52.8	183	27.8	233	17.2
34	197	84	121	134	52.0	184	27.5	234	17.0
35	196	85	119	135	51.2	185	27.2	235	16.9
36	195	86	117	136	50.5	186	26.9	236	16.7
37	193	87	115	137	49.7	187	26.7	237	16.6
38	192	88	114	138	49.0	188	26.4	238	16.4
39	191	89	112	139	48.3	189	26.1	239	16.3
40	190	90	110	140	47.6	190	25.8	240	16.2
41	189	91	108	141	46.9	191	25.6	241	16.0
42	187	92	107	142	46.3	192	25.3	242	15.9
43	186	93	105	143	45.6	193	25.0	243	15.8
44	185	94	103	144	45.0	194	24.8	244	15.6
45	183	95	101	145	44.4	195	24.5	245	15.5
46	182	96	100	146	43.8	196	24.3	246	15.4
47	181	97	98.4	147	43.2	197	24.0	247	15.3
48	179	98	96.6	148	42.6	198	23.8	248	15.1
49	178	99	94.9	149	42.0	199	23.5	249	15.0
50	176	100	93.2	150	41.5	200	23.3	250	14.9

（7） F＝335 N/mm² 鋼材の許容応力度と板要素の幅厚比

長期応力に対する許容応力度（5章）

＜構造用鋼材（5.1）＞

（1）　許容引張応力度　　　　　　　　　　　　　　　　　　　　f_t＝223 N/mm²

（2）　許容せん断応力度　　　　　　　　　　　　　　　　　　　f_s＝128 N/mm²

（3）　許容圧縮応力度

　a）一　般　　　　　　　　　　　　　　　　　　　　　　　付表1.7

　　　限界細長比　　　　　　　　　　　　　　　　　　　　　　Λ＝101

　b）圧延形鋼，溶接 H 形断面のウェブフィレット先端部　　　　f'_c＝257 N/mm²

（4）　許容曲げ応力度

　a）強軸まわりに曲げを受ける材（矩形中空断面を除く）　　　（5.7）〜（5.9）式による

　b）円形鋼管，矩形中空断面材および荷重面内に対称軸を有し，かつ

　　弱軸まわりに曲げを受ける材　　　　　　　　　　　　　　f_b＝223 N/mm²

　c）ベアリングプレート　　　　　　　　　　　　　　　　　　f_b＝257 N/mm²

　d）曲げを受けるピン　　　　　　　　　　　　　　　　　　　f_b＝304 N/mm²

（5）　許容支圧応力度

　a）ピンおよび荷重点スチフナの接触部，その他仕上面一般　　f_{p1}＝304 N/mm²

　b）すべり支承またはローラー支承部　　　　　　　　　　　　f_{b2}＝636 N/mm²

＜ボルト，高力ボルトおよびアンカーボルト（5.2）＞

（2）　継手板の許容支圧応力度　　　　　　　　　　　　　　　f_l＝418 N/mm²

板要素の幅厚比（9章）

＜平板要素の幅厚比（9.1）＞

（1）　1 縁支持，他縁自由の板突出部分

　　a）柱および圧縮材一般の突出フランジ，梁の圧縮部分から突出して

　　いる板および山形鋼，梁の圧縮フランジ　　　　　　　　　$b/t \leqq 13$

　　b）単一山形鋼，はさみ板を有する複山形鋼　　　　　　　　$b/t \leqq 11$

（2）　2 縁支持の板

　　a）柱または圧縮材一般のウェブプレート，矩形の中空断面のフラン

　　ジプレートおよび補剛縁つきの圧縮フランジ　　　　　　　$d/t \leqq 40$

　　b）梁のウェブプレート　　　　　　　　　　　　　　　　　$d/t \leqq 59$

＜円形鋼管の径厚比（9.2）＞　　　　　　　　　　　　　　　　$D/t \leqq 70$

付表 1.7　$F=335\,\mathrm{N/mm^2}$鋼材の長期応力に対する許容圧縮応力度 f_c（$\mathrm{N/mm^2}$）〔(5.3)，(5.4)式による〕

λ	f_c	λ	f_c	λ	f_c	λ	f_c	λ	f_c
1	223	51	179	101	91.5	151	40.9	201	23.1
2	223	52	178	102	89.7	152	40.4	202	22.8
3	223	53	176	103	88.0	153	39.9	203	22.6
4	223	54	174	104	86.3	154	39.3	204	22.4
5	222	55	173	105	84.7	155	38.8	205	22.2
6	222	56	171	106	83.1	156	38.3	206	22.0
7	222	57	170	107	81.5	157	37.8	207	21.7
8	222	58	168	108	80.0	158	37.4	208	21.5
9	221	59	166	109	78.6	159	36.9	209	21.3
10	221	60	165	110	77.1	160	36.4	210	21.1
11	221	61	163	111	75.8	161	36.0	211	20.9
12	220	62	161	112	74.4	162	35.5	212	20.7
13	220	63	160	113	73.1	163	35.1	213	20.5
14	219	64	158	114	71.8	164	34.7	214	20.3
15	219	65	156	115	70.6	165	34.3	215	20.2
16	218	66	154	116	69.4	166	33.8	216	20.0
17	217	67	153	117	68.2	167	33.4	217	19.8
18	217	68	151	118	67.0	168	33.0	218	19.6
19	216	69	149	119	65.9	169	32.7	219	19.4
20	215	70	147	120	64.8	170	32.3	220	19.2
21	215	71	146	121	63.7	171	31.9	221	19.1
22	214	72	144	122	62.7	172	31.5	222	18.9
23	213	73	142	123	61.7	173	31.2	223	18.7
24	212	74	140	124	60.7	174	30.8	224	18.6
25	211	75	138	125	59.7	175	30.5	225	18.4
26	211	76	137	126	58.8	176	30.1	226	18.2
27	210	77	135	127	57.9	177	29.8	227	18.1
28	209	78	133	128	57.0	178	29.4	228	17.9
29	208	79	131	129	56.1	179	29.1	229	17.8
30	207	80	129	130	55.2	180	28.8	230	17.6
31	206	81	128	131	54.4	181	28.5	231	17.5
32	204	82	126	132	53.6	182	28.1	232	17.3
33	203	83	124	133	52.8	183	27.8	233	17.2
34	202	84	122	134	52.0	184	27.5	234	17.0
35	201	85	120	135	51.2	185	27.2	235	16.9
36	200	86	118	136	50.5	186	26.9	236	16.7
37	199	87	117	137	49.7	187	26.7	237	16.6
38	197	88	115	138	49.0	188	26.4	238	16.4
39	196	89	113	139	48.3	189	26.1	239	16.3
40	195	90	111	140	47.6	190	25.8	240	16.2
41	194	91	109	141	46.9	191	25.6	241	16.0
42	192	92	107	142	46.3	192	25.3	242	15.9
43	191	93	106	143	45.6	193	25.0	243	15.8
44	189	94	104	144	45.0	194	24.8	244	15.6
45	188	95	102	145	44.4	195	24.5	245	15.5
46	187	96	100	146	43.8	196	24.3	246	15.4
47	185	97	98.7	147	43.2	197	24.0	247	15.3
48	184	98	96.9	148	42.6	198	23.8	248	15.1
49	182	99	95.1	149	42.0	199	23.5	249	15.0
50	181	100	93.3	150	41.5	200	23.3	250	14.9

（ 8 ） 　F＝355 N/mm²鋼材の許容応力度と板要素の幅厚比

長期応力に対する許容応力度（ 5 章）

＜構造用鋼材（5.1）＞

（ 1 ）　許容引張応力度　　　　　　　　　　　　　　　　　　　　　f_t＝236 N/mm²

（ 2 ）　許容せん断応力度　　　　　　　　　　　　　　　　　　　　f_s＝136 N/mm²

（ 3 ）　許容圧縮応力度

　a ）　一　般　　　　　　　　　　　　　　　　　　　　　　　付表 1.8

　　　　限界細長比　　　　　　　　　　　　　　　　　　　　Λ＝98

　b ）　圧延形鋼，溶接 H 形断面のウェブフィレット先端部　　　　f_c＝273 N/mm²

（ 4 ）　許容曲げ応力度

　a ）　強軸まわりに曲げを受ける材（矩形中空断面を除く）　　（5.7）〜（5.9）式による

　b ）　円形鋼管，矩形中空断面材および荷重面内に対称軸を有し，かつ

　　　　弱軸まわりに曲げを受ける材　　　　　　　　　　　　　　f_b＝236 N/mm²

　c ）　ベアリングプレート　　　　　　　　　　　　　　　　　　f_b＝273 N/mm²

　d ）　曲げを受けるピン　　　　　　　　　　　　　　　　　　　f_b＝322 N/mm²

（ 5 ）　許容支圧応力度

　a ）　ピンおよび荷重点スチフナの接触部，その他仕上面一般　f_{p1}＝322 N/mm²

　b ）　すべり支承またはローラー支承部　　　　　　　　　　　f_{b2}＝674 N/mm²

＜ボルト，高力ボルトおよびアンカーボルト（5.2）＞

（ 2 ）　継手板の許容支圧応力度　　　　　　　　　　　　　　　　f_t＝443 N/mm²

板要素の幅厚比（ 9 章）

＜平板要素の幅厚比（9.1）＞

（ 1 ）　 1 縁支持，他縁自由の板突出部分

　a ）　柱および圧縮材一般の突出フランジ，梁の圧縮部分から突出して

　　　　いる板および山形鋼，梁の圧縮フランジ　　　　　　　　$b/t \leqq 13$

　b ）　単一山形鋼，はさみ板を有する複山形鋼　　　　　　　　$b/t \leqq 11$

（ 2 ）　 2 縁支持の板

　a ）　柱または圧縮材一般のウェブプレート，矩形の中空断面のフラン

　　　　ジプレートおよび補剛縁つきの圧縮フランジ　　　　　　$d/t \leqq 38$

　b ）　梁のウェブプレート　　　　　　　　　　　　　　　　　$d/t \leqq 58$

＜円形鋼管の径厚比（9.2）＞　　　　　　　　　　　　　　　　　$D/t \leqq 66$

付表 1.8　$F=355\,\mathrm{N/mm^2}$鋼材の長期応力に対する許容圧縮応力度 f_c（$\mathrm{N/mm^2}$）〔(5.3)，(5.4)式による〕

λ	f_c	λ	f_c	λ	f_c	λ	f_c	λ	f_c
1	236	51	187	101	91.5	151	40.9	201	23.1
2	236	52	186	102	89.7	152	40.4	202	22.8
3	236	53	184	103	88.0	153	39.9	203	22.6
4	236	54	182	104	86.3	154	39.3	204	22.4
5	236	55	180	105	84.7	155	38.8	205	22.2
6	235	56	179	106	83.1	156	38.3	206	22.0
7	235	57	177	107	81.5	157	37.8	207	21.7
8	235	58	175	108	80.0	158	37.4	208	21.5
9	234	59	173	109	78.6	159	36.9	209	21.3
10	234	60	171	110	77.1	160	36.4	210	21.1
11	234	61	169	111	75.8	161	36.0	211	20.9
12	233	62	168	112	74.4	162	35.5	212	20.7
13	233	63	165	113	73.1	163	35.1	213	20.5
14	232	64	164	114	71.8	164	34.7	214	20.3
15	231	65	162	115	70.6	165	34.3	215	20.2
16	231	66	160	116	69.4	166	33.8	216	20.0
17	230	67	158	117	68.2	167	33.4	217	19.8
18	229	68	156	118	67.0	168	33.0	218	19.6
19	229	69	154	119	65.9	169	32.7	219	19.4
20	228	70	152	120	64.8	170	32.3	220	19.2
21	227	71	150	121	63.7	171	31.9	221	19.1
22	226	72	148	122	62.7	172	31.5	222	18.9
23	225	73	146	123	61.7	173	31.2	223	18.7
24	224	74	144	124	60.7	174	30.8	224	18.6
25	223	75	142	125	59.7	175	30.5	225	18.4
26	222	76	140	126	58.8	176	30.1	226	18.2
27	221	77	139	127	57.9	177	29.8	227	18.1
28	220	78	137	128	57.0	178	29.4	228	17.9
29	219	79	135	129	56.1	179	29.1	229	17.8
30	218	80	133	130	55.2	180	28.8	230	17.6
31	217	81	131	131	54.4	181	28.5	231	17.5
32	216	82	129	132	53.6	182	28.1	232	17.3
33	214	83	127	133	52.8	183	27.8	233	17.2
34	213	84	125	134	52.0	184	27.5	234	17.0
35	212	85	123	135	51.2	185	27.2	235	16.9
36	210	86	121	136	50.5	186	26.9	236	16.7
37	209	87	119	137	49.7	187	26.7	237	16.6
38	208	88	117	138	49.0	188	26.4	238	16.4
39	206	89	115	139	48.3	189	26.1	239	16.3
40	205	90	113	140	47.6	190	25.8	240	16.2
41	203	91	111	141	46.9	191	25.6	241	16.0
42	202	92	109	142	46.3	192	25.3	242	15.9
43	200	93	107	143	45.6	193	25.0	243	15.8
44	199	94	105	144	45.0	194	24.8	244	15.6
45	197	95	103	145	44.4	195	24.5	245	15.5
46	196	96	101	146	43.8	196	24.3	246	15.4
47	194	97	99.2	147	43.2	197	24.0	247	15.3
48	192	98	97.2	148	42.6	198	23.8	248	15.1
49	191	99	95.3	149	42.0	199	23.5	249	15.0
50	189	100	93.4	150	41.5	200	23.3	250	14.9

（ 9 ）　F＝375 N/mm²鋼材の許容応力度と板要素の幅厚比

長期応力に対する許容応力度（ 5 章）

＜構造用鋼材（5.1）＞

（ 1 ）　許容引張応力度　　　　　　　　　　　　　　　　　　　　　f_t＝250 N/mm²

（ 2 ）　許容せん断応力度　　　　　　　　　　　　　　　　　　　　f_s＝144 N/mm²

（ 3 ）　許容圧縮応力度

　　a ）一　　般　　　　　　　　　　　　　　　　　　　　　　　　付表 1.9

　　　　限界細長比　　　　　　　　　　　　　　　　　　　　　　　$\varLambda$＝95

　　b ）圧延形鋼，溶接 H 形断面のウェブフィレット先端部　　　　f_c＝288 N/mm²

（ 4 ）　許容曲げ応力度

　　a ）強軸まわりに曲げを受ける材（矩形中空断面を除く）　　　（5.7）〜（5.9）式による

　　b ）円形鋼管，矩形中空断面材および荷重面内に対称軸を有し，かつ

　　　　弱軸まわりに曲げを受ける材　　　　　　　　　　　　　　　f_b＝250 N/mm²

　　c ）ベアリングプレート　　　　　　　　　　　　　　　　　　　f_b＝288 N/mm²

　　d ）曲げを受けるピン　　　　　　　　　　　　　　　　　　　　f_b＝340 N/mm²

（ 5 ）　許容支圧応力度

　　a ）ピンおよび荷重点スチフナの接触部，その他仕上面一般　　f_{p1}＝340 N/mm²

　　b ）すべり支承またはローラー支承部　　　　　　　　　　　　　f_{b2}＝712 N/mm²

＜ボルト，高力ボルトおよびアンカーボルト（5.2）＞

（ 2 ）　継手板の許容支圧応力度　　　　　　　　　　　　　　　　f_t＝468 N/mm²

板要素の幅厚比（ 9 章）

＜平板要素の幅厚比（9.1）＞

（ 1 ）　1 縁支持，他縁自由の板突出部分

　　a ）柱および圧縮材一般の突出フランジ，梁の圧縮部分から突出して

　　　　いる板および山形鋼，梁の圧縮フランジ　　　　　　　　　$b/t\leqq12$

　　b ）単一山形鋼，はさみ板を有する複山形鋼　　　　　　　　　$b/t\leqq10$

（ 2 ）　2 縁支持の板

　　a ）柱または圧縮材一般のウェブプレート，矩形の中空断面のフラン

　　　　ジプレートおよび補剛縁つきの圧縮フランジ　　　　　　　$d/t\leqq37$

　　b ）梁のウェブプレート　　　　　　　　　　　　　　　　　　$d/t\leqq56$

＜円形鋼管の径厚比（9.2）＞　　　　　　　　　　　　　　　　　$D/t\leqq62$

付表 1.9　$F=375\ \mathrm{N/mm^2}$鋼材の長期応力に対する許容圧縮応力度 f_c（$\mathrm{N/mm^2}$）〔(5.3)，(5.4)式による〕

λ	f_c	λ	f_c	λ	f_c	λ	f_c	λ	f_c
1	249	51	195	101	91.5	151	40.9	201	23.1
2	249	52	194	102	89.7	152	40.4	202	22.8
3	249	53	192	103	88.0	153	39.9	203	22.6
4	249	54	190	104	86.3	154	39.3	204	22.4
5	249	55	188	105	84.7	155	38.8	205	22.2
6	249	56	186	106	83.1	156	38.3	206	22.0
7	248	57	184	107	81.5	157	37.8	207	21.7
8	248	58	182	108	80.0	158	37.4	208	21.5
9	248	59	180	109	78.6	159	36.9	209	21.3
10	247	60	178	110	77.1	160	36.4	210	21.1
11	247	61	176	111	75.8	161	36.0	211	20.9
12	246	62	174	112	74.4	162	35.5	212	20.7
13	246	63	172	113	73.1	163	35.1	213	20.5
14	245	64	170	114	71.8	164	34.7	214	20.3
15	244	65	167	115	70.6	165	34.3	215	20.2
16	244	66	165	116	69.4	166	33.8	216	20.0
17	243	67	163	117	68.2	167	33.4	217	19.8
18	242	68	161	118	67.0	168	33.0	218	19.6
19	241	69	159	119	65.9	169	32.7	219	19.4
20	240	70	157	120	64.8	170	32.3	220	19.2
21	239	71	155	121	63.7	171	31.9	221	19.1
22	238	72	153	122	62.7	172	31.5	222	18.9
23	237	73	150	123	61.7	173	31.2	223	18.7
24	236	74	148	124	60.7	174	30.8	224	18.6
25	235	75	146	125	59.7	175	30.5	225	18.4
26	234	76	144	126	58.8	176	30.1	226	18.2
27	233	77	142	127	57.9	177	29.8	227	18.1
28	232	78	140	128	57.0	178	29.4	228	17.9
29	231	79	138	129	56.1	179	29.1	229	17.8
30	229	80	135	130	55.2	180	28.8	230	17.6
31	228	81	133	131	54.4	181	28.5	231	17.5
32	227	82	131	132	53.6	182	28.1	232	17.3
33	225	83	129	133	52.8	183	27.8	233	17.2
34	224	84	127	134	52.0	184	27.5	234	17.0
35	222	85	125	135	51.2	185	27.2	235	16.9
36	221	86	122	136	50.5	186	26.9	236	16.7
37	219	87	120	137	49.7	187	26.7	237	16.6
38	218	88	118	138	49.0	188	26.4	238	16.4
39	216	89	116	139	48.3	189	26.1	239	16.3
40	215	90	114	140	47.6	190	25.8	240	16.2
41	213	91	112	141	46.9	191	25.6	241	16.0
42	211	92	109	142	46.3	192	25.3	242	15.9
43	210	93	107	143	45.6	193	25.0	243	15.8
44	208	94	105	144	45.0	194	24.8	244	15.6
45	206	95	103	145	44.4	195	24.5	245	15.5
46	205	96	101	146	43.8	196	24.3	246	15.4
47	203	97	99.2	147	43.2	197	24.0	247	15.3
48	201	98	97.2	148	42.6	198	23.8	248	15.1
49	199	99	95.3	149	42.0	199	23.5	249	15.0
50	197	100	93.4	150	41.5	200	23.3	250	14.9

付2. 鋼材の標準断面寸法・断面性能

2.1　平鋼の形状・寸法

（1）　平鋼の標準断面寸法とその断面積・単位質量

厚さ(mm)	幅(mm)	断面積(cm²)	単位質量(kg/m)	厚さ(mm)	幅(mm)	断面積(cm²)	単位質量(kg/m)	厚さ(mm)	幅(mm)	断面積(cm²)	単位質量(kg/m)	厚さ(mm)	幅(mm)	断面積(cm²)	単位質量(kg/m)
4.5	25	1.125	0.88	8	150	12.00	9.42	12	150	18.00	14.1	19	180	34.20	26.8
4.5	32	1.440	1.13	8	180	14.40	11.3	12	180	21.60	17.0	19	200	38.00	29.8
4.5	38	1.710	1.34	8	200	16.00	12.6	12	200	24.00	18.8	19	230	43.70	34.3
4.5	44	1.980	1.55	8	230	18.40	14.4	12	230	27.60	21.7	19	250	47.50	37.3
4.5	50	2.250	1.77	8	250	20.00	15.7	12	250	30.00	23.6	19	280	53.20	41.8
4.5	65	2.925	2.30	8	280	22.40	17.6	12	280	33.60	26.4	19	300	57.00	44.7
4.5	75	3.375	2.65	8	300	24.00	18.8	12	300	36.00	28.3	19	350	66.50	52.2
4.5	90	4.050	3.18	8	350	28.00	22.0	12	350	42.00	33.0	19	400	76.00	59.7
4.5	100	4.500	3.53	8	400	32.00	25.1	12	400	48.00	37.7	19	450	85.50	67.1
4.5	125	5.625	4.42	9	25	2.250	1.77	16	32	5.120	4.02	19	500	95.00	74.6
4.5	150	6.750	5.30	9	32	2.880	2.26	16	38	6.080	4.77	22	50	11.00	8.64
6	25	1.500	1.18	9	38	3.420	2.68	16	44	7.040	5.53	22	65	14.30	11.2
6	32	1.920	1.51	9	44	3.960	3.11	16	50	8.000	6.28	22	75	16.50	13.0
6	38	2.280	1.79	9	50	4.500	3.53	16	65	10.40	8.16	22	90	19.80	15.5
6	44	2.640	2.07	9	65	5.850	4.59	16	75	12.00	9.42	22	100	22.00	17.3
6	50	3.000	2.36	9	75	6.750	5.30	16	90	14.40	11.3	22	125	27.50	21.6
6	65	3.900	3.06	9	90	8.100	6.36	16	100	16.00	12.6	22	150	33.00	25.9
6	75	4.500	3.53	9	100	9.000	7.06	16	125	20.00	15.7	22	180	39.60	31.1
6	90	5.400	4.24	9	125	11.25	8.83	16	150	24.00	18.8	22	200	44.00	34.5
6	100	6.000	4.71	9	150	13.50	10.6	16	180	28.80	22.6	22	230	50.60	39.7
6	125	7.500	5.89	9	180	16.20	12.7	16	200	32.00	25.1	22	250	55.00	43.2
6	150	9.000	6.36	9	200	18.00	14.1	16	230	36.80	28.9	22	280	61.60	48.4
6	180	10.80	8.48	9	230	20.70	16.2	16	250	40.00	31.4	22	300	66.00	51.8
6	200	12.00	9.42	9	250	22.50	17.7	16	280	44.80	35.2	22	350	77.00	60.4
6	230	13.80	10.8	9	280	25.20	19.8	16	300	48.00	37.7	22	400	88.00	69.1
6	250	15.00	11.8	9	300	27.00	21.2	16	350	56.00	44.0	22	450	99.00	77.7
6	280	16.80	13.2	9	350	31.50	24.7	16	400	64.00	50.2	22	500	110.0	86.4
6	300	18.00	14.1	9	400	36.00	28.3	16	450	72.00	56.5	25	50	12.50	9.81
8	25	2.000	1.57	12	25	3.000	2.36	16	500	80.00	62.8	25	65	16.25	12.8
8	32	2.560	2.01	12	32	3.840	3.01	19	38	7.220	5.67	25	75	18.75	14.7
8	38	3.040	2.39	12	38	4.560	3.38	19	44	8.360	6.56	25	90	22.50	17.7
8	44	3.520	2.76	12	44	5.280	4.14	19	50	9.500	7.46	25	100	25.00	19.6
8	50	4.000	3.14	12	50	6.000	4.71	19	65	12.35	9.69	25	125	31.25	24.5
8	65	5.200	4.08	12	65	7.800	6.12	19	75	14.25	11.2	25	150	37.50	29.4
8	75	6.000	4.71	12	75	9.000	7.06	19	90	17.10	13.4	25	180	45.00	35.3
8	90	7.200	5.65	12	90	10.80	8.48	19	100	19.00	14.9	25	200	50.00	39.2
8	100	8.000	6.28	12	100	12.00	9.42	19	125	23.75	18.6	25	230	57.50	45.1
8	125	10.00	7.85	12	125	15.00	11.8	19	150	28.50	22.4	25	250	62.50	49.1

標準断面寸法		断面積	単位質量	標準断面寸法		断面積	単位質量	標準断面寸法		断面積	単位質量	標準断面寸法		断面積	単位質量
厚さ(mm)	幅(mm)	(cm²)	(kg/m)	厚さ(mm)	幅(mm)	(cm²)	(kg/m)	厚さ(mm)	幅(mm)	(cm²)	(kg/m)	厚さ(mm)	幅(mm)	(cm²)	(kg/m)
25	280	70.00	55.0	28	500	140.0	110	36	200	72.00	56.5	40	350	140.0	110
25	300	75.00	58.9	32	75	24.00	18.8	36	230	82.80	65.0	40	400	160.0	126
25	350	87.50	68.7	32	90	28.80	22.6	36	250	90.00	70.6	40	450	180.0	141
25	400	100.0	78.5	32	100	32.00	25.1	36	280	100.8	79.1	40	500	200.0	157
25	450	112.5	88.3	32	125	40.00	31.4	36	300	108.0	84.8	45	75	33.75	26.5
25	500	125.0	98.1	32	150	48.00	37.7	36	350	126.0	98.9	45	90	40.5	31.8
28	75	21.00	16.5	32	230	73.60	57.8	36	400	144.0	113	45	100	45.00	35.3
28	90	25.20	19.8	32	250	80.00	62.8	36	450	162.0	127	45	125	56.25	44.2
28	100	28.00	22.0	32	280	89.60	70.3	36	500	180.0	141	45	150	67.50	53.0
28	125	35.00	27.5	32	300	96.00	75.4	40	75	30.00	23.6	45	180	81.00	63.6
28	150	42.00	33.0	32	350	112.0	87.9	40	90	36.00	28.3	45	250	112.5	88.3
28	180	50.40	39.6	32	400	128.0	100	40	100	40.00	31.4	45	280	126.0	98.9
28	200	56.00	44.0	32	450	144.0	113	40	125	50.00	39.2	45	300	135.0	106
28	230	64.40	50.6	32	500	160.0	126	40	150	60.00	47.1	45	350	157.5	124
28	250	70.00	55.0	36	75	27.00	21.2	40	180	72.00	56.5	45	400	180.0	141
28	280	78.40	61.5	36	90	32.4	25.4	40	200	80.00	62.8	45	450	202.5	159
28	300	84.00	65.9	36	100	36.00	28.3	40	230	92.00	72.2	45	500	225.0	177
28	350	98.00	76.9	36	125	45.00	35.3	40	250	100.0	78.5				
28	400	112.0	87.9	36	150	54.00	42.4	40	280	112.0	87.9				
28	450	126.0	98.9	36	180	64.80	50.9	40	300	120.0	94.2				

2.2 鋼板の形状・寸法

（1） 鋼板の標準寸法とその単位質量

標 準 厚 さ　（単位：mm）

1.2	1.4	1.6	1.8	2.0	2.3	2.5	(2.6)	2.8	(2.9)	3.2
3.6	4.0	4.5	5.0	5.6	6.0	6.3	7.0	8.0	9.0	10.0
11.0	12.0	12.7	13.0	14.0	15.0	16.0	(17.0)	18.0	19.0	20.0
22.0	25.0	25.4	28.0	(30.0)	32.0	36.0	38.0	40.0	45.0	50.0

（　）：運用しない方が望ましいもの

標 準 幅　（単位：mm）

600	630	670	710	750	800	850	900	914
950	1 000	1 060	1 100	1 120	1 180	1 200	1 219	1 250
1 300	1 320	1 400	1 500	1 524	1 600	1 700	1 800	1 829
1 900	2 000	2 100	2 134	2 438	2 500	2 600	2 800	3 000
3 048								

標 準 長 さ　（単位：mm）

1 829	2 438	3 048	6 000	6 096	7 000	8 000	9 000	9 144
10 000	12 000	12 192						

単 位 質 量 表　（kg/m²）

厚さ(mm) ＼ 厚さ(mm)	0	1	2	3	4	5	6	7	8	9
							47.10	54.95	62.80	70.65
10	78.50	86.35	94.20	102.0	109.9	117.8	125.6	133.4	141.3	149.2
20	157.0	164.8	172.7	180.6	188.4	196.2	204.1	212.0	219.8	227.6
30	235.5	243.4	251.2	259.0	266.9	274.8	282.6	290.4	298.3	306.2
40	314.0	321.8	329.7	337.6	345.4	353.2	361.1	369.0	376.8	384.6
50	392.5	400.4	408.2	416.0	423.9	431.8	439.6	447.4	455.3	463.2
60	471.0	478.8	486.7	494.6	502.4	510.2	518.1	526.0	533.8	541.6
70	549.5	557.4	565.2	573.0	580.9	588.8	596.6	604.4	612.3	620.2
80	628.0	635.8	643.7	651.6	659.4	667.2	675.1	683.0	690.8	698.6
90	706.5	714.4	722.2	730.0	737.9	745.8	753.6	761.4	769.3	777.2
100	785.0	792.9	800.7	808.5	816.4	824.3	832.1	839.9	847.8	855.7
110	863.5	871.4	879.2	887.0	894.9	902.8	910.6	918.4	926.3	934.2
120	942.0	949.9	957.7	965.5	973.4	981.3	989.1	996.9	1 005	1 013
130	1 021	1 028	1 036	1 044	1 052	1 060	1 068	1 075	1 083	1 091
140	1 099	1 107	1 115	1 123	1 130	1 138	1 146	1 154	1 162	1 170
150	1 178	1 185	1 193	1 201	1 209	1 217	1 225	1 232	1 240	1 248

2.3　形鋼の形状・寸法

（1）　等辺山形鋼の標準断面寸法とその断面積・単位質量・断面特性

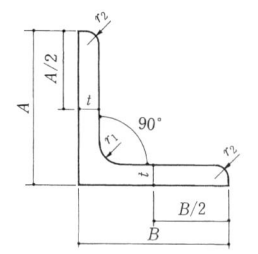

断面二次モーメント　$I = ai^2$
断面二次半径　　　$i = \sqrt{I/a}$
断面係数　　　　　$Z = I/e$
　　　　　　　（a ＝断面積）

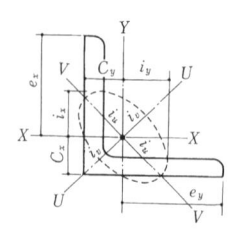

| 標準断面寸法（mm） | | | | 断面積 | 単位質量 | 参 考 | | | | | | | | | | | |
| 標準断面寸法（mm） | | | | | | 重心の位置（cm） | | 断面二次モーメント（cm⁴） | | | | 断面二次半径（cm） | | | | 断面係数（cm³） | |
$A \times B$	t	r_1	r_2	(cm²)	(kg/m)	C_x	C_y	I_x	I_y	最大 I_u	最小 I_v	i_x	i_y	最大 i_u	最小 i_v	Z_x	Z_y
25×25	3	4	2	1.43	1.12	0.719	0.719	0.797	0.797	1.26	0.332	0.747	0.747	0.940	0.483	0.448	0.448
30×30	3	4	2	1.73	1.36	0.844	0.844	1.42	1.42	2.26	0.590	0.908	0.908	1.14	0.585	0.661	0.661
40×40	3	4.5	2	2.34	1.83	1.09	1.09	3.53	3.53	5.60	1.46	1.23	1.23	1.55	0.790	1.21	1.21
40×40	5	4.5	3	3.76	2.95	1.17	1.17	5.42	5.42	8.59	2.25	1.20	1.20	1.51	0.774	1.91	1.91
45×45	4	6.5	3	3.49	2.74	1.24	1.24	6.50	6.50	10.3	2.70	1.36	1.36	1.72	0.880	2.00	2.00
45×45	5	6.5	3	4.30	3.38	1.28	1.28	7.91	7.91	12.5	3.29	1.36	1.36	1.71	0.874	2.46	2.46
50×50	4	6.5	3	3.89	3.06	1.37	1.37	9.06	9.06	14.4	3.76	1.53	1.53	1.92	0.983	2.49	2.49
50×50	5	6.5	3	4.80	3.77	1.41	1.41	11.1	11.1	17.5	4.58	1.52	1.52	1.91	0.976	3.08	3.08
50×50	6	6.5	4.5	5.64	4.43	1.44	1.44	12.6	12.6	20.0	5.23	1.50	1.50	1.88	0.963	3.55	3.55
60×60	4	6.5	3	4.69	3.68	1.61	1.61	16.0	16.0	25.4	6.62	1.85	1.85	2.33	1.19	3.66	3.66
60×60	5	6.5	3	5.80	4.55	1.66	1.66	19.6	19.6	31.2	8.09	1.84	1.84	2.32	1.18	4.52	4.52
65×65	5	8.5	3	6.37	5.00	1.77	1.77	25.3	25.3	40.1	10.5	1.99	1.99	2.51	1.28	5.35	5.35
65×65	6	8.5	4	7.53	5.91	1.81	1.81	29.4	29.4	46.6	12.2	1.98	1.98	2.49	1.27	6.26	6.26
65×65	8	8.5	6	9.76	7.66	1.88	1.88	36.8	36.8	58.3	15.3	1.94	1.94	2.44	1.25	7.96	7.96
70×70	6	8.5	4	8.13	6.38	1.93	1.93	37.1	37.1	58.9	15.3	2.14	2.14	2.69	1.37	7.33	7.33
75×75	6	8.5	4	8.73	6.85	2.06	2.06	46.1	46.1	73.2	19.0	2.30	2.30	2.90	1.48	8.47	8.47
75×75	9	8.5	6	12.7	9.96	2.17	2.17	64.4	64.4	102	26.7	2.25	2.25	2.84	1.45	12.1	12.1
75×75	12	8.5	6	16.6	13.0	2.29	2.29	81.9	81.9	129	34.5	2.22	2.22	2.79	1.44	15.7	15.7
80×80	6	8.5	4	9.33	7.32	2.18	2.18	56.4	56.4	89.6	23.2	2.46	2.46	3.10	1.58	9.70	9.70
90×90	6	10	5	10.6	8.28	2.42	2.42	80.7	80.7	128	33.4	2.77	2.77	3.48	1.78	12.3	12.3
90×90	7	10	5	12.2	9.59	2.46	2.46	93.0	93.0	148	38.3	2.76	2.76	3.48	1.77	14.2	14.2
90×90	10	10	7	17.0	13.3	2.57	2.57	125	125	199	51.7	2.71	2.71	3.42	1.74	19.5	19.5
90×90	13	10	7	21.7	17.0	2.69	2.69	156	156	248	65.3	2.68	2.68	3.38	1.73	24.8	24.8
100×100	7	10	5	13.6	10.7	2.71	2.71	129	129	205	53.2	3.08	3.08	3.88	1.98	17.7	17.7
100×100	10	10	7	19.0	14.9	2.82	2.82	175	175	278	72.0	3.04	3.04	3.83	1.95	24.4	24.4
100×100	13	10	7	24.3	19.1	2.94	2.94	220	220	348	91.1	3.00	3.00	3.78	1.94	31.1	31.1
120×120	8	12	5	18.8	14.7	3.24	3.24	258	258	410	106	3.71	3.71	4.67	2.38	29.5	29.5
130×130	9	12	6	22.7	17.9	3.53	3.53	366	366	583	150	4.01	4.01	5.06	2.57	38.7	38.7
130×130	12	12	8.5	29.8	23.4	3.64	3.64	467	467	743	192	3.96	3.96	5.00	2.54	49.9	49.9
130×130	15	12	8.5	36.8	28.8	3.76	3.76	568	568	902	234	3.93	3.93	4.95	2.53	61.5	61.5
150×150	12	14	7	34.8	27.3	4.14	4.14	740	740	118×10	304	4.61	4.61	5.82	2.96	68.1	68.1
150×150	15	14	10	42.7	33.6	4.24	4.24	888	888	141×10	365	4.56	4.56	5.75	2.92	82.6	82.6
150×150	19	14	10	53.4	41.9	4.40	4.40	109×10	109×10	173×10	451	4.52	4.52	5.69	2.91	103	103
175×175	12	15	11	40.5	31.8	4.73	4.73	117×10	117×10	186×10	480	5.38	5.38	6.78	3.44	91.8	91.8
175×175	15	15	11	50.2	39.4	4.85	4.85	144×10	144×10	229×10	589	5.35	5.35	6.75	3.42	114	114
200×200	15	17	12	57.8	45.3	5.46	5.46	218×10	218×10	347×10	891	6.14	6.14	7.75	3.93	150	150
200×200	20	17	12	76.0	59.7	5.67	5.67	282×10	282×10	449×10	116×10	6.09	6.09	7.68	3.90	197	197
200×200	25	17	12	93.8	73.6	5.86	5.86	342×10	342×10	542×10	141×10	6.04	6.04	7.61	3.88	242	242
250×250	25	24	12	119	93.7	7.10	7.10	695×10	695×10	110×10^2	286×10	7.63	7.63	9.62	4.90	388	388
250×250	35	24	18	163	128	7.45	7.45	911×10	911×10	144×10^2	379×10	7.49	7.49	9.42	4.83	519	519

（２） 不等辺山形鋼の標準断面寸法とその断面積・単位質量・断面特性

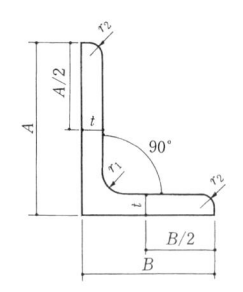

断面二次モーメント $\quad I = ai^2$
断面二次半径 $\quad\quad i = \sqrt{I/a}$
断面係数 $\quad\quad\quad Z = I/e$
$\quad\quad$（a＝断面積）

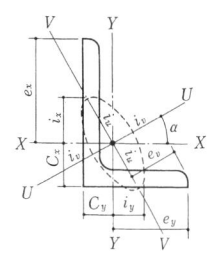

標準断面寸法 (mm)				断面積	単位質量	参				考							
						重心の位置 (cm)		断面二次モーメント (cm⁴)				断面二次半径 (cm)				$\tan\alpha$	断面係数 (cm³)	
$A \times B$	t	r_1	r_2	(cm^2)	(kg/m)	C_x	C_y	I_x	I_y	最大 I_u	最小 I_v	i_x	i_y	最大 i_u	最小 i_v		Z_x	Z_y
90×75	9	8.5	6	14.0	11.0	2.75	2.00	109	68.1	143	34.1	2.78	2.20	3.19	1.56	0.676	17.4	12.4
100×75	7	10	5	11.9	9.32	3.06	1.83	118	56.9	144	30.8	3.15	2.19	3.49	1.61	0.548	17.0	10.0
100×75	10	10	7	16.5	13.0	3.17	1.94	159	76.1	194	41.3	3.11	2.15	3.43	1.58	0.543	23.3	13.7
125×75	7	10	5	13.6	10.7	4.10	1.64	219	60.4	243	36.4	4.01	2.11	4.23	1.64	0.362	26.1	10.3
125×75	10	10	7	19.0	14.9	4.22	1.75	299	80.8	330	49.0	3.96	2.06	4.17	1.61	0.357	36.1	14.1
125×75	13	10	7	24.3	19.1	4.35	1.87	376	101	415	61.9	3.93	2.04	4.13	1.60	0.352	46.1	17.9
125×90	10	10	7	20.5	16.1	3.95	2.22	318	138	380	76.2	3.94	2.59	4.30	1.93	0.505	37.2	20.3
125×90	13	10	7	26.3	20.6	4.07	2.34	401	173	477	96.3	3.91	2.57	4.26	1.91	0.501	47.5	25.9
150×90	9	12	6	20.9	16.4	4.95	1.99	485	133	537	80.4	4.81	2.52	5.06	1.96	0.361	48.2	19.0
150×90	12	12	8.5	27.4	21.5	5.07	2.10	619	167	685	102	4.76	2.47	5.00	1.93	0.357	62.3	24.3
150×100	9	12	6	21.8	17.1	4.76	2.30	502	181	579	104	4.79	2.88	5.15	2.18	0.439	49.1	23.5
150×100	12	12	8.5	28.6	22.4	4.88	2.41	642	228	738	132	4.74	2.83	5.09	2.15	0.435	63.4	30.1
150×100	15	12	8.5	35.3	27.7	5.00	2.53	782	276	897	161	4.71	2.80	5.04	2.14	0.431	78.2	37.0

（3）　I形鋼の標準断面寸法とその断面積・単位質量・断面特性

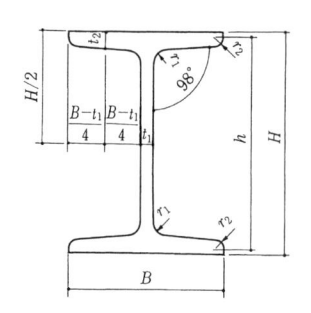

断面二次モーメント　　$I = ai^2$

断面二次半径　　　　　$i = \sqrt{I/a}$

断面係数　　　　　　　$Z = I/e$

（a＝断面積）

サンブナンのねじり定数

$$J = \frac{1}{3}(2Bt_2^3 + ht_1^3)$$

曲げねじり定数　　　　$I_w = \dfrac{I_y \cdot h^2}{4}$

断面のせい　　　　　　$h = H - t_2$

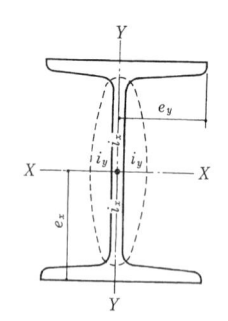

標準断面寸法 (mm)						断面積	単位質量	参　　　考							
								断面二次モーメント (cm⁴)		断面二次半径 (cm)		断面係数 (cm³)		曲げ応力のための断面性能	
$H \times B$	h	t_1	t_2	r_1	r_2	(cm²)	(kg/m)							(cm⁴)	(cm⁶)
								I_x	I_y	i_x	i_y	Z_x	Z_y	J	I_w
100×75	92	5	8	7	3.5	16.4	12.9	281	47.3	4.14	1.70	56.2	12.6	2.94	100×10
125×75	116	5.5	9.5	9	4.5	20.5	16.1	538	57.5	5.13	1.68	86.1	15.3	4.93	192×10
150×75	141	5.5	9.5	9	4.5	21.8	17.1	819	57.5	6.13	1.62	109	15.3	5.07	284×10
150×125	136	8.5	14	13	6.5	46.1	36.2	176×10	385	6.18	2.89	235	61.6	25.7	178×10^2
180×100	170	6	10	10	5	30.1	23.6	167×10	138	7.45	2.14	186	27.6	7.89	997×10
200×100	190	7	10	10	5	33.1	26.0	217×10	138	8.10	2.04	217	27.6	8.84	125×10^2
200×150	184	9	16	15	7.5	64.2	50.4	446×10	753	8.34	3.43	446	100	45.4	637×10^2
250×125	238	7.5	12.5	12	6	48.8	38.3	518×10	337	10.3	2.63	414	53.9	19.6	475×10^2
250×125	231	10	19	21	10.5	70.7	55.5	731×10	538	10.2	2.76	585	86.1	64.9	718×10^2
300×150	287	8	13	12	6	61.6	48.3	948×10	588	12.4	3.09	632	78.4	26.9	121×10^3
300×150	282	10	18.5	19	9.5	83.5	65.5	127×10^2	886	12.3	3.26	847	118	72.7	176×10^3
300×150	278	11.5	22	23	11.5	97.9	76.8	147×10^2	108×10	12.3	3.32	980	144	121	209×10^3
350×150	335	9	15	13	6.5	74.6	58.5	152×10^2	702	14.3	3.07	869	93.6	41.9	197×10^3
350×150	326	12	24	25	12.5	111	87.2	224×10^2	118×10	14.2	3.26	128×10	157	157	314×10^3
400×150	382	10	18	17	8.5	91.7	72.0	241×10^2	864	16.2	3.07	120×10	115	71.1	315×10^3
400×150	375	12.5	25	27	13.5	122	95.8	317×10^2	124×10	16.1	3.19	158×10	165	181	436×10^3
450×175	430	11	20	19	9.5	117	91.7	392×10^2	151×10	18.3	3.60	174×10	173	112	698×10^3
450×175	424	13	26	27	13.5	146	115	488×10^2	202×10	18.3	3.72	217×10	231	236	908×10^3
600×190	575	13	25	25	12.5	169	133	984×10^2	246×10	24.1	3.81	328×10	259	240	203×10^4
600×190	565	16	35	38	19	224	176	130×10^2	354×10	24.1	3.97	433×10	373	620	283×10^4

（4）　溝形鋼の標準断面寸法とその断面積・単位質量・断面特性

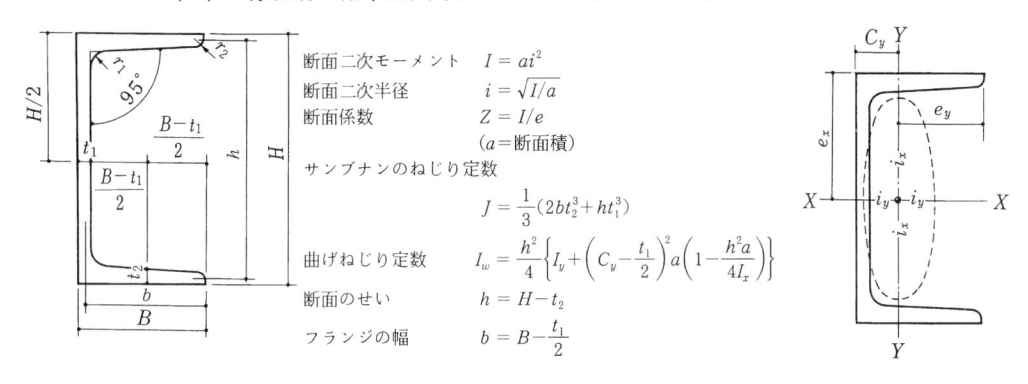

断面二次モーメント　　$I = ai^2$

断面二次半径　　　　　$i = \sqrt{I/a}$

断面係数　　　　　　　$Z = I/e$

　　　　　　　　　　　（a＝断面積）

サンブナンのねじり定数

$$J = \frac{1}{3}(2bt_2^3 + ht_1^3)$$

曲げねじり定数　　　$I_w = \frac{h^2}{4}\left\{ I_y + \left(C_y - \frac{t_1}{2} \right)^2 a \left(1 - \frac{h^2 a}{4 I_x} \right) \right\}$

断面のせい　　　　　$h = H - t_2$

フランジの幅　　　　$b = B - \dfrac{t_1}{2}$

標準断面寸法 (mm)							断面積	単位質量	参　　考									
									重心の位置 (cm)		断面二次モーメント (cm⁴)		断面二次半径 (cm)		断面係数 (cm³)		曲げ応力のための断面性能	
$H \times B$	h	b	t_1	t_2	r_1	r_2	(cm²)	(kg/m)									(cm⁴)	(cm⁶)
									C_x	C_y	I_x	I_y	i_x	i_y	Z_x	Z_y	J	I_w
75×40	68.0	37.5	5	7	8	4	8.82	6.92	0	1.28	75.3	12.2	2.92	1.17	20.1	4.47	1.14	103
100×50	92.5	47.5	5	7.5	8	4	11.9	9.36	0	1.54	188	26.0	3.97	1.48	37.6	7.52	1.72	405
125×65	117	62.0	6	8	8	4	17.1	13.4	0	1.90	424	61.8	4.98	1.90	67.8	13.4	2.96	154×10
150×75	140	71.8	6.5	10	10	5	23.7	18.6	0	2.28	861	117	6.03	2.22	115	22.4	6.06	418×10
150×75	138	70.5	9	12.5	15	7.5	30.6	24.0	0	2.31	105×10	147	5.86	2.19	140	28.3	12.5	506×10
180×75	170	71.5	7	10.5	11	5.5	27.2	21.4	0	2.13	138×10	131	7.12	2.19	153	24.3	7.46	684×10
200×80	189	76.3	7.5	11	12	6	31.3	24.6	0	2.21	195×10	168	7.88	2.32	195	29.1	9.42	109×10^2
200×90	187	86.0	8	13.5	14	7	38.7	30.3	0	2.74	249×10	277	8.02	2.68	249	44.2	17.3	177×10^2
250×90	237	85.5	9	13	14	7	44.1	34.6	0	2.40	418×10	294	9.74	2.58	334	44.5	18.3	300×10^2
250×90	236	84.5	11	14.5	17	8.5	51.2	40.2	0	2.40	468×10	329	9.56	2.54	374	49.9	27.6	331×10^2
300×90	286	85.5	9	13	14	7	48.6	38.1	0	2.22	644×10	309	11.5	2.52	429	45.7	19.5	463×10^2
300×90	287	85.0	10	15.5	19	9.5	55.7	43.8	0	2.34	741×10	360	11.5	2.54	494	54.1	30.6	529×10^2
300×90	284	84.0	12	16	19	9.5	61.9	48.6	0	2.28	787×10	379	11.3	2.48	525	56.4	39.3	558×10^2
380×100	364	94.8	10.5	16	18	9	69.4	54.5	0	2.41	145×10^2	535	14.5	2.78	763	70.5	39.9	129×10^3
380×100	364	93.5	13	16.5	18	9	79.0	62.0	0	2.33	156×10^2	565	14.1	2.67	823	73.6	54.6	137×10^3
380×100	360	93.5	13	20	24	12	85.7	67.3	0	2.54	176×10^2	655	14.3	2.76	926	87.8	76.2	155×10^3

（5）　H形鋼の標準断面寸法とその断面積・単位質量・断面特性

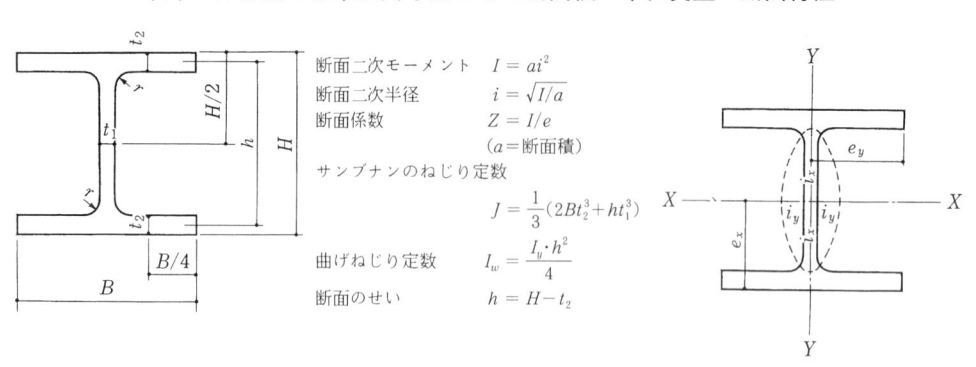

$$断面二次モーメント \quad I = ai^2$$
$$断面二次半径 \quad i = \sqrt{I/a}$$
$$断面係数 \quad Z = I/e$$
$$(a = 断面積)$$

サンブナンのねじり定数
$$J = \frac{1}{3}(2Bt_2^3 + ht_1^3)$$

曲げねじり定数
$$I_w = \frac{I_y \cdot h^2}{4}$$

断面のせい
$$h = H - t_2$$

呼称寸法 高さ×辺	標準断面寸法 (mm)						断面積 (cm²)	単位質量 (kg/m)	参　　　考								
									断面二次モーメント (cm⁴)		断面二次半径 (cm)		断面係数 (cm³)		曲げ応力のための の断面性能	
	$H \times B$	h	t_1	t_2	r				I_x	I_y	i_x	i_y	Z_x	Z_y	(cm⁴) J	(cm⁶) I_w
100× 50	100× 50	93.0	5	7	8		11.8	9.30	187	14.8	3.97	1.12	37.4	5.92	1.53	320
100×100	100×100	92.0	6	8	8		21.6	16.9	378	134	4.18	2.49	75.6	26.8	4.08	284×10
125× 60	125× 60	117	6	8	8		16.7	13.1	409	29.1	4.95	1.32	65.4	9.70	2.89	996
125×125	125×125	116	6.5	9	8		30.0	23.6	839	293	5.29	3.12	134	46.9	7.14	986×10
150× 75	150× 75	143	5	7	8		17.8	14.0	666	49.5	6.11	1.67	88.8	13.2	2.31	253×10
150×100	148×100	139	6	9	8		26.3	20.7	100×10	150	6.16	2.39	135	30.0	5.86	725×10
150×150	150×150	140	7	10	8		39.6	31.1	162×10	563	6.39	3.77	216	75.1	11.6	276×10²
175× 90	175× 90	167	5	8	8		22.9	18.0	121×10	97.5	7.27	2.06	138	21.7	3.77	680×10
175×175	175×175	164	7.5	11	13		51.4	40.4	290×10	984	7.51	4.37	331	112	17.8	662×10²
200×100	198× 99	191	4.5	7	8		22.7	17.8	154×10	113	8.24	2.23	156	22.8	2.84	103×10²
	200×100	192	5.5	8	8		26.7	20.9	181×10	134	8.24	2.24	181	26.8	4.48	123×10²
200×150	194×150	185	6	9	8		38.1	29.9	263×10	507	8.31	3.65	271	67.6	8.62	434×10²
200×200	200×200	188	8	12	13		63.5	49.9	472×10	160×10	8.62	5.02	472	160	26.2	141×10³
	200×204	188	12	12	13		71.5	56.2	498×10	170×10	8.34	4.88	498	167	34.3	150×10³
250×125	248×124	240	5	8	8		32.0	25.1	345×10	255	10.4	2.82	278	41.1	5.23	367×10²
	250×125	241	6	9	8		37.0	29.0	396×10	294	10.3	2.82	317	47.0	7.81	427×10²
250×175	244×175	233	7	11	13		55.5	43.6	604×10	984	10.4	4.21	495	112	18.2	134×10³
250×250	250×250	236	9	14	13		91.4	71.8	107×10²	365×10	10.8	6.32	856	292	51.5	508×10³
	250×255	236	14	14	13		104	81.6	114×10²	388×10	10.5	6.11	912	304	68.2	540×10³
300×150	298×149	290	5.5	8	13		40.8	32.0	632×10	442	12.4	3.29	424	59.3	6.69	929×10²
	300×150	291	6.5	9	13		46.8	36.7	721×10	508	12.4	3.30	481	67.7	9.95	108×10³
300×200	294×200	282	8	12	13		71.1	55.8	111×10²	160×10	12.5	4.75	755	160	27.9	318×10³
300×300	294×302	282	12	12	13		106	83.5	166×10²	551×10	12.5	7.20	113×10	365	51.0	110×10⁴
	300×300	285	10	15	13		118	93.0	202×10²	675×10	13.1	7.55	135×10	450	77.0	137×10⁴
	300×305	285	15	15	13		133	105	213×10²	710×10	12.6	7.29	142×10	466	101	144×10⁴
350×175	346×174	337	6	9	13		52.5	41.2	110×10²	791	14.5	3.88	636	90.9	10.9	225×10³
	350×175	339	7	11	13		62.9	49.4	135×10²	984	14.6	3.95	771	112	19.4	283×10³
350×250	340×250	326	9	14	13		99.5	78.1	212×10²	365×10	14.6	6.06	125×10	292	53.7	970×10³

付表（つづき）

呼称寸法 高さ×辺	標準断面寸法 (mm)					断面積 (cm²)	単位 質量 (kg/m)	参　　考							
	$H \times B$	h	t_1	t_2	r			断面二次モーメント (cm⁴)		断面二次半径 (cm)		断面係数 (cm³)		曲げ応力のため の断面性能	
								I_x	I_y	i_x	i_y	Z_x	Z_y	(cm⁴) J	(cm⁶) I_w
350×350	344×348	328	10	16	13	144	113	$328×10^2$	$112×10^2$	15.1	8.82	$191×10$	644	106	$301×10^4$
	350×350	331	12	19	13	172	135	$398×10^2$	$136×10^2$	15.2	8.89	$227×10$	777	179	$373×10^4$
400×200	396×199	385	7	11	13	71.4	56.1	$198×10^2$	$145×10$	16.7	4.51	$100×10$	146	22.1	$537×10^3$
	400×200	387	8	13	13	83.4	65.4	$235×10^2$	$174×10$	16.8	4.57	$118×10$	174	35.9	$651×10^3$
400×300	390×300	374	10	16	13	133	105	$379×10^2$	$720×10$	16.9	7.35	$194×10$	480	94.4	$252×10^4$
400×400	388×402	373	15	15	22	178	140	$490×10^2$	$163×10^2$	16.6	9.56	$253×10$	811	132	$567×10^4$
	394×398	376	11	18	22	187	147	$561×10^2$	$189×10^2$	17.3	10.1	$285×10$	950	171	$668×10^4$
	400×400	379	13	21	22	219	172	$666×10^2$	$224×10^2$	17.5	10.1	$333×10$	$112×10$	275	$804×10^4$
	400×408	379	21	21	22	251	197	$709×10^2$	$238×10^2$	16.8	9.74	$354×10$	$117×10$	369	$855×10^4$
	414×405	386	18	28	22	295	232	$928×10^2$	$310×10^2$	17.7	10.2	$448×10$	$153×10$	668	$115×10^5$
	428×407	393	20	35	22	361	283	$119×10^3$	$394×10^2$	18.2	10.5	$556×10$	$194×10$	$127×10$	$152×10^5$
	458×417	408	30	50	22	529	415	$187×10^3$	$605×10^2$	18.8	10.7	$817×10$	$290×10$	$384×10$	$252×10^5$
	498×432	428	45	70	22	770	604	$298×10^3$	$944×10^2$	19.7	11.1	$120×10^2$	$437×10$	$112×10^2$	$432×10^5$
450×200	446×199	434	8	12	13	83.0	65.1	$281×10^2$	$158×10$	18.4	4.36	$126×10$	159	30.3	$744×10^3$
	450×200	436	9	14	13	95.4	74.9	$329×10^2$	$187×10$	18.6	4.43	$146×10$	187	47.2	$889×10^3$
450×300	440×300	422	11	18	13	154	121	$547×10^2$	$811×10$	18.9	7.26	$249×10$	541	135	$361×10^4$
500×200	496×199	482	9	14	13	99.3	77.9	$408×10^2$	$184×10$	20.3	4.30	$165×10$	185	48.1	$107×10^4$
	500×200	484	10	16	13	112	88.1	$468×10^2$	$214×10$	20.4	4.37	$187×10$	214	70.7	$125×10^4$
	506×201	487	11	19	13	129	102	$555×10^2$	$258×10$	20.7	4.47	$219×10$	257	114	$153×10^4$
500×300	482×300	467	11	15	13	141	111	$583×10^2$	$676×10$	20.3	6.92	$242×10$	451	88.2	$369×10^4$
	488×300	470	11	18	13	159	125	$689×10^2$	$811×10$	20.8	7.14	$282×10$	541	137	$448×10^4$
600×200	596×199	581	10	15	13	118	92.4	$666×10^2$	$198×10$	23.8	4.10	$223×10$	199	64.1	$167×10^4$
	600×200	583	11	17	13	132	103	$756×10^2$	$227×10$	24.0	4.15	$252×10$	227	91.4	$193×10^4$
	606×201	586	12	20	13	150	118	$883×10^2$	$272×10$	24.3	4.26	$291×10$	271	141	$234×10^4$
600×300	582×300	565	12	17	13	169	133	$989×10^2$	$766×10$	24.2	6.73	$340×10$	511	131	$611×10^4$
	588×300	568	12	20	13	187	147	$114×10^3$	$901×10$	24.7	6.94	$388×10$	601	193	$727×10^4$
	594×302	571	14	23	13	217	170	$134×10^3$	$106×10^2$	24.8	6.99	$451×10$	702	297	$864×10^4$
700×300	692×300	672	13	20	18	208	163	$168×10^3$	$902×10$	28.5	6.59	$486×10$	601	209	$102×10^5$
	700×300	676	13	24	18	232	182	$197×10^3$	$108×10^2$	29.2	6.83	$563×10$	720	326	$123×10^5$
800×300	792×300	770	14	22	18	240	188	$248×10^3$	$992×10$	32.1	6.43	$626×10$	661	283	$147×10^5$
	800×300	774	14	26	18	264	207	$286×10^3$	$117×10^2$	32.9	6.66	$715×10$	780	422	$175×10^5$
900×300	890×299	867	15	23	18	267	210	$339×10^3$	$103×10^2$	35.6	6.21	$762×10$	689	340	$194×10^5$
	900×300	872	16	28	18	306	240	$404×10^3$	$126×10^2$	36.3	6.42	$898×10$	840	558	$240×10^5$
	912×302	878	18	34	18	360	283	$491×10^3$	$157×10^2$	36.9	6.60	$108×10^2$	$104×10$	962	$303×10^5$
	918×303	881	19	37	18	387	304	$535×10^3$	$172×10^2$	37.2	6.66	$117×10^2$	$114×10$	$122×10$	$334×10^5$

2.4　軽量形鋼の形状・寸法

（1）　軽溝形鋼の標準断面寸法とその断面積・単位質量・断面特性

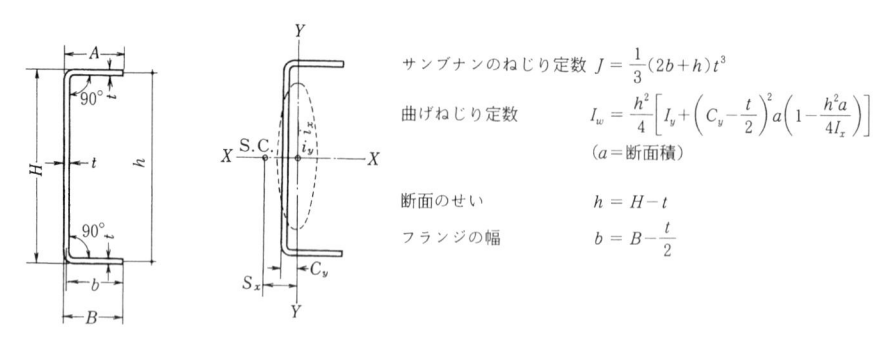

サンブナンのねじり定数　$J = \dfrac{1}{3}(2b+h)t^3$

曲げねじり定数　$I_w = \dfrac{h^2}{4}\left[I_y + \left(C_y - \dfrac{t}{2}\right)^2 a\left(1 - \dfrac{h^2 a}{4 I_x}\right)\right]$

（a＝断面積）

断面のせい　$h = H - t$

フランジの幅　$b = B - \dfrac{t}{2}$

寸　法 (mm)				断面積 (cm²)	単位質量 (kg/m)	重心位置 (cm)		断面二次モーメント (cm⁴)		断面二次半径 (cm)		断面係数 (cm³)		せん断中心 (cm)		曲げ応力のための断面性能	
$H\times A\times B$	h	b	t	(cm²)	(kg/m)	C_x	C_y	I_x	I_y	i_x	i_y	Z_x	Z_y	S_x	S_y	J (cm⁴)	I_w (cm⁶)
450×75×75	444	72.0	6.0	34.8	27.3	0	1.19	840×10	122	15.5	1.87	374	19.4	2.7	0	4.23	460×10²
	446	72.8	4.5	26.3	20.7	0	1.13	643×10	94.3	15.6	1.89	286	14.8	2.7	0	1.80	357×10²
400×75×75	394	72.0	6.0	31.8	25.0	0	1.28	623×10	120	14.0	1.94	312	19.2	2.9	0	3.87	349×10²
	396	72.8	4.5	24.1	18.9	0	1.21	478×10	92.2	14.1	1.96	239	14.7	2.9	0	1.64	272×10²
350×50×50	346	47.8	4.5	19.6	15.4	0	0.75	275×10	27.5	11.9	1.19	157	6.48	1.6	0	1.34	640×10
	346	48.0	4.0	17.5	13.7	0	0.73	247×10	24.8	11.9	1.19	141	5.81	1.6	0	0.94	578×10
300×50×50	296	47.8	4.5	17.3	13.6	0	0.82	185×10	26.8	10.3	1.24	123	6.41	1.8	0	1.19	445×10
	296	48.0	4.0	15.5	12.1	0	0.80	166×10	24.1	10.4	1.25	111	5.74	1.8	0	0.84	401×10
250×75×75	244	72.0	6.0	22.8	17.9	0	1.66	194×10	107	9.23	2.17	155	18.4	3.7	0	2.79	112×10²
250×50×50	246	47.8	4.5	15.1	11.8	0	0.91	116×10	25.9	8.78	1.31	93.0	6.31	2.0	0	1.04	288×10
	246	48.0	4.0	13.5	10.6	0	0.88	105×10	23.3	8.81	1.32	83.7	5.66	2.0	0	0.73	264×10
200×75×75	194	72.0	6.0	19.8	15.6	0	1.87	113×10	101	7.56	2.25	113	17.9	4.1	0	2.43	651×10
200×50×50	196	47.8	4.5	12.8	10.1	0	1.03	666	24.6	7.20	1.38	66.6	6.19	2.2	0	0.88	168×10
	196	48.0	4.0	11.5	9.00	0	1.00	600	22.2	7.23	1.39	60.0	5.55	2.2	0	0.62	154×10
	197	48.4	3.2	9.26	7.27	0	0.97	490	18.2	7.28	1.40	49.0	4.51	2.3	0	0.32	127×10
150×75×75	144	72.0	6.0	16.8	13.2	0	2.15	573	91.9	5.84	2.34	76.4	17.2	4.6	0	2.07	321×10
	146	72.8	4.5	12.8	10.1	0	2.08	448	71.4	5.91	2.36	59.8	13.2	4.6	0	0.88	257×10
	146	73.0	4.0	11.5	9.00	0	2.06	404	64.2	5.93	2.36	53.9	11.8	4.6	0	0.62	234×10
150×50×50	146	47.8	4.5	10.6	8.31	0	1.20	329	22.8	5.58	1.47	43.9	5.99	2.6	0	0.73	833
	147	48.4	3.2	7.66	6.02	0	1.14	244	16.9	5.64	1.48	32.5	4.37	2.6	0	0.27	636
	148	48.9	2.3	5.58	4.38	0	1.10	181	12.5	5.69	1.50	24.1	3.20	2.6	0	0.10	481
120×40×40	117	38.4	3.2	6.06	4.76	0	0.94	122	8.43	4.48	1.18	20.3	2.75	2.1	0	0.21	200
100×50×50	96.8	48.4	3.2	6.06	4.76	0	1.40	93.6	14.9	3.93	1.57	18.7	4.15	3.1	0	0.21	236
	97.7	48.9	2.3	4.43	3.47	0	1.36	69.9	11.1	3.97	1.58	14.0	3.04	3.1	0	0.08	181
100×40×40	96.8	38.4	3.2	5.42	4.26	0	1.03	78.6	7.99	3.81	1.21	15.7	2.69	2.2	0	0.19	128
	97.7	38.9	2.3	3.97	3.11	0	0.99	58.9	5.96	3.85	1.23	11.8	1.98	2.2	0	0.07	98.3
80×40×40	77.7	38.9	2.3	3.51	2.75	0	1.11	34.9	5.56	3.16	1.26	8.73	1.92	2.4	0	0.06	56.9
60×30×30	57.7	28.9	2.3	2.59	2.03	0	0.86	14.2	2.27	2.34	0.94	4.72	1.06	1.8	0	0.05	12.7
	58.4	29.2	1.6	1.84	1.44	0	0.82	10.3	1.64	2.37	0.15	3.45	0.75	1.8	0	0.02	9.53
40×40×40	36.8	38.4	3.2	3.50	2.75	0	1.51	9.21	5.72	1.62	1.28	4.60	2.30	3.0	0	0.12	13.1
	37.7	38.9	2.3	2.59	2.03	0	1.46	7.13	3.54	1.66	1.17	3.57	1.39	3.0	0	0.05	7.78
38×15×15	36.4	14.2	1.6	1.00	0.788	0	0.40	2.04	0.20	1.42	0.45	1.07	0.18	0.8	0	0.01	0.45
19×12×12	17.4	11.2	1.6	0.604	0.474	0	0.41	0.32	0.08	0.72	0.37	0.33	0.11	0.8	0	0.01	0.04

（2）　軽Z形鋼の標準断面寸法とその断面積・単位質量・断面特性

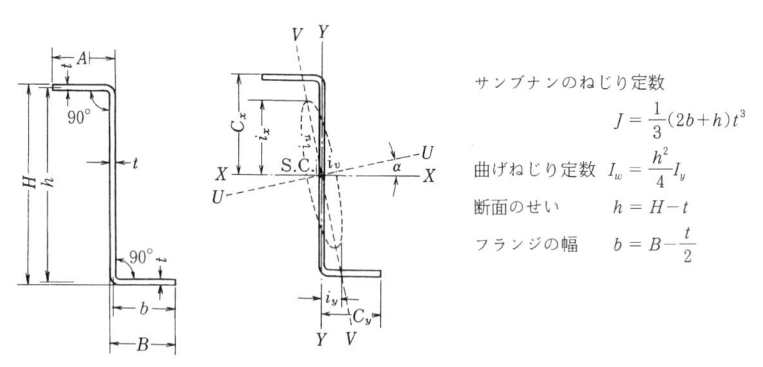

サンブナンのねじり定数
$$J = \frac{1}{3}(2b+h)t^3$$

曲げねじり定数　$I_w = \dfrac{h^2}{4}I_y$

断面のせい　　　$h = H - t$

フランジの幅　　$b = B - \dfrac{t}{2}$

寸法 (mm)				断面積 (cm^2)	単位質量 (kg/m)	重心位置 (cm)		断面二次モーメント (cm^4)				断面二次半径 (cm)				$\tan\alpha$	断面係数 (cm^3)		せん断中心 (cm)		曲げ応力のための断面性能	
$H\times A\times B$	h	b	t	(cm^2)	(kg/m)	C_x	C_y	I_x	I_y	I_u	I_v	i_x	i_y	i_u	i_v		Z_x	Z_y	S_x	S_y	J (cm^4)	I_w (cm^6)
$100\times50\times50$	96.8	48.4	3.2	6.06	4.76	5.00	4.84	93.6	24.2	109	8.70	3.93	2.00	4.24	1.20	0.427	18.7	5.00	0	0	0.21	567
	97.7	48.9	2.3	4.43	3.47	5.00	4.88	69.9	17.9	81.2	6.53	3.97	2.01	4.28	1.21	0.423	14.0	3.66	0	0	0.08	427
$75\times30\times30$	71.8	28.4	3.2	3.98	3.13	3.75	2.84	31.6	4.91	34.5	2.00	2.82	1.11	2.94	0.71	0.313	8.42	1.73	0	0	0.14	63.3
$60\times30\times30$	57.7	28.9	2.3	2.59	2.03	3.00	2.88	14.2	3.69	16.5	1.31	2.34	1.19	2.53	0.71	0.430	4.72	1.28	0	0	0.05	30.7
$40\times20\times20$	37.7	18.9	2.3	1.67	1.31	2.00	1.88	3.86	1.03	4.54	0.35	1.52	0.79	1.65	0.46	0.443	1.93	0.55	0	0	0.03	3.66

（3）　軽山形鋼の標準断面寸法とその断面積・単位質量・断面特性

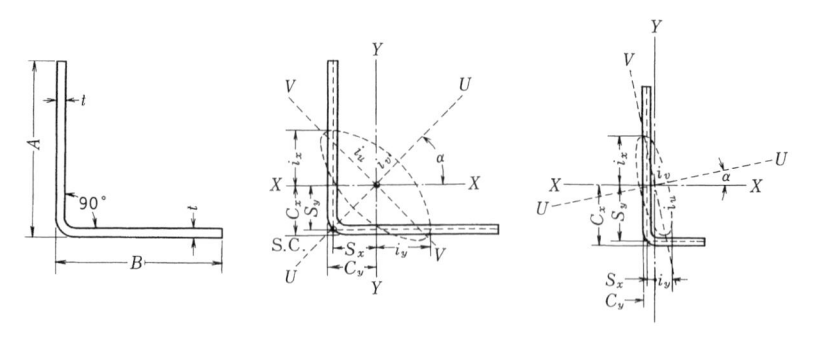

呼び名	寸法 (mm)		断面積 (cm²)	単位質量 (kg/m)	重心位置 (cm)		断面二次モーメント (cm⁴)				断面二次半径 (cm)				tan α	断面係数 (cm³)		せん断中心 (cm)	
	$A \times B$	t			C_x	C_y	I_x	I_y	I_u	I_v	i_x	i_y	i_u	i_v		Z_x	Z_y	S_x	S_y
3155	60×60	3.2	3.67	2.88	1.65	1.65	13.1	13.1	21.3	5.03	1.89	1.89	2.41	1.17	1.00	3.02	3.02	1.49	1.49
3115	50×50	3.2	3.03	2.38	1.40	1.40	7.47	7.47	12.1	2.83	1.57	1.57	2.00	0.97	1.00	2.07	2.07	2.07	1.24
3113		2.3	2.21	1.74	1.36	1.36	5.54	5.54	8.94	2.13	1.58	1.58	2.01	0.98	1.00	1.52	1.52	1.52	1.24
3075	40×40	3.2	2.39	1.88	1.15	1.15	3.72	3.72	6.04	1.39	1.25	1.25	1.59	0.76	1.00	1.30	1.30	0.99	0.99
3035	30×30	3.2	1.75	1.38	0.90	0.90	1.50	1.50	2.45	0.54	0.92	0.92	1.18	0.56	1.00	0.71	0.71	0.74	0.74
3725	75×30	3.2	3.19	2.51	2.86	0.57	18.9	1.94	19.6	1.47	2.43	0.78	2.48	0.62	0.198	4.07	0.80	0.41	2.70

（4）　リップ溝形鋼の標準断面寸法とその断面積・単位質量・断面特性

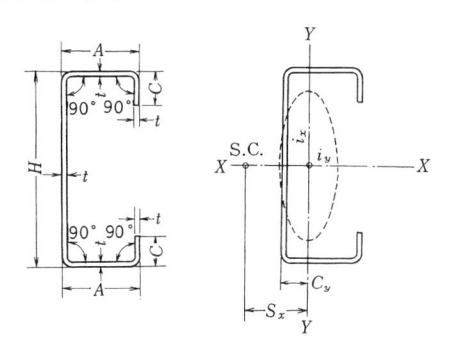

呼び名	寸法 (mm)		断面積	単位質量	重心位置 (cm)		断面二次モーメント (cm⁴)		断面二次半径 (cm)		断面係数 (cm³)		せん断中心 (cm)	
	$H \times A \times C$	t	(cm²)	(kg/m)	C_x	C_y	I_x	I_y	i_x	i_y	Z_x	Z_y	S_x	S_y
4607	250×75×25	4.5	18.9	14.9	0	2.07	169×10	129	9.44	2.62	135	23.8	5.1	0
4567		4.5	16.7	13.1	0	2.32	990	121	7.61	2.69	99.0	23.3	5.6	0
4566	200×75×25	4.0	15.0	11.7	0	2.32	895	110	7.74	2.72	89.5	21.3	5.7	0
4565		3.2	12.1	9.52	0	2.33	736	92.3	7.70	2.76	73.6	17.8	5.7	0
4537		4.5	16.2	12.7	0	2.19	963	109	7.71	2.60	96.3	20.6	5.3	0
4536	200×75×20	4.0	14.6	11.4	0	2.19	871	100	7.74	2.62	87.1	18.9	5.3	0
4535		3.2	11.8	9.27	0	2.19	716	84.1	7.79	2.67	71.6	15.8	5.4	0
4497		4.5	14.4	11.3	0	2.65	501	109	5.90	2.75	66.9	22.5	6.3	0
4496	150×75×25	4.0	13.0	10.2	0	2.65	455	99.8	5.93	2.78	60.6	20.6	6.3	0
4495		3.2	10.5	8.27	0	2.66	375	83.6	5.97	2.82	50.0	17.3	6.4	0
4467		4.5	14.0	11.0	0	2.50	489	99.2	5.92	2.66	65.2	19.8	6.0	0
4466	150×75×20	4.0	12.6	9.85	0	2.51	445	91.0	5.95	2.69	59.3	18.2	5.8	0
4465		3.2	10.2	8.01	0	2.51	366	76.4	5.99	2.74	48.9	15.3	5.1	0
4436		4.0	11.8	9.22	0	2.11	401	63.7	5.84	2.33	53.5	14.5	5.0	0
4435	150×65×20	3.2	9.57	7.51	0	2.11	332	53.8	5.89	2.37	44.3	12.2	5.1	0
4433		2.3	7.01	5.50	0	2.12	248	41.1	5.94	2.42	33.0	9.37	5.2	0
4407		4.5	11.7	9.20	0	1.54	368	35.7	5.60	1.75	49.0	10.5	3.7	0
4405	150×50×20	3.2	8.61	6.76	0	1.54	280	28.3	5.71	1.81	37.4	8.19	3.8	0
4403		2.3	6.32	4.96	0	1.55	210	21.9	5.77	1.86	28.0	6.33	3.8	0
4367		4.5	10.6	8.32	0	1.68	238	33.5	4.74	1.78	38.0	10.0	4.0	0
4366		4.0	9.55	7.50	0	1.68	217	33.1	4.77	1.81	34.7	9.38	4.0	0
4365	125×50×20	3.2	7.81	6.13	0	1.68	181	26.6	4.82	1.85	29.0	8.02	4.0	0
4363		2.3	5.75	4.51	0	1.69	137	20.6	4.88	1.89	21.9	6.22	4.1	0

付表（つづき）

呼び名	寸　法 (mm)		断面積	単位質量	重心位置 (cm)		断面二次モーメント (cm⁴)		断面二次半径 (cm)		断面係数 (cm³)		せん断中心 (cm)	
	$H \times A \times C$	t	(cm²)	(kg/m)	C_x	C_y	I_x	I_y	i_x	i_y	Z_x	Z_y	S_x	S_y
4327	120×60×25	4.5	11.7	9.20	0	2.25	252	58.0	4.63	2.22	41.9	15.5	5.3	0
4295	120×60×20	3.2	8.29	6.51	0	2.12	186	40.9	4.74	2.22	31.0	10.5	4.9	0
4293		2.3	6.09	4.78	0	2.13	140	31.3	4.79	2.27	23.3	8.10	5.1	0
4255	120×40×20	3.2	7.01	5.50	0	1.32	144	15.3	4.53	1.48	24.0	5.71	3.4	0
4227	100×50×20	4.5	9.47	7.43	0	1.86	139	30.9	3.82	1.81	27.7	9.82	4.3	0
4226		4.0	8.55	6.71	0	1.86	127	28.7	3.85	1.83	25.4	9.13	4.3	0
4225		3.2	7.01	5.50	0	1.86	107	24.5	3.90	1.87	21.3	7.81	4.4	0
4224		2.8	6.21	4.87	0	1.88	99.8	23.2	3.96	1.91	20.0	7.44	4.3	0
4223		2.3	5.17	4.06	0	1.86	80.7	19.0	3.95	1.92	16.1	6.06	4.4	0
4222		2.0	4.54	3.56	0	1.86	71.4	16.9	3.97	1.93	14.3	5.40	4.4	0
4221		1.6	3.67	2.88	0	1.87	58.4	14.0	3.99	1.95	11.7	4.47	4.5	0
4185	90×45×20	3.2	6.37	5.00	0	1.72	76.9	18.3	3.48	1.69	17.1	6.57	4.1	0
4183		2.3	4.71	3.70	0	1.73	58.6	14.2	3.53	1.74	13.0	5.14	4.1	0
1481		1.6	3.35	2.63	0	1.73	42.6	10.5	3.56	1.77	9.46	5.80	4.2	0
4143	75×45×15	2.3	4.14	3.25	0	1.72	37.1	11.8	3.00	1.69	9.90	4.24	4.0	0
4142		2.0	3.64	2.86	0	1.72	33.0	10.5	3.01	1.70	8.79	3.76	4.0	0
4141		1.6	2.95	2.32	0	1.72	27.1	8.71	3.03	1.72	7.24	3.13	4.1	0
4113	75×35×15	2.3	3.68	2.89	0	1.29	31.0	6.58	2.91	1.34	8.28	2.98	3.1	0
4071	70×40×25	1.6	3.03	2.38	0	1.80	22.0	8.00	2.69	1.62	6.29	3.64	4.4	0
4033	60×30×10	2.3	2.87	2.25	0	1.06	15.6	3.32	2.33	1.07	5.20	1.71	2.5	0
4032		2.0	2.54	1.99	0	1.06	14.0	3.01	2.35	1.09	4.65	1.55	2.5	0
4031		1.6	2.07	1.63	0	1.06	11.6	2.56	2.37	1.11	3.88	1.32	2.5	0

（5） リップＺ形鋼の標準断面寸法とその断面積・単位質量・断面特性

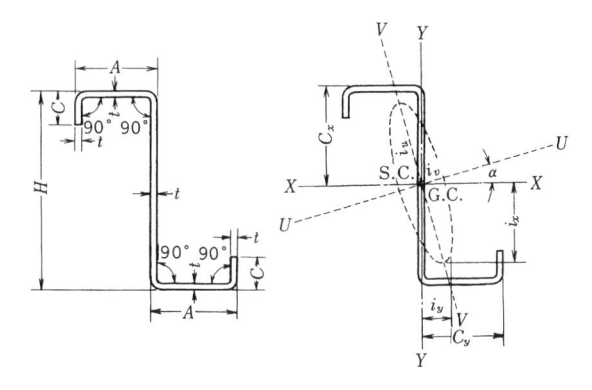

呼び名	寸法 (mm)			断面積 (cm²)	単位質量 (kg/m)	重心位置 (cm)		断面二次モーメント (cm⁴)				断面二次半径(cm)				$\tan \alpha$	断面係数 (cm³)		せん断中心 (cm)	
	$H \times A \times C$	t				e_x	e_y	I_x	I_y	I_u	I_v	i_x	i_y	i_u	i_v		Z_x	Z_y	S_x	S_y
5035	$100 \times 50 \times 20$	3.2		7.01	5.50	5.00	4.84	107	44.8	137	14.7	3.90	2.53	4.41	1.45	0.572	21.3	9.25	0	0
5033		2.3		5.17	4.06	5.00	4.88	80.7	34.8	104	11.4	3.95	2.59	4.49	1.48	0.581	16.1	7.13	0	0

（6）　ハット形鋼の標準断面寸法とその断面積・単位質量・断面特性

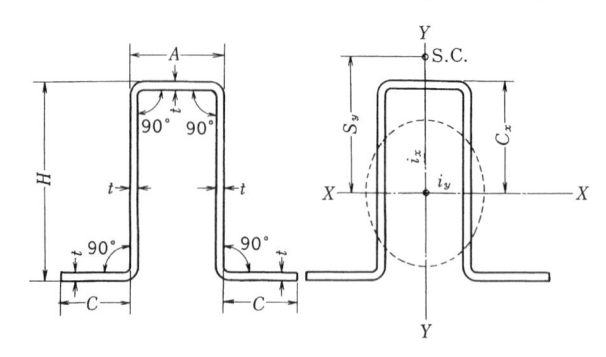

呼び名	寸　法 (mm)		断面積 (cm²)	単位質量 (kg/m)	重心位置 (cm)		断面二次モーメント (cm⁴)		断面二次半径 (cm)		断面係数 (cm³)		せん断中心 (cm)	
	$H \times A \times C$	t			C_x	C_y	I_x	I_y	i_x	i_y	Z_x	Z_y	S_x	S_y
6163	$60 \times 30 \times 25$	2.3	4.36	3.42	3.37	0	20.9	14.7	2.19	1.83	6.20	3.66	0	4.1
6161		1.6	3.08	2.42	3.35	0	15.3	10.5	2.23	1.84	4.56	2.62	0	4.2
6133	$60 \times 30 \times 20$	2.3	4.13	3.24	3.23	0	19.4	11.4	2.17	1.66	5.88	3.26	0	4.5
6131		1.6	2.92	2.29	3.21	0	14.2	8.21	2.20	1.68	4.41	2.35	0	4.6
6105	$50 \times 40 \times 30$	3.2	5.93	4.66	2.83	0	20.9	35.9	1.88	2.46	7.36	7.19	0	3.6
6073	$50 \times 40 \times 20$	2.3	3.90	3.06	2.56	0	13.8	17.1	1.88	2.10	5.39	4.28	0	3.5
6033	$40 \times 20 \times 20$	2.3	2.98	2.34	2.36	0	6.08	5.40	1.43	1.35	2.58	1.80	0	2.8
6031		1.6	2.12	1.67	2.34	0	4.56	3.87	1.47	1.35	1.95	1.29	0	2.9

2.5　鋼管・角鋼管の形状・寸法

（1）　一般構造用炭素鋼管

外　径 (mm)	厚　さ (mm)	単位質量 (kg/m)	断　面　積 (cm²)	断面二次モーメント (cm⁴)	断面係数 (cm³)	断面二次半径 (cm)
21.7	2.0	0.972	1.238	0.607	0.560	0.700
27.2	2.0	1.24	1.583	1.26	0.930	0.890
	2.3	1.41	1.799	1.41	1.03	0.880
34.0	2.3	1.80	2.291	2.89	1.70	1.12
42.7	2.3	2.29	2.919	5.97	2.80	1.43
	2.5	2.48	3.157	6.40	3.00	1.42
48.6	2.3	2.63	3.345	8.99	3.70	1.64
	2.5	2.84	3.621	9.65	3.97	1.63
	2.8	3.16	4.029	10.6	4.36	1.62
	3.2	3.58	4.564	11.8	4.86	1.61
60.5	2.3	3.30	4.205	17.8	5.90	2.06
	3.2	4.52	5.760	23.7	7.84	2.03
	4.0	5.57	7.100	28.5	9.41	2.00
76.3	2.8	5.08	6.465	43.7	11.5	2.60
	3.2	5.77	7.349	49.2	12.9	2.59
	4.0	7.13	9.085	59.5	15.6	2.58
89.1	2.8	5.96	7.591	70.7	15.9	3.05
	3.2	6.78	8.636	79.8	17.9	3.04
101.6	3.2	7.76	9.892	120	23.6	3.48
	4.0	9.63	12.26	146	28.8	3.45
	5.0	11.9	15.17	177	34.9	3.42
114.3	3.2	8.77	11.17	172	30.2	3.93
	3.5	9.58	12.18	187	32.7	3.92
	4.5	12.2	15.52	234	41.0	3.89
139.8	3.6	12.1	15.40	357	51.1	4.82
	4.0	13.4	17.07	394	56.3	4.80
	4.5	15.0	19.13	438	62.7	4.79
	6.0	19.8	25.22	566	80.9	4.74
165.2	4.5	17.8	22.72	734	88.9	5.68
	5.0	19.8	25.16	808	97.8	5.67
	6.0	23.6	30.01	952	115	5.63
	7.1	27.7	35.26	110×10	134	5.60
190.7	4.5	20.7	26.32	114×10	120	6.59
	5.3	24.2	30.87	133×10	139	6.56
	6.0	27.3	34.82	149×10	156	6.53
	7.0	31.7	40.40	171×10	179	6.50
	8.2	36.9	47.01	196×10	206	6.46
216.3	4.5	23.5	29.94	168×10	155	7.49
	5.3	30.1	38.36	213×10	197	7.45
	6.0	31.1	39.64	219×10	203	7.44
	7.0	36.1	46.03	252×10	233	7.40
	8.0	41.1	52.35	284×10	263	7.37
	8.2	42.1	53.61	291×10	269	7.36
267.4	6.0	38.7	49.27	421×10	315	9.24
	6.6	42.4	54.08	460×10	344	9.22
	7.0	45.0	57.26	486×10	363	9.21
	8.0	51.2	65.19	549×10	411	9.18
	9.0	57.3	73.06	611×10	457	9.14
	9.3	59.2	75.41	629×10	470	9.13
318.5	6.0	46.2	58.91	719×10	452	11.1
	6.9	53.0	67.55	820×10	515	11.0
	8.0	61.3	78.04	941×10	591	11.0
	9.0	68.7	87.51	105×10²	659	10.9
	10.3	78.3	99.73	119×10²	744	10.9
355.6	6.4	55.1	70.21	107×10²	602	12.3
	7.9	67.7	86.29	130×10²	734	12.3
	9.0	76.9	98.00	147×10²	828	12.3
	9.5	81.1	103.3	155×10²	871	12.2
	12.0	102	129.5	191×10²	108×10	12.2
	12.7	107	136.8	201×10²	113×10	12.1

付表（つづき）

外　　径	厚　　さ	単位質量	参	考		
(mm)	(mm)	(kg/m)	断　面　積 (cm²)	断面二次モーメント (cm⁴)	断面係数 (cm³)	断面二次半径 (cm)
406.4	7.9	77.6	98.90	196×10^2	967	14.1
	9.0	88.2	112.4	222×10^2	109×10	14.1
	9.5	93.0	118.5	233×10^2	115×10	14.0
	12.0	117	148.7	289×10^2	142×10	14.0
	12.7	123	157.1	305×10^2	150×10	13.9
	16.0	154	196.2	374×10^2	184×10	13.8
	19.0	182	231.2	435×10^2	214×10	13.7
457.2	9.0	99.5	126.7	318×10^2	140×10	15.8
	9.5	105	133.6	335×10^2	147×10	15.8
	12.0	132	167.8	416×10^2	182×10	15.7
	12.7	139	177.3	439×10^2	192×10	15.7
	16.0	174	221.8	540×10^2	236×10	15.6
	19.0	205	261.6	629×10^2	275×10	15.5
500	9.0	109	138.8	418×10^2	167×10	17.4
	12.0	144	184.0	548×10^2	219×10	17.3
	14.0	168	213.8	632×10^2	253×10	17.2
508.0	7.9	97.4	124.1	388×10^2	153×10	17.7
	9.0	111	141.1	439×10^2	173×10	17.6
	9.5	117	148.8	462×10^2	182×10	17.6
	12.0	147	187.0	575×10^2	227×10	17.5
	12.7	155	197.6	606×10^2	239×10	17.5
	14.0	171	217.3	663×10^2	261×10	17.5
	16.0	194	247.3	749×10^2	295×10	17.4
	19.0	229	291.9	874×10^2	344×10	17.3
	22.0	264	335.9	994×10^2	391×10	17.2
558.8	9.0	122	155.5	588×10^2	210×10	19.4
	12.0	162	206.1	771×10^2	276×10	19.3
	16.0	214	272.8	101×10^3	360×10	19.2
	19.0	253	322.2	118×10^3	421×10	19.1
	22.0	291	371.0	134×10^3	479×10	19.0
600	9.0	131	167.1	730×10^2	243×10	20.9
	12.0	174	221.7	958×10^2	320×10	20.8
	14.0	202	257.7	111×10^3	369×10	20.7
	16.0	230	293.6	125×10^3	418×10	20.7
609.6	9.0	133	169.8	766×10^2	251×10	21.2
	9.5	141	179.1	806×10^2	265×10	21.2
	12.0	177	225.3	101×10^3	330×10	21.1
	12.7	187	238.2	106×10^3	348×10	21.1
	14.0	206	262.0	116×10^3	381×10	21.1
	16.0	234	298.4	132×10^3	431×10	21.0
	19.0	277	352.5	154×10^3	505×10	20.9
	22.0	319	406.1	176×10^3	576×10	20.8
700	9.0	153	195.4	117×10^3	333×10	24.4
	12.0	204	259.4	154×10^3	439×10	24.3
	14.0	237	301.7	178×10^3	507×10	24.3
	16.0	270	343.8	201×10^3	575×10	24.2
711.2	9.0	156	198.5	122×10^3	344×10	24.8
	12.0	207	263.6	161×10^3	453×10	24.7
	14.0	241	306.6	186×10^3	524×10	24.7
	16.0	274	349.4	211×10^3	594×10	24.6
	19.0	324	413.2	248×10^3	696×10	24.5
	22.0	374	476.3	283×10^3	796×10	24.4
812.8	9.0	178	227.3	184×10^3	452×10	28.4
	12.0	237	301.9	242×10^3	596×10	28.3
	14.0	276	351.3	280×10^3	690×10	28.2
	16.0	314	400.5	318×10^3	782×10	28.2
	19.0	372	473.8	373×10^3	919×10	28.1
	22.0	429	546.6	428×10^3	105×10^2	28.0
914.4	12.0	267	340.2	348×10^3	758×10	31.9
	14.0	311	396.0	401×10^3	878×10	31.8
	16.0	354	451.6	456×10^3	997×10	31.8
	19.0	420	534.5	536×10^3	117×10^2	31.7
	22.0	484	616.5	614×10^3	134×10^2	31.5
1 016	12.0	297	378.5	477×10^3	939×10	35.5
	14.0	346	440.7	553×10^3	109×10^2	35.4
	16.0	395	502.7	628×10^3	124×10^2	35.4
	19.0	467	595.1	740×10^3	146×10^2	35.2
	22.0	539	687.0	849×10^3	167×10^2	35.2

（２）　建築構造用炭素鋼管

外　径 (mm)	厚　さ (mm)	単位質量 (kg/m)	参　考			
			断 面 積 (cm²)	断面二次モーメント (cm⁴)	断面係数 (cm³)	断面二次半径 (cm)
60.5	3.2	4.52	5.760	23.7	7.84	2.03
	4.5	6.21	7.917	31.2	10.3	1.99
76.3	3.2	5.77	7.349	49.2	12.9	2.59
	4.5	7.97	10.15	65.7	17.2	2.54
89.1	3.2	6.78	8.636	79.8	17.9	3.04
	4.5	9.39	11.96	107	24.1	3.00
101.6	3.2	7.76	9.892	120	23.6	3.48
	4.5	10.8	13.73	162	31.9	3.44
114.3	3.2	8.77	11.17	172	30.2	3.93
	4.5	12.2	15.52	234	41.0	3.89
139.8	4.5	15.0	19.13	438	62.7	4.79
	6.0	19.8	25.22	566	80.9	4.74
165.2	4.5	17.8	22.72	734	88.9	5.68
	6.0	23.6	30.01	952	115	5.63
190.7	4.5	20.7	26.32	114×10	120	6.59
	6.0	27.3	34.82	149×10	156	6.53
	8.0	36.0	45.92	192×10	201	6.47
216.3	6.0	31.1	39.64	219×10	203	7.44
	8.0	41.1	52.35	284×10	263	7.37
267.4	6.0	38.7	49.27	421×10	315	9.24
	8.0	51.2	65.19	549×10	411	9.18
	9.0	57.3	73.06	611×10	457	9.14
318.5	6.0	46.2	58.90	719×10	452	11.1
	8.0	61.3	78.04	941×10	591	11.0
	9.0	68.7	87.51	105×10^2	659	10.9
355.6	6.0	51.7	65.90	101×10^2	566	12.4
	8.0	68.6	87.36	132×10^2	742	12.3
	9.0	76.9	98.00	147×10^2	828	12.3
	12.0	102	129.5	191×10^2	108×10	12.2
406.4	9.0	88.2	112.4	222×10^2	109×10	14.1
	12.0	117	148.7	289×10^2	142×10	14.0
	14.0	135	172.6	333×10^2	164×10	13.9
	16.0	154	196.2	374×10^2	184×10	13.8
	19.0	182	231.2	435×10^2	214×10	13.7
457.2	9.0	99.5	126.7	318×10^2	139×10	15.8
	12.0	132	167.8	416×10^2	182×10	15.7
	14.0	153	194.9	479×10^2	210×10	15.7
	16.0	174	221.8	540×10^2	236×10	15.6
	19.0	205	261.6	629×10^2	275×10	15.5
500.0	9.0	109	138.8	418×10^2	167×10	17.4
	12.0	144	184.0	548×10^2	219×10	17.3
	14.0	168	213.8	632×10^2	253×10	17.2
	16.0	191	243.3	713×10^2	285×10	17.1
	19.0	225	287.1	832×10^2	333×10	17.0
508.0	9.0	111	141.1	439×10^2	173×10	17.6
	12.0	147	187.0	575×10^2	227×10	17.5
	14.0	171	217.3	663×10^2	261×10	17.5
	16.0	194	247.3	749×10^2	295×10	17.4
	19.0	229	291.9	874×10^2	344×10	17.3
	22.0	264	335.9	994×10^2	391×10	17.2
558.8	9.0	122	155.5	588×10^2	210×10	19.4
	12.0	162	206.1	771×10^2	276×10	19.3
	14.0	188	239.6	890×10^2	318×10	19.3
	16.0	214	272.8	101×10^3	360×10	19.2
	19.0	253	322.2	118×10^3	421×10	19.1
	22.0	291	371.0	134×10^3	479×10	19.0
	25.0	329	419.2	150×10^3	536×10	18.9
600.0	9.0	131	167.1	730×10^2	243×10	20.9
	12.0	174	221.7	958×10^2	319×10	20.8
	14.0	202	257.7	111×10^3	369×10	20.7
	16.0	230	293.6	125×10^3	417×10	20.7
	19.0	272	346.8	146×10^3	488×10	20.6
	22.0	314	399.5	167×10^3	557×10	20.5
609.6	9.0	133	169.8	766×10^2	251×10	21.2
	12.0	177	225.3	101×10^3	330×10	21.1

付表（つづき）

外　　径	厚　　さ	単位質量	参	考		
(mm)	(mm)	(kg/m)	断　面　積 (cm²)	断面二次モーメント (cm⁴)	断面係数 (cm³)	断面二次半径 (cm)
609.6	14.0	206	262.0	116×10^3	381×10	21.1
	16.0	234	298.4	132×10^3	431×10	21.0
	19.0	277	352.5	154×10^3	505×10	20.9
	22.0	319	406.1	176×10^3	576×10	20.8
660.4	12.0	192	244.4	129×10^3	389×10	22.9
	14.0	223	284.3	149×10^3	450×10	22.9
	16.0	254	323.9	168×10^3	509×10	22.8
	19.0	301	382.9	197×10^3	597×10	22.7
	22.0	346	441.2	225×10^3	682×10	22.6
700.0	12.0	204	259.4	154×10^3	439×10	24.3
	14.0	237	301.7	178×10^3	507×10	24.3
	16.0	270	343.8	201×10^3	575×10	24.2
	19.0	319	406.5	236×10^3	674×10	24.1
	22.0	368	468.6	270×10^3	770×10	24.0
711.2	12.0	207	263.6	161×10^3	453×10	24.7
	14.0	241	306.6	186×10^3	524×10	24.7
	16.0	274	349.4	211×10^3	594×10	24.6
	19.0	324	413.2	248×10^3	696×10	24.5
	22.0	374	476.3	283×10^3	796×10	24.4
812.8	12.0	237	301.9	242×10^3	596×10	28.3
	14.0	276	351.3	280×10^3	690×10	28.2
	16.0	314	400.5	318×10^3	782×10	28.2
	19.0	372	473.8	373×10^3	919×10	28.1
	22.0	429	546.6	428×10^3	105×10^2	28.0
914.4	14.0	311	396.0	401×10^3	878×10	31.8
	16.0	354	451.6	456×10^3	997×10	31.8
	19.0	420	534.5	536×10^3	117×10^2	31.7
	22.0	484	616.8	614×10^3	134×10^2	31.6
	25.0	548	698.5	691×10^3	151×10^2	31.5
1 016.0	16.0	395	502.7	628×10^3	124×10^2	35.4
	19.0	467	595.1	740×10^3	146×10^2	35.3
	22.0	539	687.0	849×10^3	167×10^2	35.2
	25.0	611	778.3	956×10^3	188×10^2	35.0
	28.0	682	869.1	106×10^4	209×10^2	34.9
1 066.8	16.0	415	528.2	729×10^3	137×10^2	37.2
	19.0	491	625.4	859×10^3	161×10^2	37.1
	22.0	567	722.1	986×10^3	185×10^2	36.9
	25.0	642	818.2	111×10^4	208×10^2	36.8
	28.0	717	913.8	123×10^4	231×10^2	36.7
1 117.6	16.0	435	553.7	840×10^3	150×10^2	39.0
	19.0	515	655.8	990×10^3	177×10^2	38.8
	22.0	594	757.2	114×10^4	203×10^2	38.7
	25.0	674	858.1	128×10^4	229×10^2	38.6
	28.0	752	958.5	142×10^4	255×10^2	38.5
1 168.4	19.0	539	686.1	113×10^4	194×10^2	40.6
	22.0	622	792.3	130×10^4	223×10^2	40.5
	25.0	705	898.0	147×10^4	251×10^2	40.4
	28.0	787	1 003	163×10^4	279×10^2	40.3
	30.0	842	1 073	174×10^4	298×10^2	40.3
	32.0	897	1 142	185×10^4	316×10^2	40.2
1 219.2	19.0	562	716.4	129×10^4	212×10^2	42.4
	22.0	650	827.4	148×10^4	243×10^2	42.3
	25.0	736	937.9	167×10^4	274×10^2	42.2
	28.0	822	1 048	186×10^4	305×10^2	42.1
	30.0	880	1 121	198×10^4	325×10^2	42.1
	32.0	937	1 194	210×10^4	345×10^2	42.0
1 270.0	19.0	586	746.7	146×10^4	230×10^2	44.2
	22.0	677	862.6	168×10^4	265×10^2	44.1
	25.0	768	977.8	190×10^4	298×10^2	44.0
	28.0	858	1 093	211×10^4	332×10^2	43.9
	30.0	917	1 169	225×10^4	354×10^2	43.9
	32.0	977	1 245	239×10^4	376×10^2	43.8

付表 （つづき）

外　径 (mm)	厚　さ (mm)	単位質量 (kg/m)	参 断　面　積 (cm²)	断面二次モーメント (cm⁴)	考 断面係数 (cm³)	断面二次半径 (cm)
1 320.8	19.0	610	777.0	165×10^4	249×10^2	46.0
	22.0	705	897.7	189×10^4	287×10^2	45.9
	25.0	799	1 018	214×10^4	324×10^2	45.8
	28.0	893	1 137	238×10^4	360×10^2	45.7
	30.0	955	1 217	254×10^4	384×10^2	45.6
	32.0	1 017	1 296	269×10^4	408×10^2	45.6
1 371.6	22.0	732	932.8	212×10^4	310×10^2	47.7
	25.0	830	1 058	240×10^4	350×10^2	47.6
	28.0	928	1 182	267×10^4	389×10^2	47.5
	30.0	993	1 264	285×10^4	415×10^2	47.4
	32.0	1 057	1 347	302×10^4	441×10^2	47.4
	36.0	1 186	1 511	337×10^4	491×10^2	47.2
1 422.4	22.0	760	967.9	237×10^4	334×10^2	49.5
	25.0	861	1 098	268×10^4	377×10^2	49.4
	28.0	963	1 227	298×10^4	419×10^2	49.3
	30.0	1 030	1 312	318×10^4	447×10^2	49.2
	32.0	1 097	1 398	338×10^4	475×10^2	49.2
	36.0	1 231	1 568	377×10^4	530×10^2	49.0
	40.0	1 364	1 737	415×10^4	584×10^2	48.9
1 524.0	22.0	815	1 038	293×10^4	384×10^2	53.1
	25.0	924	1 177	331×10^4	434×10^2	53.0
	28.0	1 033	1 316	368×10^4	483×10^2	52.9
	30.0	1 105	1 408	393×10^4	516×10^2	52.8
	32.0	1 177	1 500	418×10^4	548×10^2	52.8
	36.0	1 321	1 683	466×10^4	612×10^2	52.6
1 574.8	25.0	955	1 217	366×10^4	464×10^2	54.8
	28.0	1 068	1 361	407×10^4	517×10^2	54.7
	30.0	1 143	1 456	434×10^4	552×10^2	54.6
	32.0	1 217	1 551	462×10^4	586×10^2	54.6
	36.0	1 366	1 740	515×10^4	655×10^2	54.4
	40.0	1 514	1 929	568×10^4	722×10^2	54.3

備　考　質量の数値は $1\,cm^3$ の鋼を $7.85\,g$ とし，次の式により計算し，JIS Z 8401により有効数字3桁に丸める．
$$W=0.02466\,t\,(D-t)$$
ここに W：管の単位質量 kg/m　t：管の厚さ mm　D：管の外径 mm

（3）　角 形 鋼 管

辺の長さ $A \times B$ (mm)	厚　さ t (mm)	単位質量 (kg/m)	参		考	
			断　面　積 (cm²)	断面二次モーメント (cm⁴) I_X, I_Y	断面係数 (cm³) Z_X, Z_Y	断面二次半　　径 (cm) i_X, i_Y
40× 40	1.6	1.88	2.392	5.79	2.90	1.56
40× 40	2.3	2.62	3.332	7.73	3.86	1.52
50× 50	1.6	2.38	3.032	11.7	4.68	1.96
50× 50	2.3	3.34	4.252	15.9	6.34	1.93
50× 50	3.2	4.50	5.727	20.4	8.16	1.89
60× 60	1.6	2.88	3.672	20.7	6.89	2.37
60× 60	2.3	4.06	5.172	28.3	9.44	2.34
60× 60	3.2	5.50	7.007	36.9	12.3	2.30
75× 75	1.6	3.64	4.632	41.3	11.0	2.99
75× 75	2.3	5.14	6.552	57.1	15.2	2.95
75× 75	3.2	7.01	8.927	75.5	20.1	2.91
75× 75	4.5	9.55	12.17	98.6	26.3	2.85
80× 80	2.3	5.50	7.012	69.9	17.5	3.16
80× 80	3.2	7.51	9.567	92.7	23.2	3.11
80× 80	4.5	10.3	13.07	122	30.4	3.05
90× 90	2.3	6.23	7.932	101	22.4	3.56
90× 90	3.2	8.51	10.85	135	29.9	3.52
100×100	2.3	6.95	8.852	140	27.9	3.97
100×100	3.2	9.52	12.13	187	37.5	3.93
100×100	4.0	11.7	14.95	226	45.3	3.89
100×100	4.5	13.1	16.67	249	49.9	3.87
100×100	6.0	17.0	21.63	311	62.3	3.79
100×100	9.0	24.1	30.67	408	81.6	3.65
100×100	12.0	30.2	38.53	471	94.3	3.50
125×125	3.2	12.0	15.33	376	60.1	4.95
125×125	4.5	16.6	21.17	506	80.9	4.89
125×125	5.0	18.3	23.36	553	88.4	4.86
125×125	6.0	21.7	27.63	641	103	4.82
125×125	9.0	31.1	39.67	865	138	4.67
125×125	12.0	39.7	50.53	103×10	165	4.52
150×150	4.5	20.1	25.67	896	120	5.91
150×150	5.0	22.3	28.36	982	131	5.89
150×150	6.0	26.4	33.63	115×10	153	5.84
150×150	9.0	38.2	48.67	158×10	210	5.69
175×175	4.5	23.7	30.17	145×10	166	6.93
175×175	5.0	26.2	33.36	159×10	182	6.91
175×175	6.0	31.1	39.63	186×10	213	6.86

付表（つづき）

辺の長さ $A \times B$ (mm)	厚 さ t (mm)	単位質量 (kg/m)	参		考	
			断 面 積	断面二次モーメント	断 面 係 数	断面二次半 径
				(cm⁴)	(cm³)	(cm)
			(cm²)	I_X, I_Y	Z_X, Z_Y	i_X, i_Y
200×200	4.5	27.2	34.67	219×10	219	7.95
200×200	6.0	35.8	45.63	283×10	283	7.88
200×200	8.0	46.9	59.79	362×10	362	7.78
200×200	9.0	52.3	66.67	399×10	399	7.73
200×200	12.0	67.9	86.53	498×10	498	7.59
250×250	5.0	38.0	48.36	481×10	384	9.97
250×250	6.0	45.2	57.63	567×10	454	9.92
250×250	8.0	59.5	75.79	732×10	585	9.82
250×250	9.0	66.5	84.67	809×10	647	9.78
250×250	12.0	86.8	110.5	103×10^2	820	9.63
300×300	4.5	41.3	52.67	763×10	508	12.0
300×300	6.0	54.7	69.63	996×10	664	12.0
300×300	9.0	80.6	102.7	143×10^2	956	11.8
300×300	12.0	106	134.5	183×10^2	122×10	11.7
350×350	9.0	94.7	120.7	232×10^2	132×10	13.9
350×350	12.0	124	158.5	298×10^2	170×10	13.7

付表（つづき）

辺の長さ $A \times B$ (mm)	厚　さ t (mm)	単位質量 (kg/m)	参	考					
			断面積 (cm²)	断面二次モーメント (cm⁴)		断面係数 (cm³)		断面二次半径 (cm)	
				I_X	I_Y	Z_X	Z_Y	i_X	i_Y
50×20	1.6	1.63	2.072	6.08	1.42	2.43	1.42	1.71	0.829
50×20	2.3	2.25	2.872	8.00	1.83	3.20	1.83	1.67	0.798
50×30	1.6	1.88	2.392	7.96	3.60	3.18	2.40	1.82	1.23
50×30	2.3	2.62	3.332	10.6	4.76	4.25	3.17	1.79	1.20
60×30	1.6	2.13	2.712	12.5	4.25	4.16	2.83	2.15	1.25
60×30	2.3	2.98	3.792	16.8	5.65	5.61	3.76	2.11	1.22
60×30	3.2	3.99	5.087	21.4	7.08	7.15	4.72	2.05	1.18
75×20	1.6	2.25	2.872	17.6	2.10	4.69	2.10	2.47	0.855
75×20	2.3	3.16	4.022	23.7	2.73	6.31	2.73	2.43	0.824
75×45	1.6	2.88	3.672	28.4	12.9	7.56	5.75	2.78	1.88
75×45	2.3	4.06	5.172	38.9	17.6	10.4	7.82	2.74	1.84
75×45	3.2	5.50	7.007	50.8	22.8	13.5	10.1	2.69	1.80
80×40	1.6	2.88	3.672	30.7	10.5	7.68	5.26	2.89	1.69
80×40	2.3	4.06	5.172	42.1	14.3	10.5	7.14	2.85	1.66
80×40	3.2	5.50	7.007	54.9	18.4	13.7	9.21	2.80	1.62
90×45	2.3	4.60	5.862	61.0	20.8	13.6	9.22	3.23	1.88
90×45	3.2	6.25	7.967	80.2	27.0	17.8	12.0	3.17	1.84
100×20	1.6	2.88	3.672	38.1	2.78	7.61	2.78	3.22	0.870
100×20	2.3	4.06	5.172	51.9	3.64	10.4	3.64	3.17	0.839
100×40	1.6	3.38	4.312	53.5	12.9	10.7	6.44	3.52	1.73
100×40	2.3	4.78	6.092	73.9	17.5	14.8	8.77	3.48	1.70
100×40	4.2	8.32	10.60	120	27.6	24.0	10.6	3.36	1.61
100×50	1.6	3.64	4.632	61.3	21.1	12.3	8.43	3.64	2.13
100×50	2.3	5.14	6.552	84.8	29.0	17.0	11.6	3.60	2.10
100×50	3.2	7.01	8.927	112	38.0	22.5	15.2	3.55	2.06
100×50	4.5	9.55	12.17	147	48.9	29.3	19.5	3.47	2.00
125×40	1.6	4.01	5.112	94.4	15.8	15.1	7.91	4.30	1.76
125×40	2.3	5.69	7.242	131	21.6	20.9	10.8	4.25	1.73
125×75	2.3	6.95	8.852	192	87.5	30.6	23.3	4.65	3.14
125×75	3.2	9.52	12.13	257	117	41.1	31.1	4.60	3.10
125×75	4.0	11.7	14.95	311	141	49.7	37.5	4.56	3.07
125×75	4.5	13.1	16.67	342	155	54.8	41.2	4.53	3.04
125×75	6.0	17.0	21.63	428	192	68.5	51.1	4.45	2.98
150×75	3.2	10.8	13.73	402	137	53.6	36.6	5.41	3.16

付表（つづき）

辺の長さ $A \times B$ (mm)	厚 さ t (mm)	単位質量 (kg/m)	参 考							
			断面積 (cm²)	断面二次モーメント (cm⁴)		断面係数 (cm³)		断面二次半径 (cm)	
				I_X	I_Y	Z_X	Z_Y	i_X	i_Y
150× 80	4.5	15.2	19.37	563	211	75.0	52.9	5.39	3.30
150× 80	5.0	16.8	21.36	614	230	81.9	57.5	5.36	3.28
150× 80	6.0	19.8	25.23	710	264	94.7	66.1	5.31	3.24
150×100	3.2	12.0	15.33	488	262	65.1	52.5	5.64	4.14
150×100	4.5	16.6	21.17	658	352	87.7	70.4	5.58	4.08
150×100	6.0	21.7	27.63	835	444	111	88.8	5.50	4.01
150×100	9.0	31.1	39.67	113×10	595	151	119	5.33	3.87
200×100	4.5	20.1	25.67	133×10	455	133	90.9	7.20	4.21
200×100	6.0	26.4	33.63	170×10	577	170	115	7.12	4.14
200×100	9.0	38.2	48.67	235×10	782	235	156	6.94	4.01
200×150	4.5	23.7	30.17	176×10	113×10	176	151	7.64	6.13
200×150	6.0	31.1	39.63	227×10	146×10	227	194	7.56	6.06
200×150	9.0	45.3	57.67	317×10	202×10	317	270	7.41	5.93
250×150	6.0	35.8	45.63	389×10	177×10	311	236	9.23	6.23
250×150	9.0	52.3	66.67	548×10	247×10	438	330	9.06	6.09
250×150	12.0	67.9	86.53	685×10	307×10	548	409	8.90	5.59
300×200	6.0	45.2	57.63	737×10	396×10	491	396	11.3	8.29
300×200	9.0	66.5	84.67	105×10^2	563×10	702	563	11.2	8.16
300×200	12.0	86.8	110.5	134×10^2	711×10	890	711	11.0	8.02
350×150	6.0	45.2	57.63	891×10	239×10	509	319	12.4	6.44
350×150	9.0	66.5	84.67	127×10^2	337×10	726	449	12.3	6.31
350×150	12.0	86.8	110.5	161×10^2	421×10	921	562	12.1	6.17
400×200	6.0	54.7	69.63	148×10^2	509×10	739	509	14.6	8.55
400×200	9.0	80.6	102.7	213×10^2	727×10	107×10	727	14.4	8.42
400×200	12.0	106	134.5	273×10^2	923×10	136×10	923	14.2	8.23

付3．高力ボルトおよびボルトの許容耐力表

（1）　高力ボルトの許容耐力

a）長期応力に対する許容耐力

高力ボルトの種類	ボルトの呼び	ボルト軸径(mm)	ボルト孔径(mm)	ボルト軸断面積(mm²)	ボルト有効断面積(mm²)	設計ボルト張力(kN)	許容せん断力(kN)		許容引張力(kN)
							1面摩擦	2面摩擦	
F10T	M12	12	14.0	113	84.3	56.9	17.0	33.9	35.1
	M16	16	18.0	201	157	106	30.2	60.3	62.3
	M20	20	22.0	314	245	165	47.1	94.2	97.4
	M22	22	24.0	380	303	205	57.0	114	118
	M24	24	26.0	452	353	238	67.9	136	140
	M27	27	30.0	573	459	310	85.9	172	177
	M30	30	33.0	707	561	379	106	212	219

b）短期応力に対する許容耐力

高力ボルトの種類	ボルトの呼び	許容せん断力(kN)		許容引張力(kN)
		1面摩擦	2面摩擦	
F10T	M12	25.4	50.9	52.6
	M16	45.2	90.5	93.5
	M20	70.7	141	146
	M22	85.5	171	177
	M24	102	204	210
	M27	129	258	266
	M30	159	318	329

（2） ボルトの許容耐力

a）長期応力に対する許容耐力（メートル並目ねじ）

ボルト呼び径	有効断面積(mm²)	強度区分									
		4.6, 4.8			5.6, 5.8			6.8			
		許容せん断力(kN)		許容引張力(kN)	許容せん断力(kN)		許容引張力(kN)	許容せん断力(kN)		許容引張力(kN)
		1面せん断	2面せん断		1面せん断	2面せん断		1面せん断	2面せん断	
M6	20.1	1.86	3.71	3.22	2.32	4.64	4.02	3.25	6.50	5.63
M8	36.6	3.38	6.76	5.86	4.23	8.45	7.32	5.92	11.8	10.2
M10	58.0	5.36	10.7	9.28	6.70	13.4	11.6	9.38	18.8	16.2
M12	84.3	7.79	15.6	13.5	9.73	19.5	16.9	13.6	27.3	23.6
M16	157	14.5	29.0	25.1	18.1	36.3	31.4	25.4	50.8	44.0
M20	245	22.6	45.3	39.2	28.3	56.6	49.0	39.6	79.2	68.6
M22	303	28.0	56.0	48.5	35.0	70.0	60.6	49.0	98.0	84.8
M24	353	32.6	65.2	56.5	40.8	81.5	70.6	57.1	114	98.8
M27	459	42.4	84.8	73.4	53.0	106	91.8	74.2	148	129
M30	561	51.8	104	89.8	64.8	130	112	90.7	181	157

b）短期応力に対する許容耐力（メートル並目ねじ）

ボルト呼び径	有効断面積(mm²)	強度区分									
		4.6, 4.8			5.6, 5.8			6.8			
		許容せん断力(kN)		許容引張力(kN)	許容せん断力(kN)		許容引張力(kN)	許容せん断力(kN)		許容引張力(kN)
		1面せん断	2面せん断		1面せん断	2面せん断		1面せん断	2面せん断	
M6	20.1	2.79	5.57	4.82	3.48	6.96	6.03	4.87	9.75	8.44
M8	36.6	5.07	10.1	8.78	6.34	12.7	11.0	8.88	17.8	15.4
M10	58.0	8.04	16.1	13.9	10.0	20.1	17.4	14.1	28.1	24.4
M12	84.3	11.7	23.4	20.2	14.6	29.2	25.3	20.4	40.9	35.4
M16	157	21.8	43.5	37.7	27.2	54.4	47.1	38.1	76.1	65.9
M20	245	33.9	67.9	58.8	42.4	84.9	73.5	59.4	119	103
M22	303	42.0	84.0	72.7	52.5	105	90.9	73.5	147	127
M24	353	48.9	97.8	84.7	61.1	122	106	85.6	171	148
M27	459	63.6	127	110	79.5	159	138	111	223	193
M30	561	77.7	155	155	97.2	194	168	136	272	236

付 4．高力ボルトおよびボルトのピッチとゲージの標準

（1）　形鋼のゲージ

（単位：mm）

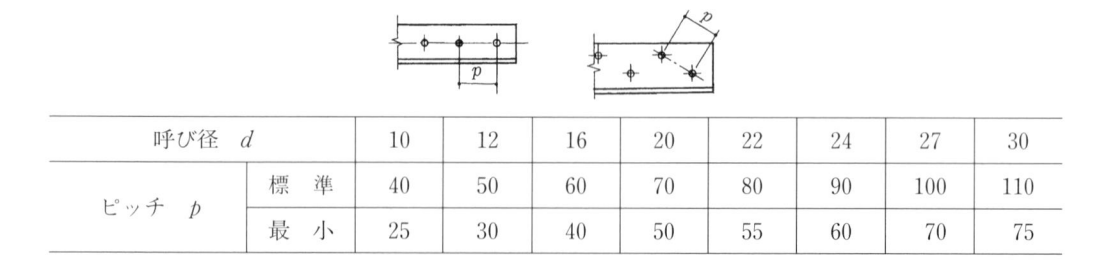

A あるいは B	g_1	g_2	最大呼び径	B	g_1	g_2	最大呼び径	B	g_3	最大呼び径
60	35		20	125	75		16	65	35	20
70	40		20	150	90		22	70	40	20
75	40		22	175	105		22	75	40	22
80	45		22	200	120		24	80	45	22
90	50		24	250	150		24	90	50	24
100	55		24	300	150	40	24	100	55	24
125	50	35	24	350	140	70	24			
130	50	40	24	400	140	90	24			
150	55	55	24							
175	60	70	24							
200	70	80	24							
250	85	95	24							

A あるいは B＝125，130，150 は千鳥打ちとする．（3）表を参照．	B＝300 は千鳥打ちとする．（3）表を参照．

（2）　ピッチ　　　山形鋼で片側のみボルト締結する場合

（単位：mm）

呼び径　d		10	12	16	20	22	24	27	30
ピッチ　p	標　準	40	50	60	70	80	90	100	110
	最　小	25	30	40	50	55	60	70	75

（3） 千鳥打ちのゲージとピッチ

（単位：mm）

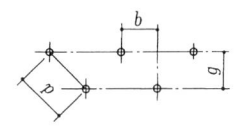

g	b			
	呼び径			
	16	20	22	24
	$p=48$	$p=60$	$p=66$	$p=75$
35	33	49	56	66
40	27	45	53	63
45	17	40	48	60
50		33	43	56
55		25	37	51
60			26	45
65			12	37

（4） 形鋼に対する千鳥打ち
　　山形鋼で両側をボルト締結する場合

（単位：mm）

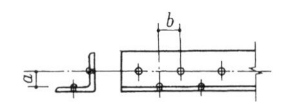

a	b			
	呼び径			
	16	20	22	24
21	25	30	36	42
22	25	30	35	42
23	24	29	35	41
24	23	28	34	40
25	22	27	33	40
26	20	26	32	39
27	19	25	32	38
28	17	24	31	38
29	16	23	30	37
30	14	22	29	36
31	11	20	28	35
32	8	19	26	34
33		17	25	33
34		15	24	32
35		12	22	31
36		9	21	30
37			19	29
38			17	28
39			14	26
40			11	25
41			6	23
42				21

付 5 . アンカーボルトの軸径・断面積

（1）　ABR（転造ねじ）の軸径・断面積

ねじの呼び	基準軸径 （mm）	軸部断面積 （mm²）	ねじ部 有効断面積 （mm²）
M16	14.54	166	157
M20	18.20	260	245
M22	20.20	320	303
M24	21.85	375	353
M27	24.85	485	459
M30	27.51	594	561
M33	30.51	731	694
M36	33.17	864	817
M39	36.17	1 030	976
M42	38.83	1 180	1 120
M45	41.83	1 370	1 310
M48	44.48	1 550	1 470

（2）　ABM（切削ねじ）の軸径・断面積

ねじの呼び	基準軸径 （mm）	軸部断面積 （mm²）	ねじ部 有効断面積 （mm²）
M24	24	452	384
M27	27	573	496
M30	30	707	621
M33	33	855	761
M36	36	1 020	865
M39	39	1 190	1 030
M42	42	1 390	1 210
M45	45	1 590	1 340
M48	48	1 810	1 540
M52	52	2 120	1 820
M56	56	2 460	2 140
M60	60	2 830	2 480
M64	64	3 220	2 850
M68	68	3 630	3 240
M72	72	4 070	3 460
M76	76	4 540	3 890
M80	80	5 030	4 340
M85	85	5 670	4 950
M90	90	6 360	5 590
M95	95	7 090	6 270
M100	100	7 850	6 990

付6．金属材料引張試験片

1．試験片の種類

試験片は，表1に示す比例試験片および定形試験片に分類される．

表1　試験片の分類

試験片の形状	板状試験片	棒状試験片	管状試験片	円弧状試験片	線状試験片
比 例 試験片	14 B 号	2 号，14 A 号	14 C 号	14 B 号	―
定 形 試験片	1 A 号，1 B 号，5 号，13 A 号，13 B 号	4 号，10 号，8 A 号，8 B 号，8 C 号，8 D 号	11 号	12 A 号，12 B 号，12 C 号	9 A 号，9 B 号

2．試験片の形状および寸法

試験片の形状および寸法は，次のとおりとする．

（1）　**1号試験片**　1号試験片の形状および寸法は，図1による．

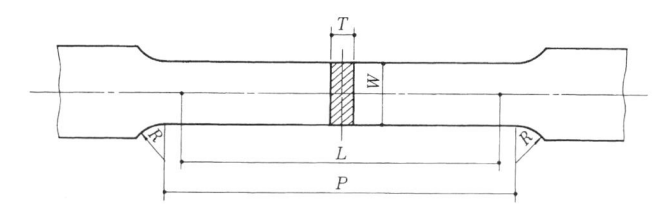

（単位：mm）

試験片の区別	幅 W	標点距離 L	平行部の長さ P	肩部の半径 R	厚 さ T
1 A	40	200	約 220	25 以上	もとの厚さのまま
1 B	25	200	約 220	25 以上	もとの厚さのまま

図1　1号試験片

（2）　2号試験片　2号試験片の形状および寸法は，図2による．

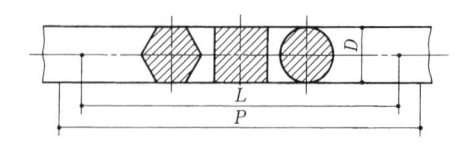

径または対辺距離 D	標点距離 L	つかみの間隔 P
もとのままとする	$8D$	約 $(L+2D)$

備　考　2号試験片は，呼び径（または対辺距離）
　　　　が25 mm 以下の棒材に用いる．

図2　2号試験片

（3）　4号試験片　4号試験片の形状および寸法は，図3による．

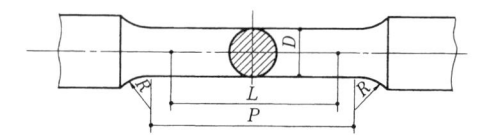

（単位：mm）

径 D	標点距離 L	平行部の長さ P	肩部の半径 R
14	50	約60	15 以上

備　考　1．4号試験片は，平行部を機械仕上げする．
　　　　2．4号試験片は，図3の寸法によることができない場
　　　　　　合には，$L=4\sqrt{A}$ によって，平行部の径と標点距離
　　　　　　を定めてもよい．ここに，A は平行部の断面積．

図3　4号試験片

（4）　5号試験片　5号試験片の形状および寸法は，図4による．

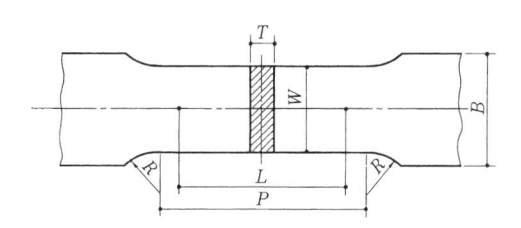

（単位：mm）

幅 W	標点距離 L	平行部の長さ P	肩部の半径 R	厚 さ T
25	50	約60	15以上	もとの厚さのまま

備　考　5号試験片を板厚3mm以下の薄鉄板に用いる場合は，肩部の半径 $R＝20〜30$ mm，つかみ部の幅 $B≧30$ mm とする．

図4　5号試験片

（5）　8号試験片　8号試験片の形状および寸法は，図5による．

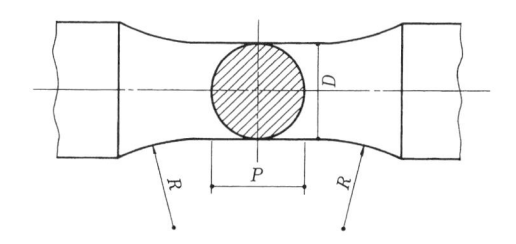

（単位：mm）

試験片の区別	供試材の鋳造寸法（径）	平行部の長さ P	径 D	片部の半径 R
8A	約13	約8	8	16以上
8B	約20	約12.5	12.5	25以上
8C	約30	約20	20	40以上
8D	約45	約32	32	64以上

備　考　1．8号試験片は，伸び値を必要としない一般鋳鉄品などの引張試験に用いる．
　　　　2．8号試験片は，表に示す寸法に鋳造された供試体から採取する．

図5　8号試験片

（6）　9号試験片　9号試験片の形状および寸法は，図6による．

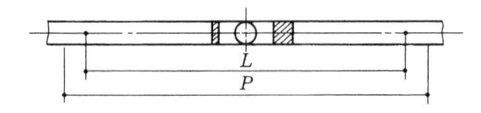

（単位：mm）

試験片の区別	標点距離 L	つかみの間隔 P
9 A	100	150 以上
9 B	200	250 以上

図6　9号試験片

（7）　10号試験片　10号試験片の形状および寸法は，図7による．

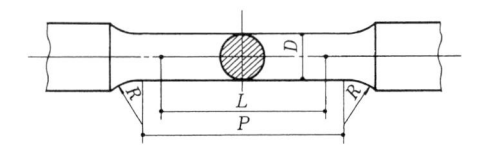

（単位：mm）

径 D	標点距離 L	平行部の長さ P	肩部の半径 R
12.5	50	約 60	15 以上

図7　10号試験片

（8）　11号試験片　11号試験片の形状および寸法は，図8による．

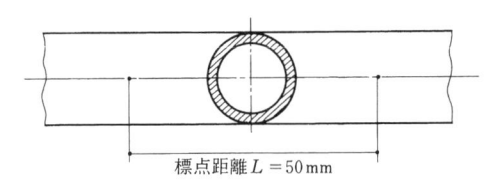

標点距離 $L = 50$ mm

図8　11号試験片

備　考　この試験片の断面は，管材から切り取ったままとし，つかみ部には心金を入れるかまたはつち打ちして平片とする．
　　　　なお，後者の場合の平行部の長さは 100 mm 以上とする．

（9） **12 号試験片** 12 号試験片の形状および寸法は，図9による．

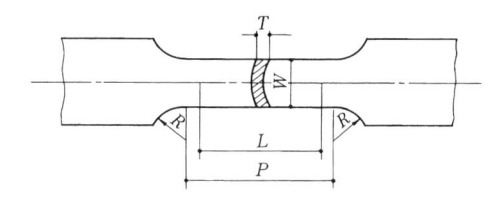

（単位：mm）

試験片の区別	幅 W	標点距離 L	平行部の長さ P	肩部の半径 R	厚 さ T
12 A	19	50	約 60	15 以上	もとの厚さのまま
12 B	25	50	約 60	15 以上	もとの厚さのまま
12 C	38	50	約 60	15 以上	もとの厚さのまま

　備　考　12 号試験片の平行部の断面は，管材から切り取ったままの円弧状とする．
　　　　　　ただし試験片のつかみ部は，常温でつち打ちして平片とすることができる．

図9　12 号試験片

（10） **13 号試験片** この試験片の形状および寸法は，図 10 による．

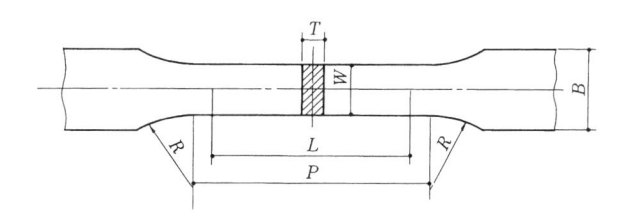

（単位：mm）

試験片の区別	幅 W	標点距離 L	平行部の長さ P	肩部の半径 R	厚 さ T	つかみ部の幅 B
13 A	20	80	約 120	20〜30	もとの厚さのまま	—
13 B	12.5	50	約 60	20〜30	もとの厚さのまま	20 以上

図 10　13 号試験片

(11)　14号試験片

（a）　14A号試験片の形状および寸法は，図11による．

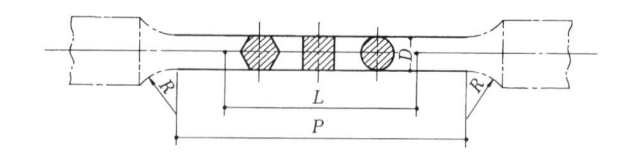

（単位：mm）

標点距離 L	平行部の長さ P	肩部の半径 R
$5.65\sqrt{A}$	$5.5D \sim 7D$	15 以上

A：平行部の断面積

備　考　1．平行部が円形断面の場合は，$L=5D$，角形断
面の場合は $L=5.65D$，六角断面の場合は，$L=5.26D$ としてよい．

　　　　2．平行部の長さは，なるべく $P=7D$ とする．

　　　　3．14A号試験片のつかみ部の径は，平行部の同
一寸法とすることができる．この場合，つかみの間隔 $P \geqq 8D$ とする．

図11　14号試験片

（b）　14B号試験片の形状および寸法は，図12による．

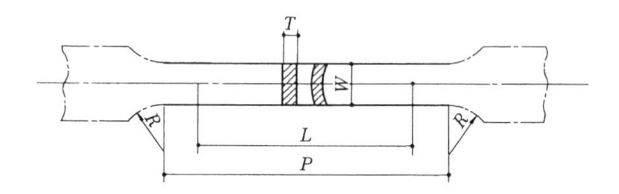

（単位：mm）

幅 W	標点距離 L	平行部の長さ P	肩部の半径 R	厚さ T
$8T$ 以下	$5.65\sqrt{A}$	$L+1.5\sqrt{A}$ $\sim L+2.5\sqrt{A}$	15 以上	もとの厚さのまま

A：平行部の断面積

備　考　1．平行部の長さは，なるべく $P=L+2\sqrt{A}$ とする．

　　　　2．14B号試験片を管の試験に用いる場合は，平行部の断面は，管から切り取ったままとする．

　　　　3．14B号試験片のつかみ部の幅を平行部の幅と同一寸法とすることができる．この場合，平行部の長さ $P=L+3\sqrt{A}$ とする．

　　　　4．14B号試験片は，備考表1に示すが，適当な板厚範囲ごとに，なるべく寸法をまとめて用いるとよい．

図12　14B号試験片

備考表1　14B号試験片標準寸法

（単位：mm）

板　厚	幅 W	標点距離 L	平行部の長さ P
5.5 mm を超え 7.5 mm 以下	12.5	50	80
7.5 mm を超え 10 mm 以下		60	
10 mm を超え 13 mm 以下	20	85	130
13 mm を超え 19 mm 以下		100	
19 mm を超え 27 mm 以下	40	170	265
27 mm を超え 40 mm 以下		205	

（c）　14C号試験片の形状および寸法は，図13による．

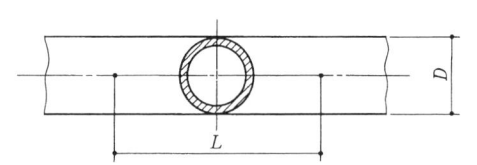

標点距離　$L = 5.65\sqrt{A}$（Aは試験片の断面積）

図13　14C号試験片

備　考　1．14C号試験片の断面は，管材から切り取ったままとする．
　　　　2．14C号試験片は，つかみ部に心金を入れる．このとき，心金に触れないで変形できる部分の長さは $\left(L+\dfrac{D}{2}\right) \sim (L+2D)$ とし，なるべく $(L+2D)$ とする．

付7．関連日本産業規格（JIS）一覧表

鋼　　材

一般構造用圧延鋼材	JIS G 3101-*2015*
溶接構造用圧延鋼材	G 3106-*2015*
鉄筋コンクリート用棒鋼	G 3112-*2010*
鋼管用熱間圧延炭素鋼鋼帯	G 3132-*2018*
建築構造用圧延鋼材	G 3136-*2012*
建築構造用圧延棒鋼	G 3138-*2005*
冷間圧延鋼板及び鋼帯	G 3141-*2017*
熱間圧延棒鋼及びバーインコイルの形状，寸法，質量及びその許容差	G 3191-*2012*
熱間圧延形鋼の形状，寸法，質量及びその許容差	G 3192-*2014*
熱間圧延鋼板及び鋼帯の形状，寸法，質量及びその許容差	G 3193-*2019*
熱間圧延平鋼の形状，寸法，質量及びその許容差	G 3194-*1998*
炭素鋼鍛鋼品	G 3201-*1988*
一般構造用軽量形鋼	G 3350-*2019*
一般構造用溶接軽量 H 形鋼	G 3353-*2011*
一般構造用炭素鋼鋼管	G 3444-*2015*
一般構造用角形鋼管	G 3466-*2015*
建築構造用炭素鋼鋼管	G 3475-*2015*
被覆アーク溶接棒心線用線材	G 3503-*2006*
被覆アーク溶接棒用心線	G 3523-*1980*
ワイヤロープ	G 3525-*2013*
PC 鋼線及び PC 鋼より線	G 3536-*2014*
炭素鋼鋳鋼品	G 5101-*1991*
溶接構造用鋳鋼品	G 5102-*1991*
溶接構造用遠心力鋳鋼品	G 5201-*1991*
鋼管ぐい	A 5525-*2019*
H 形鋼ぐい	A 5526-*2011*

リベット・ボルト類

熱間成形リベット	JIS B 1214-*1995*
ボルト穴径及びざぐり径	B 1001-*1985*
六角ボルト	B 1180-*2014*

六角ナット	B 1181-*2014*
皿ボルト	B 1179-*2009*
基礎ボルト	B 1178-*2009*
摩擦接合用高力六角ボルト・六角ナット・平座金のセット	B 1186-*2013*
ばね座金	B 1251-*2018*
平座金	B 1256-*2008*
ねじの表し方	B 0123-*1999*
一般用メートルねじ（B 0205-1〜4）	B 0205-*2001*
ユニファイ並目ねじ	B 0206-*1973*
ユニファイ細目ねじ	B 0208-*1973*
一般用メートルねじ—公差—（B 0209-1〜5）	B 0209-*2001*
ユニファイ並目ねじの許容限界寸法及び公差	B 0210-*1973*
ユニファイ細目ねじの許容限界寸法及び公差	B 0212-*1973*
製品の幾何特性仕様(GPS)—表面性状：輪郭曲線方式—用語，定義及び表面性状パラメータ	B 0601-*2013*
製品の幾何特性仕様（GPS）—表面性状：輪郭曲線方式；測定標準—第 1 部：標準片	B 0659-1-*2002*
製品の幾何特性仕様（GPS）—表面性状：輪郭曲線方式—触針式表面粗さ測定機の特性	B 0651-*2001*
センタ穴ドリル	B 4304-*2018*
テーパシャンクブリッジリーマ	B 4409-*1998*
構造用両ねじアンカーボルトセット	B 1220-*2015*

溶　　接

溶接用語（Z 3001-1〜7）	JIS Z 3001-*2018*
軟鋼用ガス溶加棒	Z 3201-*2001*
軟鋼，高張力鋼及び低温用鋼用被覆アーク溶接棒	Z 3211-*2008*
軟鋼，高張力鋼及び低温用鋼用のマグ溶接及びミグ溶接ソリッドワイヤ	Z 3312-*2009*
軟鋼，高張力鋼及び低温用鋼用アーク溶接フラックス入りワイヤ	Z 3313-*2009*
炭素鋼及び低合金鋼用サブマージアーク溶接ソリッドワイヤ	Z 3351-*2012*
サブマージアーク溶接及びエレクトロスラグ溶接用フラックス	Z 3352-*2017*
炭素鋼及び低合金鋼用サブマージアーク溶着金属の品質区分	Z 3183-*2012*
軟鋼及び高張力鋼用のエレクトロスラグ溶接ワイヤ及びフラックス	Z 3353-*2013*
手溶接技術検定における試験方法及び判定基準	Z 3801-*2018*

試験方法

計数値検査に対する抜取検査手順（Z 9015-0〜3）	JIS Z 9015-*2011*
計数規準型一回抜取検査（不良個数の場合）（抜取検査その２）	Z 9002-*1956*
計量規準型一回抜取検査（標準偏差既知でロットの平均値を保証する場合及び標準偏差既知でロットの不良率を保証する場合）	Z 9003-*1979*
計量規準型一回抜取検査（標準偏差未知で上限又は下限規格値だけ規定した場合）	Z 9004-*1983*
金属材料引張試験方法	Z 2241-*2011*
金属材料のシャルピー衝撃試験方法	Z 2242-*2018*
ブリネル硬さ試験―試験方法（Z 2243-1〜2）	Z 2243-*2018*
ビッカース硬さ試験―試験方法	Z 2244-*2009*
ロックウェル硬さ試験―試験方法	Z 2245-*2016*
ショア硬さ試験―試験方法	Z 2246-*2000*
金属材料曲げ試験方法	Z 2248-*2006*
非破壊試験―浸透探傷試験―（Z 2343-1〜6）	Z 2343-*2017*
金属材料のパルス反射法による超音波探傷試験方法通則	Z 2344-*1993*
塩水噴霧試験方法	Z 2371-*2015*
溶接熱影響部の最高硬さ試験方法	Z 3101-*1990*
鋼溶接継手の放射線透過試験方法	Z 3104-*1995*
溶着金属の引張及び衝撃試験方法	Z 3111-*2005*
溶着金属の硬さ試験方法	Z 3114-*1990*
突合せ溶接継手の引張試験方法	Z 3121-*2013*
突合せ溶接継手の曲げ試験方法	Z 3122-*2013*
前面すみ肉溶接継手の引張試験方法	Z 3131-*1976*
側面すみ肉溶接継手のせん断試験方法	Z 3132-*1976*
シーム溶接継手の試験方法	Z 3141-*1996*
溶接材料のすみ肉溶接試験方法	Z 3181-*2005*
手溶接技術検定における試験方法及び判定基準	Z 3801-*2018*
半自動溶接技術検定における試験方法及び判定基準	Z 3841-*2018*

製図および設計資料

溶接記号	JIS Z 3021-*2016*
土木製図	A 0101-*2012*
建築製図通則	A 0150-*1999*
建築のベーシックモデュール	A 0001-*1999*
建築モデュール用語	A 0002-*1999*

建築公差	A 0003-*1999*
建築のモデュラーコーディネーションの原則	A 0004-*1999*
建築用開口部構成材の標準モデュール呼び寸法	A 0005-*1966*
建築用ターンバックル	A 5540-*2008*
数学記号	Z 8201-*1981*
量及び単位（Z 8000-1, 3～12）	Z 8000-*2016*
製図総則	Z 8310-*2010*
数値の丸め方	Z 8401-*1999*
標準数	Z 8601-*1954*
エレベーターのかご及び昇降路の寸法	A 4301-*1983*
天井クレーン	B 8801-*2003*
チェーンブロック	B 8802-*1995*
クレーン用鋳鋼製車輪及び鍛鋼製車輪	B 8806-*1992*
クレーン用シーブ	B 8807-*2003*
普通レール及び分岐器類用特殊レール	E 1101-*2001*
軽レール	E 1103-*1993*

付8．国際単位系（SI）について

　国際単位系（略称 SI）は，1960 年の国際度量衡総会で勧告された一貫したメートル法単位系で，わが国でも 1974 年には JIS Z 8203「国際単位系（SI）及びその使い方」が制定された．以下に簡単な SI 単位の説明およびメトリックシステムとの換算式をあげる．詳しくは上記 JIS Z 8203 を参照されたい．

1．基 本 単 位（本規準関連のみ）

　　　長　　　さ：メートル（m）
　　　質　　　量：キログラム（kg）
　　　時　　　間：秒（s）

2．補 助 単 位

　　　平　面　角：ラジアン（rad）
　　　立　体　角：ステラジアン（sr）

3．組 立 単 位

周　波　数：ヘルツ（Hz）	$1\,\mathrm{Hz}:1\,\mathrm{s}^{-1}$
力　　　：ニュートン（N）	$1\,\mathrm{N}:1\,\mathrm{kg}\cdot\mathrm{m/s}^2$
応力，圧力：パスカル（Pa）*	$1\,\mathrm{Pa}:1\,\mathrm{N/m}^2$
エネルギー，仕事，熱量：ジュール（J）*	$1\,\mathrm{J}:1\,\mathrm{N}\cdot\mathrm{m}$
仕事率（工率）：ワット（W）	$1\,\mathrm{W}:1\,\mathrm{J/s}$

（*固体の応力度の場合は主として N/m²を用い，Pa は用いない．力のモーメントは N·m と書き，J は用いない．）

4．接 頭 語

接頭語

10^{12}	T	テラ	10^{-2}	c	センチ
10^{9}	G	ギガ	10^{-3}	m	ミリ
10^{6}	M	メガ	10^{-6}	μ	ミクロ
10^{3}	k	キロ	10^{-9}	n	ナノ
10^{2}	h	ヘクト	10^{-12}	p	ピコ
10^{1}	da	デカ	10^{-15}	f	フェムト
10^{-1}	d	デシ	10^{-18}	a	アト

　数が 0.1 と 1 000 の間に入るように接頭語を選ぶ．合成された SI 単位の整数倍を構成する際には，接頭語は一つだけ用いるようにする．例えば応力度の単位は N/mm²とする．質量の基本単位はグラム（g）ではなくてキログラム（kg）である点に注意すること．

5．実用上の重要さから併用できる単位

時　間：分（min），時（h），日（d）　　体　積：リットル（l）

平面角：度（°），分（′），秒（″）　　質　量：トン（t）

質量単位としては，キログラム（kg）の他に慣用としてトン（t）の使用を認めている．

6．単位の損算

1 kgf＝9.80665 N

1 kgf・m＝9.80665 N・m

1 kgf/cm²＝0.0980665 MN/m²＝0.0980665 N/mm²

7．暫定的に許容される単位

面　　　積：アール（a），ヘクタール（ha）　　標準大気圧：atm

流　体　圧：バール（bar）　　　　　　　　　　加　速　度：ガル（Gal）

鋼構造許容応力度設計規準

| 2019年10月15日 | 第 1 版第 1 刷 |
| 2024年 6 月15日 | 第 3 刷 |

編　　集 著 作 人	一般社団法人　日 本 建 築 学 会
印 刷 所	昭和情報プロセス株式会社
発 行 所	一般社団法人　日 本 建 築 学 会

108-8414 東京都港区芝 5 — 26 — 20
電　話・(03) 3 4 5 6 — 2 0 5 1
F A X・(03) 3 4 5 6 — 2 0 5 8
http://www.aij.or.jp/

| 発 売 所 | 丸 善 出 版 株 式 会 社 |

101-0051 東京都千代田区神田神保町 2 — 17
神田神保町ビル
電　話・(03) 3 5 1 2 — 3 2 5 6

ISBN978-4-8189-0651-8 C3052